भक्ति आन्दोलन और काव्य

भक्ति आन्दोलन और काव्य

गोपेश्वर सिंह

वाणी प्रकाशन

वाणी प्रकाशन

4695, 21-ए, दरियागंज, नयी दिल्ली 110 002

फ़ोन : +91 11 23273167 फ़ैक्स : +91 11 23275710

शाखाएँ

अशोक राजपथ, पटना 800 004, बिहार

कॉफ़ी हाउस कैम्पस, महात्मा गांधी मार्ग, इलाहाबाद 211 001, उत्तर प्रदेश

महात्मा गांधी अन्तरराष्ट्रीय हिन्दी विश्वविद्यालय, वर्धा 442 001, महाराष्ट्र

www.vaniprakashan.in
marketing@vaniprakashan.in
sales@vaniprakashan.in

BHAKTI AANDOLAN AUR KAVYA
by Gopeshwar Singh

ISBN : 978-93-5000-853-9
Criticism

प्रथम संस्करण 2017
आवृत्ति 2018

मूल्य : ₹ 595

सिटी प्रेस, दिल्ली-110 095 में मुद्रित

वाणी प्रकाशन का लोगो मक़बूल फ़िदा हुसेन की कूची से

गुरुवर प्रो. केसरी कुमार की

सतत प्रबुद्ध स्मृति को

समर्पित

पुस्तक के बारे में

भक्तिकाव्य हिन्दी साहित्येतिहास और आलोचना में विवाद और बहस का स्थायी विषय है। इसके मूल्यांकन, परिप्रेक्ष्य और निष्कर्ष को लेकर हमेशा बहस होती रही है। इसी कारण इतिहास और आलोचना में मचे घमासान को 'महाभारत' कहा गया जिसका 'कुरुक्षेत्र' भक्तिकाव्य है। यद्यपि भक्तिकाव्य के प्रभाव और उसके भीतर निहित उच्च मानवीय गुणों से कभी किसी ने इनकार नहीं किया। इसलिए कि दुनिया के साहित्य के इतिहास में किसी एक भावधारा का इतना लम्बा काल खंड नहीं मिलता।

भक्ति आन्दोलन जैसा व्यापक सांस्कृतिक आन्दोलन कैसे और क्यों पैदा हुआ? इसे लेकर इतिहास-आलोचना में कोई एक राय नहीं है। यद्यपि हिन्दी की अकादमिक दुनिया रामचन्द्र शुक्ल और हजारीप्रसाद द्विवेदी के निष्कर्षों को ही दुहराती हुई आगे बढ़ती रही है। लेकिन इरफ़ान हबीब, हरबंस मुखिया और सतीशचन्द्र जैसे इतिहासकारों ने भक्ति आन्दोलन के उद्‍भव के कारणों की खोज तत्कालीन समय और समाज में की। इरफ़ान हबीब यदि दस्तकारी और उससे जुड़ी जातियों के विकास को इसका मुख्य कारण मानते हैं तो हरबंस मुखिया नगरों के विकास को। सतीशचन्द्र इनसे भिन्न राय रखते हैं। उनके अनुसार तुर्क-अफगान शासन व्यवस्था कायम होने के कारण सदियों से कायम ब्राह्मण-क्षत्रिय समझौता कमजोर पड़ा, जिसका लाभ दबी हुई नीचे की जातियों ने उठाया। भक्ति आन्दोलन, विशेष रूप से उत्तर भारत में भक्ति आन्दोलन के उदय के सन्दर्भ में इन सभी मतों को देखने की कोशिश मैं करता रहा हूँ, जिसकी बानगी इस पुस्तक में मिलेगी।

भक्ति आन्दोलन इतना विस्तृत, बहुआयामी और जटिल चरित्र वाला है कि इसको लोक बनाम शास्त्र या निर्गुण बनाम सगुण जैसे विभाजन के जरिये ठीक-ठीक नहीं समझा जा सकता। इस तरह के विभाजन के आधार पर किये गये अध्ययन से जो निष्कर्ष हाथ लगते हैं, वे भक्ति आन्दोलन के चरित्र का सही मूल्यांकन नहीं प्रस्तुत करते। 'बाइनरी' में देखने की इधर जो प्रवृत्ति विकसित हुई है, उसका प्रभाव भक्तिकाव्य सम्बन्धी आलोचना पर भी पड़ा है। यही कारण है कि कुछ का स्वीकार

और कुछ के नकार का चलन भक्तिकाव्य सम्बन्धी विमर्श में इधर खूब दिखाई देता है। भारतीय धर्म साधना के इतिहास में भक्ति आन्दोलन का उदय और विस्तार एक विलक्षण घटना है। इस अर्थ में कि यह त्याग, अपरिग्रह, सादगी, सच्चाई आदि मानवीय गुणों के सार से युक्त है। भक्त और भगवान के बीच यह किसी मध्यस्थता को नहीं स्वीकार करता। वह चाहे निर्गुण भक्त हों या सगुण। मानवीय पीड़ा का संज्ञान इसका केन्द्रीय तत्त्व है। मेरा जोर हमेशा इसी पर रहा है।

भक्ति आन्दोलन भक्त और भगवान के रिश्ते की नयी अवधारणा लेकर सामने आता है। कोई धर्मग्रन्थ नहीं, पंडा-पुजारी नहीं—भक्त सीधे भगवान से साक्षात्कार कर सकता है। संस्थागत धर्म-कर्म से अलग हृदय की पुकार पर जोर देती हुई ऐसी भावधारा जो जाति-धर्म सबसे परे है। भक्तों के लिए धर्म सत्ता या राज सत्ता की पुरानी अवधारणाएँ बेमानी हो जाती हैं। इनका शब्द और कर्म सत्ता से विमुखता का है, चाहे वे निर्गुणपन्थी हों या सगुणपन्थी। शब्द और कर्म के अद्वैत का ऐसा अद्‌भुत संयोग दुनिया के साहित्य में फिर नहीं घटित होता। यही कारण है कि भारतीय समाज की नैतिकता का एक बड़ा आधार भक्तिकाव्य है। भक्तिकाव्य ने ईश्वर की वाणी का यदि दर्जा प्राप्त किया तो इसका मुख्य कारण भक्त कवियों के शब्द और कर्म का वह अद्वैत ही है।

भक्ति आन्दोलन ने ईश्वर की आराधना के हजारों द्वार खोल दिये। सभी पूजा पद्धतियों और पन्थों को भारतीय जन ने सम्मान की दृष्टि से देखा। साधु-सन्तों के प्रति भारत में हमेशा से सम्मान भाव रहा है। वह चाहे जिस पन्थ का सन्त हो, जनता उसे आदर देती रही है। भक्ति आन्दोलन ने पद्धतियों-पन्थों का जनतान्त्रिकरण किया और यह सुविधा भी दी कि हर किसी को अपनी पूजा-पद्धति कायम करने का और उसके अनुसार चलने का अधिकार है। उपासना पद्धति में आये इस जनतन्त्र के कारण ही भक्तिकाल सैकड़ों-हजारों तेजस्वी सन्तों की उपस्थिति से जगमगा जाता है। सबकी वाणी के केन्द्र में मनुष्यता और प्रेम है। कबीर से लेकर तुलसी तक सभी राजसत्ता की जगह प्रभु की सत्ता को स्वीकार करते हैं। उपासना पद्धति में आये जनतन्त्र के कारण भक्ति आन्दोलन में प्लूरल दृष्टि का विकास होता है।

हिन्दी साहित्य का छात्र होने के कारण भक्तिकाव्य के अध्ययन-अध्यापन का अवसर मिलता रहा है और धीरे-धीरे वह मेरी रुचि का क्षेत्र बन गया है। आधुनिक साहित्य पढ़ते-गुनते बीच-बीच में मन के विश्राम के लिए मैं अक्सर भक्तिकाव्य की शरण लेता हूँ। आधुनिक युग के हमारे राष्ट्र नायकों—महात्मा गाँधी, राममनोहर लोहिया आदि की प्रेरणा भूमि कई मायनों में भक्तिकाव्य रहा है। राजनीतिक-सामाजिक आन्दोलनों में इन्होंने भक्तिकाव्य से हमेशा शक्ति प्राप्त की। निज की मुक्ति की जगह समाज की मुक्ति का जो स्वप्न भक्त कवि हमें देते हैं, उसमें मेरी दिलचस्पी अधिक रही है। इस पुस्तक में शामिल लेखों को लिखते वक्त हिन्दी के

आलोचकों, मध्यकालीन भारत के इतिहासकारों के साथ गाँधी, बाबा रामचन्द्रदास और लोहिया जैसे लोग भी मेरे ध्यान में रहे हैं।

भक्तिकाव्य के इतिहास और आलोचना में उठने वाले प्रश्नों से उसमें रुचि रखने वाले किसी भी छात्र के लिए बचकर निकलना मुश्किल है। पिछले तीन दशकों से समय-समय पर इन प्रश्नों पर विचार के क्रम में मैंने ये लेख लिखे हैं। ये लेख किसी पुस्तक की योजना के तहत नहीं लिखे गये हैं। इसलिए इनमें कहीं-कहीं कुछ बातों की आवृत्ति है। अलग-अलग अवसर और अलग-अलग सन्दर्भों में लिखा जाना इसकी मुख्य वजह है। कहीं-कहीं मेरे मत में किंचित परिवर्तन भी दिख सकता है। इसका भी कारण दो-ढाई दशकों की अवधि तो है ही, इस बीच सोच-समझ में आया परिवर्तन भी है। सम्भव है इस कारण कहीं-कहीं मेरे कथन में अन्तर्विरोध-सा दिखे। प्रकाशन के समय उनमें किसी तरह के संशोधन किये बिना उन्हें मैंने यथावत रहने दिया है। ये लेख 'कतार', 'अभिप्राय', 'आलोचना', 'वाक्', 'सम्भव' आदि पत्रिकाओं में छप चुके हैं। इनमें से कुछ लेख दूसरी-दूसरी पत्रिकाओं में पुनः-पुनः छपते रहे हैं। इस पुस्तक के कुछ लेख मेरी तीन पुस्तकों—'भक्ति आन्दोलन के सामाजिक आधार', 'साहित्य से संवाद' और 'आलोचना का नया पाठ' में शामिल हैं, जिन्हें अन्य लेखों के साथ विषय की एकरूपता के कारण यहाँ शामिल किया जा रहा है। आशा है, भक्तिकाव्य के इतिहास और आलोचना में रुचि रखने वाले लोगों को मेरा यह प्रयास पसन्द आयेगा। यह पुस्तक प्रपद्यवादी कवि स्व. केसरी कुमार की स्मृति को समर्पित है। वे न सिर्फ हमारी कक्षाओं के अध्यापक थे, बल्कि उससे आगे भी बहुत कुछ थे। वे पुराने-नये और भारतीय-पश्चिमी साहित्य के इतने समर्थ व्याख्याकार थे कि आज हम आश्चर्यचकित हो ज्ञान के उस बड़े 'रेंज' को प्रणाम ही कर सकते हैं। आधुनिक साहित्य को समझने की जितनी दृष्टि हमें उनसे मिली, उससे कम भक्तिकाव्य को देखने की नहीं। भक्ति साहित्य की ओर जाने में उनकी स्मृति हमेशा प्रेरणा का काम करती रही है। वाणी प्रकाशन के श्री अरुण माहेश्वरी ने पुस्तक के प्रकाशन में जितनी तत्परता दिखाई, उसके लिए उन्हें धन्यवाद जरूर कहना चाहूँगा।

दिल्ली **गोपेश्वर सिंह**

7 नवम्बर, 2016

अनुक्रम

भक्ति आन्दोलन के सामाजिक आधार

शंकराचार्य के मायावाद के विरुद्ध जो लोक-भावना जन्म ले रही थी, उसे रामानुज, स्वामी रामानन्द, महाप्रभु वल्लभ आदि आचार्यों ने दार्शनिक आधार प्रदान किया। इन आचार्यों के चिन्तन में जनोन्मुखता का वह संस्पर्श था, जो मनुष्य की सामाजिक और आध्यात्मिक मुक्ति के विराट प्रश्नों से परिचालित था। 'ब्रह्म सत्यं जगन्मिथ्या' जैसे सिद्धान्त का खण्डन कर इन आचार्यों ने जीवन और जगत् के प्रति आत्मीय लगाव का नया दृष्टिकोण विकसित किया। ब्रह्म के निराकार रूप की जगह उसके एक ऐसे लोकाग्रही रूप का सृजन किया जो जनता के चित्त में रस घोलने लगा। इन दार्शनिक आचार्यों के प्रयास से ईश्वर, जीवन-जगत्, ब्राह्मण-शूद्र, हिन्दू-मुसलमान, लोक-परलोक, पुरुष-नारी आदि के प्रति एक नये दृष्टिकोण का जन्म हुआ। ईश्वर और मनुष्य के नये सत्य उद्घाटित हुए। आध्यात्मिक क्षितिज पर नये सूर्य का उदय हुआ। ज्ञान के नये वातायन खुले और संतप्त मनुष्यता को जीने का नया आधार तथा नयी शैली मिली।

इस नये प्रयास ने ईश्वर के प्रति मनुष्य के उपासना-भाव में क्रान्तिकारी परिवर्तन उपस्थित किए। भक्ति अर्थात् ईश्वर के प्रति समर्पण-भावना की नयी परिभाषा करते हुए मध्यकाल के इन आचार्यों ने भक्ति और ज्ञान का जो दीप जलाया, उससे पूरा भारतवर्ष आलोकित हो उठा। उनकी वाणी सिर्फ पुस्तकों तक सीमित न रही, बल्कि उसका प्रचार-प्रसार जन-जन तक हुआ। यहाँ तक कि उसने आन्दोलन का रूप धारण किया, जिसके प्रभाव-क्षेत्र में पूरा देश रहा और जिसकी भावधारा में वह सदियों तक अवगाहन करता रहा। इस काल में भक्ति व्यक्ति तक सीमित न रहकर जन-जन तक पहुँची। फलस्वरूप इसका चरित्र आन्दोलनात्मक हो गया। आन्दोलनात्मक इस अर्थ में कि भौगोलिक और भाषायी व्यापकता के अतिरिक्त इसका प्रभाव संस्कृति और कला के लगभग सभी रूपों पर पड़ा। संस्कृति और कला का कोई भी रूप ऐसा न रहा, जिसे इसने प्रभावित न किया। वह चाहे वास्तुकला हो, चित्रकला हो, नृत्यकला हो, संगीत हो, साहित्य हो या और कोई कला रूप। मध्यकाल की इस व्यापक और वेगवती भावधारा का लोकप्रिय नाम भक्ति आन्दोलन है।

वैसे तो भक्ति आन्दोलन का प्रभाव जीवन के सभी रूपों और कला विधाओं पर पड़ा, लेकिन सबसे अधिक प्रभाव साहित्य पर पड़ा। एक ही साथ भारत के सभी प्रान्तों की लगभग सभी प्रमुख भाषाओं में सन्त कवियों की व्यापक उपस्थिति इस कथन को सही प्रमाणित करती है। एक साथ इतने तेजस्वी और क्रान्तिकारी सन्त कवियों की लम्बी कतार यह संकेत देती है कि सामाजिक परिवर्तन की दिशा में नये युग का सूत्रपात हो रहा था। ऐसा इसलिए कि सन्त कवियों की इस कतार में बड़ी संख्या उनकी थी, जो सदियों से अभिव्यक्ति के अधिकार से वंचित थे।

क्यों और कैसे जनमा यह आन्दोलन? इस प्रश्न पर विचार सबसे पहले हिन्दी साहित्य के अध्येताओं ने शुरू किया। सम्भवतः साहित्य पर इस आन्दोलन का प्रभाव सबसे व्यापक और अधिक था, इसलिए इसके उद्‌भव सम्बन्धी कारणों की पड़ताल भी उसी क्षेत्र से शुरू हुई। इन प्रश्नों को लेकर हिन्दी साहित्य के इतिहास पर काम करने वाले सभी देशी-विदेशी विद्वान अपने-अपने ढंग से विचार करते रहे और यह सिलसिला आज भी रुका नहीं है। जार्ज ग्रियर्सन से लेकर आचार्य रामचन्द्र शुक्ल, आचार्य हजारीप्रसाद द्विवेदी, डॉ. रामविलास शर्मा आदि हिन्दी साहित्य के इतिहासकार इन प्रश्नों के उत्तर तलाशते रहे और अपनी-अपनी स्थापनाओं के रूप में इसके उत्तर भी देते रहे। भक्ति आन्दोलन के उद्‌भव के कारणों की खोज की दिशा में हिन्दी साहित्य के इन विद्वानों के अतिरिक्त पिछले दो-ढाई दशकों से इतिहासकारों ने भी पहल की है और कुछ ऐसे तथ्य दिये हैं, जिनके आधार पर भक्ति आन्दोलन को देखने-समझने की नयी दृष्टि तो मिलती ही है, उसके उद्‌भव के सम्बन्ध में नये तथ्य भी उद्‌घाटित होते हैं। ऐसे इतिहासकारों में प्रमुख हैं प्रो. इरफान हबीब, प्रो. हरबंस मुखिया, प्रो. सतीशचन्द्र आदि। इनके अतिक्ति भारत के कुछ मार्क्सवादी विचारकों ने भी भक्ति आन्दोलन का वस्तुगत अध्ययन किया है और नयी स्थापनाएँ दी हैं। ऐसे विचारकों में प्रमुख हैं के. दामोदरन।

जार्ज ग्रियर्सन, आचार्य रामचन्द्र शुक्ल, आचार्य हजारीप्रसाद द्विवेदी आदि विद्वानों ने भक्ति आन्दोलन के उद्‌भव के जो कारण बताए हैं, वे किस तरह डॉ. रामविलास शर्मा के विश्लेषण के क्रम में नये रूप में उद्‌भासित हो उठते हैं, उन्हें जानना-समझना जरूरी है। भक्ति आन्दोलन को समझने के क्रम में आये इन महत्त्वपूर्ण पड़ावों से गुजरना एक अत्यन्त दिलचस्प अनुभव है। साथ ही आचार्य द्विवेदी की उद्‌भव सम्बन्धी सभी स्थापनाओं को खारिज करने और भक्ति आन्दोलन को इस्लाम की प्रतिक्रिया मानने वाली शुक्लजी की धारणा को दबे मन से ही सही गलत मानकर उसे उनकी अन्तिम राय न मानने की सिफारिश करने वाले डॉ. शर्मा न सिर्फ शुक्ल जी की स्थापनाओं को और विस्तार में जाकर स्थापित करते हैं, बल्कि भक्ति आन्दोलन के मूल में भौतिक कारणों की छानबीन भी करते हैं।

सौभाग्य या दुर्भाग्य से हिन्दी साहित्य के इतिहास लेखन की शुरुआत विदेशी

विद्वानों के हाथों हुई। वह फ्रांसिसी 'गार्सा द तासी' हों या भारत में कार्यरत अंग्रेज अधिकारी डॉ. अब्राहम जार्ज ग्रियर्सन। अपने संस्कारों और पूर्वग्रहों से ग्रस्त होने के कारण इन विद्वानों के इतिहास लेखन में अपेक्षित वैज्ञानिक दृष्टि और तटस्थता का अभाव था। इन विद्वानों ने कई तथ्यहीन और भ्रामक स्थापनाएँ दीं, जिनसे हिन्दी साहित्य के पाठक बहुत दिनों तक अँधेरे में रहे।

जार्ज ग्रियर्सन ऐसे पहले इतिहासकार थे, जिन्होंने हिन्दी साहित्य के इतिहास को कालखण्डों में विभाजित करके वैज्ञानिक पद्धति अपनाई। लेकिन भक्ति आन्दोलन के मूल्यांकन के क्रम में उन्होंने तथ्यहीन और भ्रामक स्थापनाएँ दीं। उन्होंने भक्ति आन्दोलन की व्यापकता और उसके प्रभाव को तो स्वीकार किया, लेकिन उसके उत्स की खोज ईसाई धर्म में की। उन्होंने लिखा–"कोई भी मनुष्य जिसे पन्द्रहवीं तथा बाद की शताब्दियों का साहित्य पढ़ने का मौका मिला है, उस भारी व्यवधान को लक्ष्य किए बिना नहीं रह सकता, जो पुरानी और नयी धार्मिक भावनाओं में विद्यमान है। हम अपने को ऐसे धार्मिक आन्दोलन के सामने पाते हैं, जो उन सब आन्दोलनों से कहीं अधिक व्यापक और विशाल है, जिन्हें भारतवर्ष ने कभी भी देखा है। यहाँ तक कि वह बौद्ध धर्म के आन्दोलन से कहीं अधिक व्यापक और विशाल है, क्योंकि उसका प्रभाव आज भी विद्यमान है। इस युग में धर्म ज्ञान का नहीं, बल्कि भावावेश का विषय को गया था। यहाँ से हम साधना और प्रेमोल्लास के देश में आते हैं और ऐसी आत्माओं का साक्षात्कार करते हैं जो काशी के दिग्गज पंडितों की जाति की नहीं है बल्कि जिनकी समता मध्य युग के यूरोपियन भक्त बर्नर्ड ऑफ क्लेयरबक्स, टामस-ए केंपिस और सेंट थेरिसा से है।" ग्रियर्सन आश्चर्यचकित हैं। वे आगे लिखते हैं–"बिजली की चमक के समान अचानक इस समस्त पुराने धार्मिक मतों के अन्धकार के ऊपर एक नयी बात दिखाई दी। कोई हिन्दू यह नहीं जानता कि यह बात कहाँ से आई और कोई भी इसके प्रादुर्भाव का कारण निश्चित नहीं कर सकता।" आचार्य हजारीप्रसाद द्विवेदी ने ग्रियर्सन के मत की चर्चा करते हुए लिखा है–"ग्रियर्सन का अनुमान है कि वह ईसाइयत की देन है। ईस्वी सन् की दूसरी या तीसरी शताब्दी में नेस्टोरियन ईसाई मद्रास प्रेंसीडेंसी के कुछ हिस्सों में आ बसे थे और रामानुजाचार्य को इन्हीं ईसाई भक्तों से भावावेश और प्रेमोल्लास के धर्म का सन्देश मिला।"

हिन्दी साहित्य के इतिहास को व्यवस्थित और वैज्ञानिक रूप देने वाले विद्वान आचार्य रामचन्द्र शुक्ल का प्रिय विषय है भक्ति साहित्य। उन्होंने अपने इतिहास में भक्ति आन्दोलन के उद्‌भव सम्बन्धी कारणों की छानबीन की और वे इस निष्कर्ष पर पहुँचे कि "देश में मुसलमानों का राज्य प्रतिष्ठित हो जाने पर हिन्दू जनता के हृदय में गौरव-गर्व और उत्साह के लिए वह अवकाश नहीं रह गया। उनके सामने ही उनके देव मन्दिर गिराए जाते थे, देव-मूर्तियाँ तोड़ी जाती थीं और पूज्य पुरुषों

का अपमान होता था और वे कुछ भी नहीं कर सकते थे। ऐसी दशा में अपनी वीरता के गीत न तो वे गा ही सकते थे और न बिना लज्जित हुए सुन ही सकते थे। आगे चलकर जब मुस्लिम साम्राज्य दूर तक स्थापित हो गया तब परस्पर लड़ने वाले स्वतन्त्र राज्य भी नहीं रह गये। इतने भारी राजनीतिक उलट-फेर के पीछे हिन्दू जन-समुदाय पर बहुत दिनों तक उदासी-सी छाई रही। अपने पौरुष से हताश जाति के लिए भगवान की शक्ति और करुणा की ओर ध्यान ले जाने के अतिरिक्त दूसरा मार्ग ही क्या था?''

आचार्य शुक्ल के बाद भक्ति आन्दोलन के गहरे अध्येता के रूप में आचार्य हजारीप्रसाद द्विवेदी का नाम आदरपूर्वक लिया जाता है। आचार्य द्विवेदी ने ग्रियर्सन और आचार्य शुक्ल दोनों की स्थापनाओं का खण्डन किया है। उन्होंने भक्ति आन्दोलन को परम्परा का विकास माना और उसके उत्स की खोज दक्षिण भारत के भक्ति आन्दोलन में की। ग्रियर्सन ने भक्ति आन्दोलन में जो ईसाइयत का प्रभाव देखा था, उसका खण्डन करते हुए उन्होंने लिखा—''यह बात एकदम गलत है। अब इस अटकल के सहारे स्थिर किये हुए मत पर कोई विश्वास नहीं करता...। असल बात यह है कि जिस बात को ग्रियर्सन ने 'अचानक बिजली के समान फैल जाना' लिखा है, वह ऐसा नहीं है। उसके लिए सैकड़ों वर्षों से मेघ खण्ड एकत्र हो रहे थे।'' आचार्य शुक्ल की स्थापना का खण्डन करते हुए उन्होंने लिखा है—''यह बात अत्यन्त उपहासास्पद है कि जब मुसलमान लोग उत्तर भारत के मन्दिर तोड़ रहे थे, तो उससे अपेक्षाकृत निरापद दक्षिण में भक्त लोगों ने भगवान की शरणागति की प्रार्थना की। मुसलमानों के अत्याचार के कारण यदि भक्ति की भावधारा को उमड़ना था तो पहले उसे सिन्ध में और फिर उत्तर भारत में प्रकट होना चाहिए था, पर वह हुई दक्षिण में।'' आचार्य शुक्ल पर व्यंग्य करते हुए और उनकी स्थापनाओं का खण्डन करते हुए 'हिन्दी साहित्य की भूमिका' में उन्होंने कहा—''दुर्भाग्यवश हिन्दी साहित्य के अध्ययन और लोकचक्षु गोचर करने का भार जिन विद्वानों ने अपने ऊपर लिया है, वे भी हिन्दी साहित्य का सम्बन्ध हिन्दू जाति के साथ ही अधिक बतलाते हैं और इस प्रकार अनजान आदमी को दो ढंग से सोचने का मौका देते हैं—एक यह कि हिन्दी साहित्य एक हतदर्प पराजित जाति की सम्पत्ति है, इसलिए उसका महत्त्व उस जाति के राजनीतिक उत्थान-पतन के साथ अंगागि-भाव से सम्बद्ध है, और दूसरा यह कि ऐसा न भी हो तो भी वह एक निरन्तर पतनशील जाति की चिन्ताओं का मूर्त प्रतीक है, जो अपने आप में कोई विशेष महत्त्व नहीं रखता। मैं इन दोनों बातों का प्रतिवाद करता हूँ...ऐसा करके मैं इस्लाम के महत्त्व को भूल नहीं रहा हूँ, लेकिन जोर देकर कहना चाहता हूँ कि अगर इस्लाम नहीं आया होता तो भी इस साहित्य का बारह आना वैसा ही होता जैसा आज है।'' आगे एक स्थान पर उन्होंने लिखा है—''भारतीय पांडित्य ईसा की एक सहस्राब्दी बाद आचार-विचार

और भाषा के क्षेत्र में स्वभावतः ही लोक की ओर झुक गया था, यद्यपि शताब्दियों में भारतीय इतिहास की अत्यधिक महत्त्वपूर्ण घटना अर्थात् इस्लाम का प्रमुख विस्तार न भी घटी होती तो भी वह इसी के रास्ते जाता। इसके भीतर की शक्ति उसे इसी स्वाभाविक विकास की ओर ठेले लिए जा रही थी। उसका वक्तव्य विषय कथमपि विदेशी न था।" आचार्य द्विवेदी की स्थापनाओं से अपनी सहमति व्यक्त करते हुए डॉ. नामवर सिंह ने प्रश्न किया है—"यदि भगवद् भक्ति के लिए आक्रांत मुसलमान ही जिम्मेदार थे तो स्वयं मुसलमान भक्त कृष्ण की शरण में क्यों आए और जो मुसलमान कृष्ण की शरण में नहीं आए वे निर्गुण भगवान और सूफी मार्ग की ओर क्यों गये?" अपने ही प्रश्न का उत्तर देते हुए नामवरजी ने आगे लिखा है—"इसमें तो कोई शक नहीं कि भगवान की शरण ढूँढ़ने के लिए साधारण जनों के बीच से उठने वाले भक्त किसी-न-किसी बड़े कष्ट के कारण ही गये, किन्तु इस कष्ट के लिए मुसलमान आक्रमणकारियों और शासकों को दोषी ठहराना ठीक नहीं है।"

इस प्रकार डॉ. ग्रियर्सन, आचार्य शुक्ल एवं अन्य विद्वानों की स्थापनाओं का खण्डन करते हुए आचार्य द्विवेदी ने भक्ति आन्दोलन को 'भारतीय चिन्ता का स्वाभाविक विकास' माना है और उसे दक्षिण के भक्ति आन्दोलन से जोड़ा है, उत्तर भारत में जिसके वाहक स्वामी रामानन्द थे। अपनी इस स्थापना को उन्होंने विस्तारपूर्वक 'सूर साहित्य', 'कबीर', 'हिन्दी साहित्य की भूमिका' और 'हिन्दी साहित्य : उद्भव और विकास' जैसी पुस्तकों में विश्लेषित किया है। वे मानते हैं कि धर्म और भाषा दोनों ही स्तरों पर मध्यकालीन साहित्य की आधारभूमि लोकमत और लोकभाषा है। भक्तिकाल के पूर्व "आठवीं-नौवीं शताब्दी में बौद्ध महायान सम्प्रदाय लोकाकर्षण के रास्ते बड़ी तेजी से बढ़ने लगा" तथा "नाम-जप का पुराना सबूत भारतवर्ष के प्राचीन शास्त्रों में न मिलता हो सो बात तो नहीं, पर मध्ययुग के समाज में इसका जो रूप रहा वह निश्चयपूर्वक महायान सम्प्रदाय से ही अधिक सम्बद्ध था। इन बातों के अतिरिक्त बौद्ध तत्त्ववाद, जो निश्चय ही बौद्ध आचार्यों की चिन्ता की देन था, मध्ययुग के हिन्दी साहित्य के उस अंग पर अपना निश्चित पद-चिह्न छोड़ गया है, जिसे सन्त साहित्य का नाम दिया गया है।" इस तरह भक्ति-काव्य आचार्य द्विवेदी के अनुसार भाषा के स्तर पर अपभ्रंश का स्वाभाविक विकास है तथा सम्पूर्ण भक्ति-काव्य परम्परा का विकास यानी 'भारतीय चिन्ता का स्वाभाविक विकास' है, जिसमें 'वैष्णव मतवाद उत्तर भारत में दक्षिण की ओर से' आकर मिला और एक महान जन-आन्दोलन की नींव पड़ी। आचार्य द्विवेदी की इस राय से आगे चलकर डॉ. नामवर सिंह और शिवकुमार मिश्र ने भी सहमति जताई और आचार्य शुक्ल की तुलना में आचार्य द्विवेदी की स्थापना पर अधिक बल दिया।

डॉ. रामविलास शर्मा हिन्दी साहित्य के ऐसे इतिहासकार हैं, जिन्होंने आचार्य शुक्ल और आचार्य द्विवेदी की तरह हिन्दी साहित्य का कोई इतिहास ग्रन्थ तो नहीं

लिखा, लेकिन भारतेन्दु, महावीर प्रसाद द्विवेदी, रामचन्द्र शुक्ल, प्रेमचन्द, निराला आदि लेखकों पर केन्द्रित जो महत्त्वपूर्ण पुस्तकें लिखीं, तथा 'परम्परा का मूल्यांकन' जैसे जो दर्जनों लेख लिखे उससे हिन्दी साहित्य के इतिहास का नया ढाँचा बनता है। इसलिए आचार्य शुक्ल और आचार्य द्विवेदी के बाद साहित्य के इतिहासकार के रूप में अगर किसी का नाम लिया जाएगा तो वे हैं डॉ. रामविलास शर्मा। डॉ. शर्मा आचार्य रामचन्द्र शुक्ल के साहित्यिक निष्कर्षों से अधिकांशतः सहमत हैं और उनके वस्तुवादी दृष्टिकोण को अपनी द्वंद्वात्मक भौतिकवादी विचारधारा के आलोक में और आगे बढ़कर विकसित करते हैं, इसलिए उनके हिन्दी साहित्य के इतिहास चिन्तन का आधार यद्यपि आचार्य शुक्ल का है, लेकिन उस पर जो विशाल भवन खड़ा है, वह डॉ. शर्मा की स्वतन्त्र मौलिक चिन्ता का प्रतिफलन है। भक्तिकाल और साहित्य के सम्बन्ध में डॉ. शर्मा आँख मूँदकर आचार्य शुक्ल का समर्थन करते हैं और आचार्य द्विवेदी का उसी शैली और तर्कप्रणाली से खण्डन करते हैं, जिनसे आचार्य द्विवेदी ने आचार्य शुक्ल का किया था। डॉ. शर्मा ने आचार्य शुक्ल और आचार्य द्विवेदी के भक्ति आन्दोलन सम्बन्धी विवादों को अपनी दो पुस्तकों—(1) आचार्य रामचन्द्र शुक्ल और हिन्दी आलोचना (1955), तथा (2) हिन्दी जाति का साहित्य (1986) में मुख्य रूप से उठाया है।

भक्तिकाल के बारे में 'इस्लामवाली' शुक्लजी की टिप्पणी को डॉ. शर्मा उनकी अन्तिम राय नहीं मानते। उनके अनुसार शुक्लजी के जिस उद्धरण के आधार पर आचार्य द्विवेदी तथा बाद में उनके अनुयायियों ने यह स्थापित किया कि भक्ति साहित्य शुक्लजी के अनुसार, इस्लाम की प्रतिक्रिया है, उसमें 'इस्लाम' शब्द कहीं नहीं आया है। उसमें 'मुसलमान' तथा 'मुस्लिम साम्राज्य' जैसे शब्द आये हैं। जबकि द्विवेदी जी इसका खण्डन करते हुए बड़े आत्मविश्वासपूर्वक यह कहते हैं—"अगर इस्लाम न भी आया होता तो भी इस साहित्य का बारह आना वैसा ही होता जैसा कि आज है।" अपनी पुस्तक 'हिन्दी जाति का साहित्य' के 'हिन्दू और मुसलमान' शीर्षक अध्याय में उन्होंने मुसलमान सम्बन्धी शुक्ल जी के उदार और प्रगतिशील सोच का सोदाहरण विवेचन किया है। शुक्लजी के इतिहास से मुसलमानों से सम्बन्धित कई महत्त्वपूर्ण अंशों को उद्धृत करते हुए डॉ. शर्मा ने जहाँ द्विवेदी जी के आक्रमण को निरस्त करने का उपक्रम किया है, वहीं शुक्लजी के उद्धहरणों से सहमति जताते हुए उन्होंने लिखा है—"भक्ति और रीति की दो धाराएँ तो थीं ही, इसके अतिरिक्त 'निपुण और भावुक' कवियों की धारा भी थी। रहीम जैसे कवियों को न भक्त कहा जा सकता है, न रीतिवादी। सूर और तुलसी के साथ नरहरि, गंग और रहीम ने अकबर के राजत्वकाल को साहित्यिक गौरव प्रदान किया। इन कवियों की साधना से 'अकबर का राजत्वकाल जगमगा उठा।' निराशा और उदासीवाली स्थापना यहाँ निरस्त हो गयी है।" निष्कर्ष यह कि शुक्लजी की यह विवादास्पद स्थापना भक्तिकाल

के सम्बन्ध में उनकी अन्तिम राय के रूप में नहीं है। इसलिए इस्लाम के आगमन को भक्ति साहित्य में 'प्रभाव' के रूप में लिया जाना चाहिए, प्रतिक्रिया के रूप में नहीं, जैसी कि स्वयं आचार्य द्विवेदी ने सिफारिश की है।

अब भारतीय चिन्ता का स्वाभाविक विकास और दक्षिण भक्तिवाली द्विवेदीजी की स्थापना। क्या शुक्लजी को सचमुच इसका पता नहीं था या उसे उन्होंने जानबूझकर महत्त्व नहीं दिया? इसके चलते उन पर तरह-तरह के आरोप लगे। आचार्य द्विवेदी ने तो जगह-जगह व्यंग्य किया ही, आज भी शिवकुमार मिश्र को हैरानी इस बात पर होती है कि इतिहास, लोकजीवन, साहित्य तथा संस्कृति का उन जैसी मेधावाला विद्वान लोक की ही सम्पदा की अनदेखी कैसे कर गया?

दक्षिण के वैष्णव भक्ति आन्दोलन का न सिर्फ शुक्लजी को पता था, बल्कि उन्होंने अपने इतिहास में उत्तर के भक्ति आन्दोलन के स्रोत के रूप में उसे स्वीकार भी किया है। उन्होंने लिखा है—"भक्ति का जो सोता दक्षिण की ओर से धीरे-धीरे उत्तर भारत की ओर पहले से ही आ रहा था, उसे राजनीतिक परिवर्तन के कारण शून्य पड़ते जनता के हृदय क्षेत्र में फैलने के लिए पूरा स्थान मिला। रामानुजाचार्य ने शास्त्रीय पद्धति से जिस सगुण भक्ति का निरूपण किया था, उसकी ओर जनता आकर्षित होती चली आ रही थी।" इस भक्ति-प्रवाह में स्वामी मध्वाचार्यजी ने भी योग दिया। उन्होंने द्वैतवादी वैष्णव सम्प्रदाय चलाया। इस सम्प्रदाय में भी काफी लोग आए। रामानुज की शिष्य परम्परा में उत्तर या मध्य भारत में पन्द्रहवीं शताब्दी में स्वामी रामानन्द हुए, जिन्होंने वैष्णव भक्ति का प्रशस्त मार्ग निकाला और अपने अनुयायियों की एक विशाल वाहिनी खड़ी की। इन तमाम बातों की चर्चा करने के बाद शुक्लजी पुनः दुहराते हैं—"भक्ति के आन्दोलन की जो लहर दक्षिण से आई, उसी ने उत्तर भारत की परिस्थिति के अनुरूप हिन्दू-मुसलमान दोनों के लिए एक सामान्य भक्ति मार्ग की भी भावना कुछ लोगों में जगाई।"

स्पष्ट है कि शुक्ल जी दक्षिण की भक्ति से अच्छी तरह परिचित हैं। वे उसके आधार पर उत्तर के भक्ति आन्दोलन का स्वरूप निर्धारित करते हैं। उनकी सबसे बड़ी विशेषता यह है कि वे उस स्रोत की चर्चा करते हुए और उसे उत्तर के भक्ति आन्दोलन से जोड़ते हुए उत्तर भारत की परिस्थितियों के आलोक में उसके उद्भव को देखते हैं। कहना व्यर्थ है कि 'परिस्थिति' यानी तत्कालीन यथार्थ के धरातल पर उसे देखने की उनकी कोशिश उनके वैज्ञानिक चिन्तन का प्रमाण है। लेकिन उनका निष्कर्ष भ्रामक है। 'परिस्थिति' के विवेचन के क्रम में वे राजनीतिक-धार्मिक परिस्थितियों की ही चर्चा करके रह जाते हैं। अपने समय में आर्थिक आधारों की खोज वे कर भी नहीं सकते थे। उस समय तक मध्यकालीन आर्थिक इतिहास की रूपरेखा स्पष्ट नहीं हो सकी थी। शुक्लजी के इतिहास की यह बड़ी सीमा है।

अब सिद्धों-नाथों की वह परम्परा जिसने द्विवेदीजी के अनुसार कबीर आदि

निर्गुण सन्तों की वैचारिक जमीन तैयार करने में मदद पहुँचाई तथा अपभ्रंश काव्य परम्परा, जिसने भक्तिकाल के विशाल लोक साहित्य की भूमिका तैयार की। शुक्लजी ने इसकी भिन्न रूप में चर्चा की है। उनके अनुसार बौद्ध धर्म विकृत होकर वज्रयान सम्प्रदाय के रूप में देश के पूर्वी भागों में उस समय फैला था। उनके बीच वामाचार अपनी सीमा लाँघ रहा था। स्त्रियों को लेकर मद्यपान के साथ अनेक वीभत्स विधान वज्रयानियों की साधना के प्रधान अंग थे। सिद्धि प्राप्ति के लिए किसी स्त्री का भोग या सेवन आवश्यक था। निष्कर्ष यह कि जिस समय मुसलमान भारत में आए, देश के पूर्वी भागों में धर्म के नाम पर बहुत दुराचार फैला था। शुक्लजी के अनुसार कौल-कापालिक इन्हीं वज्रयानियों से निकले। बौद्ध धर्म के विकृत और पाखण्डपूर्ण हो जाने का मूल कारण शुक्ल जी के अनुसार उसमें गुह्य और रहस्य भावना का प्रवेश है।

सिद्धों और वज्रयानियों की चर्चा के बाद शुक्ल जी ने नाथपन्थ की चर्चा की है। उनका मानना है कि गोरखनाथ के नाथपन्थ का मूल भी वज्रयान शाखा थी। लेकिन वज्रयानियों के अश्लील और वीभत्स विधानों से योगियों की इस हिन्दू शाखा ने अपने को अलग रखा और गोरखनाथ ने अपना मार्ग अलग कर लिया। इस नाथ सम्प्रदाय में भी वज्रयानियों की तरह नीची और अशिक्षित श्रेणियों के लोग आए, जो अपनी अटपटी बानी और रहस्यदर्शिता के बल पर जनता पर धाक जमाते थे और शास्त्रज्ञ पंडितों को फटकारते थे। सिद्धों-नाथों की यही परम्परा आगे चलकर कुछ हद तक कबीर आदि सन्तों में विकसित हुई। शुक्लजी कहते हैं—"आगे चलकर भक्तिकाल में निर्गुण सन्त सम्प्रदाय वेदान्त के ज्ञानवाद, सूफियों के प्रेमवाद तथा वैष्णवों के अहिंसावाद और प्रपत्तिवाद को मिलाकर सिद्धों और योगियों द्वारा बनाये हुए रास्ते पर चल पड़ा...कबीर आदि सन्तों को नाथपन्थियों से जिस प्रकार 'साखी' और 'बानी' शब्द मिले, उसी प्रकार 'साखी' और 'बानी' के लिए बहुत कुछ सामग्री और 'सधुक्कड़ी' भाषा भी।"

आचार्य हजारीप्रसाद द्विवेदी का भी निष्कर्ष लगभग यही है, लेकिन इस पर उनका जोर अधिक है। उनका कहना है कि कबीर आदि निर्गुणवादी सन्तों का "बौद्ध धर्म के अन्तिम सिद्धों और नाथपन्थी योगियों के पदादि से उसका सीधा सम्बन्ध है। वे ही पद, वे ही राग-रागिनियाँ, वे ही दोहे, वे ही चौपाइयाँ कबीर आदि ने व्यवहार की हैं जो उक्त मत के मानने वाले उनके पूर्ववर्ती सन्तों ने की थी। क्या भाव, क्या भाषा, क्या अलंकार, क्या छन्द, क्या पारिभाषिक शब्द सर्वत्र वे ही कबीरदास के मार्गदर्शक हैं।" उन्होंने आगे लिखा है—"कबीर के निर्गुण मतवादी साधकों की परम्परा में जो दादू, सुन्दरदास आदि भक्त हो गये हैं उन्होंने स्पष्ट ही नाथपन्थी योगियों, विशेषकर आदिनाथ, मत्स्येंद्रनाथ, गोरखनाथ तथा चौरासी सिद्धों, विशेषकर काणेरी चौरंगी, हाडिफा आदि को अपने मत का आचार्य माना है।

सहजयानी सिद्धों और नाथपन्थी योगियों का अक्खड़पन कबीर में पूरी मात्रा में है और उसके साथ ही उनका स्वाभाविक फक्कड़पन मिल गया है।"

मामूली भिन्नता के बावजूद शुक्लजी और द्विवेदीजी के निष्कर्ष एक जैसे लगते हैं। लेकिन यह भिन्नता ऐसी है, जो दोनों आचार्यों को दो दिशाओं में ले जाती है और दोनों के लिए भक्ति साहित्य का धरातल दो रूपों के दिखाई पड़ता है। आचार्य शुक्ल सिद्धों और नाथों की रचनाओं को 'साम्प्रदायिक शिक्षा' मात्र मानते हैं, क्योंकि उनका 'जीवन की स्वाभाविक अनुभूतियों और दशाओं' से कोई सम्बन्ध नहीं। सिद्धों-नाथों से प्रभाव लेने के कारण कबीर भी उन्हें नहीं जँचे और उनकी चर्चा तक ऐसे की जैसे रस्मअदायगी की हो। इसके विपरीत आचार्य द्विवेदी भक्ति आन्दोलन के इस मोड़ पर खड़े होकर कबीर आदि को जो महत्त्व और प्रतिष्ठा देते हैं, उससे भक्ति साहित्य की व्याख्या का नया द्वार खुलता है। लेकिन वे सिद्धों के वामाचार तथा नाथपन्थियों के रहस्य के बारे में कुछ न कहकर चुप रहते हैं और कुछ इस संशय से भरे दिखते हैं कि 'क्या मालूम योगी सच ही कहते रहे हों।'

आगे चलकर डॉ. रामविलास शर्मा ने शुक्लजी की भक्ति आन्दोलन सम्बन्धी स्थापनाओं का विस्तार से समर्थन किया और द्विवेदीजी के मतों को पिछड़ा और गैर-प्रगतिशील करार दिया। सिद्धों-नाथों के रहस्य, चमत्कार आदि को मानव कल्याण का विरोधी और मनुष्य को सामाजिक कर्म से विमुख करने वाला बतलाते हुए डॉ. शर्मा ने घोषणा की–"भारत का विराट जनवादी आन्दोलन, जिसे हम भक्ति आन्दोलन के नाम से जानते हैं, उन कनफटे योगियों और वामाचारी सिद्धों की प्रेरणा का मोहताज न हो सकता था।" डॉ. शर्मा के अनुसार यह विराट सांस्कृतिक आन्दोलन 'योग बनाम भक्ति' के संघर्ष का फल है। मध्यकालीन भारतीय चिन्तन में यह संघर्ष अत्यन्त महत्त्वपूर्ण है और इस संघर्ष में जीत भक्ति की होती है। भक्ति साहित्य की सांस्कृतिक पृष्ठभूमि की छानबीन के लिए सिद्धों-नाथों के मुकाबले वैष्णव मत पर जोर देना ज्यादा उचित है, क्योंकि "हिन्दी साहित्य का आदिकाल बौद्ध धर्म के प्रायः निर्मूल होने का काल भी था, चौथी शताब्दी से ही भारत में वैष्णव मत का उत्थान आरम्भ हो गया था।" डॉ. शर्मा भक्ति साहित्य को सगुण और निर्गुण जैसे खानों में न बाँटकर, उसे एक नाम 'सन्त साहित्य' के नाम से पुकारते हैं। इस सन्त साहित्य को एक ही भावधारा सिंचित करती है। वह धारा भक्ति की है। लेकिन इस बिन्दु पर प्रो. इरफान हबीब के विचार डॉ. शर्मा के इस कथन के विपरीत हैं। उन्होंने परम्परित भक्ति से मध्यकाल की कबीर-नानक आदि सन्त-कवियों की भक्ति को भिन्न माना है। उनके अनुसार दोनों भक्ति धाराएँ एक साथ विकसित होकर भी भिन्न थीं। एकेश्वरवाद के साथ परम्परित भक्ति को जोड़ने के प्रयास को उन्होंने भ्रम उत्पन्न करने वाला बतलाया है, और इसी के साथ इस बात पर जोर भी दिया है कि एकेश्वरवादी गुरुओं के विचारों में एकरूपता तो

मिलती ही है, वे अपने अनुयायियों को परम्परित भक्तिमार्गियों से अलग भी रखते हैं। गुरु अर्जुन देव द्वारा संगृहीत सिक्ख धर्मग्रन्थ 'गुरु ग्रन्थसाहिब' को उदाहरण के रूप में पेश करते हुए उन्होंने बतलाया है कि उसमें नानक और उनके अनुयायियों के अतिरिक्त कबीर और रैदास जैसे एकेश्वरवादियों की रचनाएँ ली गयी हैं, जबकि परम्परित भाक्तिमार्गियों की रचनाएँ बिल्कुल ही नहीं ली गयी हैं। प्रो. हबीब के अनुसार कबीर-नानक आदि सन्तों द्वारा प्रतिपादित भक्ति अपने विकास क्रम में एक स्वतन्त्र और मौलिक भावधारा है, जिसे उन्होंने 'लोकप्रिय एकेश्वरवाद' कहा है। प्रो. हबीब का यह विभाजन आचार्य शुक्ल के मत के करीब है। आचार्य शुक्ल सगुण और निर्गुण नाम देते हैं और सगुणमार्गी भक्तों के प्रति उनका आत्मीय लगाव दिखाई देता है, जबकि प्रो. हबीब 'परम्परित भक्ति' और 'एकेश्वरवाद' नाम से दोनों भावधाराओं को अलग करते हैं और अपनी निष्ठा एकेश्वरवादी गुरुओं के प्रति दिखलाते हैं, जिनमें समाज के निम्न तबके के लोगों के लिए नया सन्देश है।

बहरहाल, डॉ. शर्मा के जोरदार खण्डन से द्विवेदीजी की भारतीय चिन्ता का स्वाभाविक विकास वाली स्थापना थोड़ी बहुत भले ही क्षतिग्रत हो गयी हो, दक्षिणवाली स्थापना निर्मूल न हो सकी। थोड़ी बहुत इसलिए कह रहा हूँ कि सिद्धों-नाथों की जगह डॉ. शर्मा ने भले ही चौथी शताब्दी के वैष्णव मत को रख दिया हो, थी तो यह भी 'भारतीय चिन्ता का स्वाभाविक विकास' जैसी ही स्थापना। फर्क सिर्फ पात्रों का है। एक में सिद्ध और नाथ हैं, तो दूसरी में वैष्णव जन; और दक्षिणवाली भक्ति की जो धारा उत्तर भारत में बही और द्विवेदीजी के जोर देने से हिन्दी साहित्य के इतिहास में कुछ ज्यादा ही बही, वह आज भी पूरे वेग से बह रही है और विश्वविद्यालयों के हिन्दी विभाग उसी धारा में अवगाहन कर रहे हैं। डॉ. शर्मा ने इस धारा से छेड़-छाड़ करना ठीक नहीं समझा और किनारे-किनारे चलते रहे तथा दूसरी तरह का खण्डन-मण्डन करते रहे। द्विवेदीजी ने इस धारा के उत्स की जो खोज की, उसका आधार यह दोहा था—

भक्ति द्राविड़ उपजी लाए रामानंद।
परगट किया कबीर ने सप्तदीप नवखण्ड।

इस सम्बन्ध में पहली बात यह कि यह दोहा क्या इतना प्रामाणिक है कि इसके आधार पर इतना बड़ा निर्णय लिया जा सके? कुछ लोगों का विचार है कि यह दोहा बाद के किसी कबीरपन्थी सन्त-कवि का है, जिसमें अपने गुरु और गुरु के गुरु का महत्त्व दर्पोक्ति के साथ प्रतिपादित है। दर्पोक्ति से भरे इस दोहे में रामानन्द से अधिक कबीर के महत्त्व पर बल है। दर्पोक्ति से भरे किसी अनाम कवि के इस दोहे को क्या इतनी बड़ी और निर्णयकारी स्थापना का आधार बनाया जाना चाहिए? दूसरी बात यह कि 'रामानन्द की हिन्दी रचनाएँ' नामक पुस्तक में डॉ. श्रीकृष्ण लाल जैसे कुछ अध्येताओं का कहना है कि स्वामी रामानन्द दक्षिण गये ही नहीं थे। वे

मथुरा के ब्राह्मण थे और काशी में रहते थे। यह जो कहा जाता है और द्विवेदीजी का सारा जोर इसी पर है कि वे रामानुज की शिष्य परम्परा के आचार्य बाबा राघवदास के शिष्य थे और दक्षिण के एक मठ को लात मारकर काशी चले आए थे, इस कथन का आधार क्या है? अगर रामनन्द का सम्बन्ध दक्षिण से नहीं था तो क्या यह स्थापना निरस्त नहीं हो जाती? और तीसरी तथा अन्तिम बात यह कि दक्षिण का भक्ति आन्दोलन आलवार भक्तों के साथ छठी शताब्दी में शुरू होकर रामानुज के साथ दसवीं-बारहवों शताब्दी में उत्कर्ष पर पहुँचकर शिथिल हो जाता है। उत्तर भारत में भक्ति-आन्दोलन के जनक माने जाने वाले रामानन्द का समय 14वीं-15वीं शताब्दी है। प्रश्न है कि चार-पाँच सौ वर्षों तक भक्ति की यह भावधारा दक्षिण में ही रुकी क्यों रही? जबकि इस बीच दक्षिण भारत और उत्तर भारत का संचार सम्पर्क जारी था। इतिहासकार रामशरण शर्मा के लेख 'पूर्व मध्यकालीन भारत में सामाजिक परिवर्तन' से पता चलता है कि इस काल में दक्षिण और उत्तर में व्यापार का चलन था और लोगों का उत्तर-दक्षिण आना-जाना जारी था।

कहा जा सकता है कि शुरू के दोनों प्रश्नों में अटकलबाजी है। इसलिए मेरा कोई विशेष आग्रह उन प्रश्नों के प्रति नहीं है। लेकिन तीसरा प्रश्न? इस तरह के प्रश्न हिन्दी लेखकों की ओर से नहीं उठे। इस तरह के प्रश्न इतिहासकार सतीशचन्द्र ने उठाए। उन्होंने पूछा—"यदि सामान्य रूप से स्वीकृत इस धारणा को मानकर चलें कि लोकप्रिय भक्ति आन्दोलन दक्षिण के भक्ति आन्दोलन की ही प्रशाखा है तो यह बता पाना मुश्किल है कि क्यों इन दोनों आन्दोलनों के बीच लगभग पाँच सौ वर्षों का अन्तर है।" क्या यह अन्तराल आकस्मिक था? दक्षिण और उत्तर के बीच आन्दोलन की कड़ी समझे जाने वाले रामानन्द ने जिस जाति निरपेक्ष भक्ति का रास्ता प्रशस्त किया, उसके पीछे कौन-से कारण थे, जिसने व्यापक परिवर्तन के लिए प्रेरित किया? सभी जातियों को अपना मार्ग अपनाने की छूट देने वाले नाथपन्थियों के प्रभाव के प्रत्युत्तर की चाह की उपज तो नहीं था यह भक्ति आन्दोलन? इस तरह के अनेक प्रश्न उठाते हुए सतीशचन्द्र ने अपनी स्पष्ट राय दी है कि "जो भी कारण रहे हों, परिवर्तन का श्रेय रामानुज या दक्षिण की भक्ति को नहीं जाता।"

अगर उत्तर भारत में भक्ति के सूत्र दक्षिण से न आए तो इसका उत्स क्या है? यह बात अब प्रायः सभी लोग मानने लगे हैं कि किसी भी आन्दोलन या प्रवृत्ति के उद्भव के मुख्य और मूल कारण वहाँ की ठोस भौतिक परिस्थितियों की देन होते हैं। एक क्षेत्र से किसी आन्दोलन के पौधे को लाकर तब तक दूसरे क्षेत्र में नहीं लगाया जा सकता, जब तक वहाँ की मिट्टी और हवा उसके अनुकूल न हो। के. दामोदरन का यह कथन ध्यान देने लायक है कि "मानव चिन्तन अथवा विचारधारा की अन्य किसी अभिव्यक्ति की भाँति दर्शन भी, अन्तिम विश्लेषण में, जनता के जीवन की सामाजिक तथा आर्थिक परिस्थितियों को प्रतिबिम्बित करता है,

जनता की सामाजिक तथा आर्थिक परिस्थितियों में परिवर्तन उसकी विचारधारात्मक अधिरचना (सुपर स्ट्रक्चर) को प्रभावित किए बिना नहीं रह सकता।" इसलिए यह आवश्यक है कि उत्तर भारत के लोकप्रिय भक्ति आन्दोलन का भी अध्ययन वहाँ की सामाजिक-आर्थिक परिस्थितियों के ही आलोक में किया जाए, न कि उसे दक्षिण की भक्ति की एक प्रशाखा मानकर। सतीशचन्द्र का यह कथन सही है कि "दक्षिण और उत्तर भारत में भक्ति आन्दोलन का प्रारम्भ और विकास अपनी इच्छानुसार हुआ है। हालाँकि, दोनों आन्दोलन व्यापक रूप से भारतीय संस्कृति के ढाँचें में रहे और उनके बीच अनेक दार्शनिक अवधारणाओं, नीतियों और सौन्दर्य विचारों आदि का आदान-प्रदान रहा है।"

इतिहासकार प्रो. इरफान हबीब उत्तर भारत के भक्ति आन्दोलन पर दक्षिण के प्रभाव सम्बन्धी बहस को कोई महत्त्व नहीं देते। ऐसा इसलिए कि वे उत्तर भारत के भक्ति आन्दोलन को भारतीय इतिहास की बिल्कुल नयी धारा मानते हुए उसे 'लोकप्रिय एकेश्वरवाद' कहते हैं। उनके अनुसार मध्यकालीन भारतीय इतिहास में 'एकेश्वरवाद' एक बिल्कुल नयी भावधारा है, जिसका कोई प्रत्यक्ष सम्बन्ध न तो हिन्दू धर्म से है और न इस्लाम से। एकेश्वरवाद को वे न तो शंकराचार्य के दर्शन से प्रभावित मानते हैं और न ही इस्लामी धर्म दर्शन से। उनके अनुसार, "15वीं और 16वीं सदी के लोकप्रिय एकेश्वरवाद का स्रोत्र शंकराचार्य का दर्शन नहीं हो सकता और इसका कोई प्रभाव इस वाद पर पड़ा हो, यह भी सम्भव नहीं लगता।" इसी तरह मुसलमानों में "जहाँ एक ओर हिन्दुओं को 'काफिर', बहुईश्वरवादी और मूर्तिपूजक कहकर उनकी निंदा की जाती थी, वहीं दूसरी ओर मध्य-युग के समूचे इस्लामी साहित्य में जाति प्रथा, छुआछूत और अछूतों के दमन की कोई आलोचना नहीं की गयी है, जबकि ये सारी बुराइयाँ मध्ययुगीन हिन्दू धर्म में मौजूद थीं।" तात्पर्य यह कि शोषण-उत्पीड़न का विरोध करने वाले एकेश्वरवादी हिन्दू धर्म की इन तमाम बुराइयों का विरोध करते हैं, इसलिए इस्लाम के प्रभाव की बात निरर्थक है। प्रो. हबीब के अनुसार 'लोकप्रिय एकेश्वरवाद' की पैदाइश की जड़ में उत्तर भारत में तेजी से बदलती सामाजिक-आर्थिक परिस्थितियाँ थीं जो दिल्ली सल्तनत की स्थापना के कारण पैदा हुई थीं।

प्रो. इरफान हबीब और प्रो. सतीशचन्द्र ने उत्तर भारत की भक्ति के अध्ययन के लिए जिन सामाजिक आधारों की बात की है, उस ओर हिन्दी साहित्य में सबसे पहले जिस व्यक्ति ने पहल की, वे हैं डॉ. रामविलास शर्मा। डॉ. शर्मा ने 1955 में प्रकाशित अपने लेख 'सन्त साहित्य के अध्ययन की समस्याएँ' में भक्ति आन्दोलन के सामाजिक आधारों का न सिर्फ प्रश्न उठाया, बल्कि यथासाध्य उसके उत्तर भी दिये। हालाँकि उसी वर्ष प्रकाशित अपनी पुस्तक 'आचार्य रामचन्द्र शुक्ल और हिन्दी आलोचना' में वे इन्हीं मुद्दों पर हजारीप्रसाद द्विवेदी को खारिज करके रामचन्द्र शुक्ल

को प्रतिष्ठित कर रहे थे। फिर भी डॉ. शर्मा का महत्त्व इससे कम नहीं होता। भक्ति आन्दोलन की सामाजिक-आर्थिक पृष्ठभूमि की छानबीन करने वाले वे साहित्य और इतिहास के पहले लेखक हैं।

इस क्षेत्र में दूसरा प्रयास इतिहास के क्षेत्र में डॉ. इरफान हबीब का है। अपने लेखों '16वीं-17वीं शताब्दी में लोकप्रिय एकेश्वरवादी आन्दोलन की ऐतिहासिक पृष्ठभूमि' (1965) तथा 'मध्ययुग में लोकप्रिय एकेश्वरवाद का ऐतिहासिक विन्यास' (1993) में उन्होंने इस आन्दोलन के उद्भव सम्बन्धी भौतिक कारणों की खोज की। फिर के. दामोदरन, हरबंस मुखिया, सतीशचन्द्र आदि विचारकों-इतिहासकारों ने इस सम्बन्ध में अपने-अपने विचार व्यक्त किए, जिससे भक्ति आन्दोलन की सामाजिक-आर्थिक पृष्ठभूमि की एक संक्षिप्त रूपरेखा उभरती है।

रामविलास शर्मा ने सबसे पहले यह प्रश्न उठाया कि "सन्त साहित्य का सामाजिक आधार क्या है? साहित्य के क्षेत्र में उठने वाला यह प्रश्न तब उठा था, जब इतिहासकारों की टोली में इस सन्दर्भ में चुप्पी थी।" डॉ. शर्मा ने तब न सिर्फ यह प्रश्न उठाया, बल्कि बताया भी कि "इसका सामाजिक आधार जुलाहों, कारीगरों, किसानों और व्यापारियों का भौतिक जीवन है। सन्त साहित्य भारतीय साहित्य की आकस्मिक धारा नहीं है।" देश की यह विशेष सामाजिक परिस्थिति क्या थी? डॉ. शर्मा ने यह स्पष्ट किया है, सन्त साहित्य की सांस्कृतिक पृष्ठभूमि के अध्ययन के लिए हिन्दी भाषी क्षेत्र की लोककथाओं, लोकगाथाओं, लोकगीतों, लोकरीतियों आदि पर ध्यान देना आवश्यक है। भक्ति साहित्य में ये नये तत्त्व हैं, जिनसे इसकी पीठिका तैयार होती है। ये नये तत्त्व भक्ति साहित्य के विषय और रूप दोनों में व्याप्त हैं। ये नये तत्त्व सिद्धों और नाथों की बानियों से भक्ति साहित्य को अलग करते हैं। न सिर्फ सिद्धों और नाथों की बानियों से बल्कि प्राचीन संस्कृत साहित्य से भी। दूसरे शब्दों में "ब्रज और अवध के किसानों का सामाजिक और सांस्कृतिक जीवन वह दृढ़ आधारशिला है, जिस पर सन्त साहित्य का आधार निर्मित हुआ है।"

यही समय है जब हिन्दी के एक दूसरे महत्त्वपूर्ण कवि, समीक्षक गजानन माधव मुक्तिबोध भी भक्ति साहित्य के सामाजिक सन्दर्भ को लेकर चिन्तित हैं। मुक्तिबोध ने भक्ति साहित्य पर यों तो कम लिखा, लेकिन जितना लिखा वह बहसतलब है। भक्ति साहित्य पर अपने एकमात्र लेख–'मध्ययुगीन भक्ति आन्दोलन का एक पहलू' (1955) में मुक्तिबोध ने यह आवश्यकता महसूस की कि "किसी भी साहित्य का ठीक-ठीक विश्लेषण तब तक नहीं हो सकता, जब तक हम उस युग की मूल गतिमान सामाजिक शक्तियों से बनने वाले सांस्कृतिक इतिहास को ठीक-ठाक न जान लें।" लेकिन मुक्तिबोध के लिए "मुश्किल यह है कि भारत के सामाजिक-आर्थिक विकास के सुसम्बद्ध इतिहास के लिए आवश्यक सामग्री का बड़ा अभाव है।"

स्पष्ट है कि भक्ति आन्दोलन के सामाजिक आधारों की खोज का काम तब तक नहीं हो सकता, जब तक इतिहास आवश्यक सामग्री न प्रस्तुत करे। मध्यकालीन इतिहास की आर्थिक रूपरेखा का यह अभाव आचार्य रामचन्द्र शुक्ल और हजारी प्रसाद द्विवेदी के भी सामने था। इसलिए इन इतिहास लेखकों ने अगर तत्कालीन सामाजिक शक्तियों को आधार न बनाया तो यह उनका दोष नहीं, बल्कि उस समय तक मध्यकाल के आर्थिक इतिहास की रूपरेखा का अस्पष्ट होना है। 1955 में मुक्तिबोध को इतिहास की इस आवश्यक सामग्री का अभाव खलता है, लेकिन रामविलास शर्मा इस अभाव के बावजूद आगे बढ़ने की कोशिश करते हैं। भक्ति आन्दोलन के उद्‌भव में कौन-सी भौतिक परिस्थितियाँ कारण बनीं, यह तथ्य हिन्दी साहित्य के अध्येता के लिए तब तक पहेली बना रहेगा, जब तक वह मध्यकालीन आर्थिक इतिहास के भीतर न प्रवेश करे और यही वह बिन्दु है, जहाँ साहित्य के इतिहास लेखक को इतिहास पर निर्भर करना पड़ता है। मुक्तिबोध मध्यकालीन इतिहास से आवश्यक सामग्री की माँग करते हुए उसके द्वार पर खड़े दीखते हैं, जबकि रामविलास शर्मा भीतर जाकर आवश्यक सामग्री की छानबीन करते हैं और दोहरे दायित्व का निर्वाह करते हैं। भक्ति साहित्य के अध्ययन को लेकर मुक्तिबोध और डॉ. शर्मा के प्रयत्नों के इस फर्क को ध्यान में रखना आवश्यक है।

भक्ति आन्दोलन के मूल में कौन से ठोस भौतिक कारण थे, यह जानने के लिए सबसे पहले आवश्यक है यह जानना कि इस आन्दोलन का मूल चरित्र क्या है? भक्ति साहित्य के प्रायः सभी अध्येता अपने कई मतभेदों के बावजूद इस बिन्दु पर एकमत हैं कि इसका मूल चरित्र सामन्तवाद विरोधी है। वर्ण व्यवस्था पर लगातार चोट करने वाले इस आन्दोलन ने भक्ति का द्वार सभी जातियों के लिए खोल दिया और 'जात-पात पूछे ना कोई, हरि को भजै सो हरि का होई', जैसा नारा देकर सभी को एक धरातल पर प्रतिष्ठित करने की वकालत की। आचार्य रामचन्द्र शुक्ल ने कहा कि "प्रेमस्वरूप ईश्वर को सामने लाकर भक्त कवियों ने हिन्दुओं और मुसलमानों दोनों को मनुष्य के सामान्य रूप में दिखाया और भेदभाव के दृश्यों को हटाकर पीछे कर दिया।" मुक्तिबोध का मत है कि "इस निर्गुण भक्ति में तत्कालीन सामन्तवाद-विरोधी तत्त्व सर्वाधिक थे।" रामविलास शर्मा के अनुसार—"सन्त साहित्य में मानव मात्र की समानता की भावना एक मूल सूत्र की तरह विद्यमान है, विभिन्न धर्मों, जातियों और वर्गों में बँटे हुए समाज में निर्धन जनता यह विश्वास प्रकट किए बिना न रह सकी कि सभी मनुष्य भाई-भाई हैं। सन्त साहित्य शोषण से त्रस्त जनता की इस आकांक्षा को प्रकट करता है कि ऐसे समाज का निर्माण हो, जिसमें ऊँच-नीच का भेद न हो, जिसमें सताने वाले राजा न हों, धर्म के ठेकेदार न हों, समाज व्यवस्था का आधार प्रेम हो, जहाँ लोग रोग और अकाल से न मरें, जहाँ स्त्रियों और पुरुषों के लिए एक-से नियम हों।" के. दामोदरन का इस सम्बन्ध में विचार है कि—"यह

सिद्धान्त कि ईश्वर के सामने सभी मनुष्य, फिर वे ऊँची जाति के हों अथवा नीची जाति के, समान हैं, इस आन्दोलन का ऐसा केन्द्र बिन्दु बन गया जिसने पुरोहित वर्ग और जाति प्रथा के आतंक के विरुद्ध संघर्ष करने वाली आम जनता के व्यापक हिस्सों को अपने चारों ओर एकजुट किया। इस प्रकार मध्ययुग के इस महान आन्दोलन ने न केवल विभिन्न भाषाओं और विभिन्न धर्मों वाले जन-समुदायों की एक सुसम्बद्ध भारतीय संस्कृति के विकास में मदद की, बल्कि सामन्ती दमन और उत्पीड़न के विरुद्ध संयुक्त संघर्ष चलाने का मार्ग भी प्रशस्त किया।''

इस तरह के और दर्जनों उद्धरण दिये जा सकते हैं, जिनसे स्पष्ट होता है और अब लगभग सर्वस्वीकृत तथ्य है कि भक्ति आन्दोलन का चरित्र सामंतवाद विरोधी है। यह न सिर्फ सामान्य भक्ति मार्ग का निर्माण करता है, बल्कि ऊँच-नीच, पुरुष-नारी, ब्राह्मण-शूद्र आदि भेदों को समाप्त कर मनुष्य मात्र के समान होने की घोषणा करता है।

भक्ति आन्दोलन का चरित्र अगर मूल रूप से सामन्तवाद विरोधी है तो स्पष्ट है कि सामन्तवाद पर चोट करने वाली और उसे नष्ट कर नयी सामाजिक-आर्थिक संरचना की परिकल्पना से युक्त पूँजीवादी शक्तियों का उदय हो रहा था, जिसने इस आन्दोलन को तेज करने में सक्रिय भूमिका निभाई तथा उसके लिए ठोस आर्थिक आधार तैयार करने में मदद की। इस निष्कर्ष पर पहुँचने के लिए जरूरी है कि हम भक्ति आन्दोलन का अध्ययन उस समय की ठोस भौतिक परिस्थितियों के सन्दर्भ में करें, जैसी माँग इतिहासकार सतीशचन्द्र ने की है और उससे भी पहले रामविलास शर्मा ने यह बात बहुत जोर देकर कही कि ''धार्मिक प्रभावों की छान-बीन से ही सन्त साहित्य की विषयवस्तु या रूप-भाषा, भाव और विचार का पूरा विश्लेषण नहीं हो सकता। उसका आधार सामंती ढाँचे में व्यापारियों और जन साधारण की बढ़ती हुई शक्ति है।'' डॉ. शर्मा के अनुसार ''जिस नयी परिस्थिति में भक्ति साहित्य पैदा हुआ। उसका सम्बन्ध न तो बौद्ध धर्म से है औन न इस्लाम से और न हिन्दू धर्म से। इन धर्मों का इस पर कुछ असर है, लेकिन ये मूल स्रोत्र नहीं हैं। सन्त साहित्य की अपनी कुछ विशेषताएँ हैं, जो मूलतः किसी प्राचीन धर्मग्रन्थ पर निर्भर नहीं हैं।''

'सन्त साहित्य' की यह 'अपनी विशेषता' क्या है? यह विशेषता है साहित्य में लोकधर्म की प्रतिष्ठा। और ''सन्तों का लोकधर्म सामंती व्यवस्था को दृढ़ नहीं करता, वरन् उसे कमजोर करता है। सामंती व्यवस्था में धरती पर सामंतों का अधिकार था तो धर्म पर उन्हीं के समर्थक पुरोहितों का। सन्तों ने धर्म पर से पुरोहितों का यह इजारा तोड़ा। खास तौर से जुलाहों, कारीगरों, गरीब किसानों और अछूतों को साँस लेने का मौका मिला, यह विश्वास मिला कि पुरोहितों और शास्त्रों के बिना भी उनका काम चल सकता है।'' (रा.वि. शर्मा) और इसी विश्वास की शक्ति से ''सूर और तुलसी ने, प्रेममार्गी सूफियों ने लाखों मनुष्यों को उनके ग्रामीण और जनपदीय

अन्धविश्वासों से अलग, नये सूत्रों में बाँधना शुरू किया। यह कार्य भी व्यापार की बढ़ती और यातायात की अधिक सुविधा से सम्भव हुआ।" (रा.वि. शर्मा)।

स्पष्ट है कि डॉ. शर्मा भक्ति आन्दोलन के उत्स की खोज व्यापार के विकास और यातायात की बढ़ती सुविधा में करते हैं। इनके बिना सामंती ढाँचे में हलका सा भी धक्का देना सम्भव नहीं था। डॉ. शर्मा के अनुसार–"भारतीय जीवन की जिस परिस्थिति से सन्त साहित्य का घनिष्ठ सम्बन्ध है, वह है सामन्ती शक्ति का ह्रास, सामंती ढाँचे का कमजोर पड़ना।" और सामंती ढाँचा कमजोर पड़ता है, व्यापार के विकास से, नगरीकरण की प्रक्रिया तेज होने से, यातायात की सुविधा से तथा सिक्कों के प्रचलन से। डॉ. शर्मा ने लिखा है–"15वीं, 16वीं, 17वीं सदी में यहाँ व्यापार की बड़ी-बड़ी मंडियाँ कायम होती हैं। पचीसों नगर व्यापार और सांस्कृतिक आदान-प्रदान के केन्द्र बनकर उठ खड़े होते हैं। लोहे और कपास का सामान काफी बड़े पैमाने पर तैयार किया जाता है। सैकड़ों वर्षों बाद सामाजिक जीवन की धुरी गाँव से घूमकर नगर की ओर आ जाती है। सामाजिक जीवन की बागडोर सामंतों के हाथ में नहीं रहती, व्यापारी भी उसमें हाथ बँटाने लगते हैं। राज्य-सत्ता सामंतों के हाथ में रहती है, लेकिन बहुत से सामंत भी अपनी शक्ति के लिए व्यापारियों का सहारा लेते हैं। गोला-बारूद का प्रयोग, एक-से सिक्कों का काफी बड़े प्रदेशों में चलन, जागीरदारों का एक जगह से दूसरी जगह भेजा जाना, सड़कों और नहरों का बनना, समाचार भेजने के लिए हरकारों की व्यवस्था, किसानों से सीधे राज्य-कर लेने की व्यवस्था आदि ऐसी बातें थीं, जिनसे गाँवों का अलगाव कम हुआ और सामंती शक्ति कमजोर हुई।"

प्रो. इरफान हबीब ने एकेश्वरवाद की व्याख्या के लिए इसमें शामिल दस्तकारों और जाट किसानों की उपस्थिति को मुख्य आधार माना है। दस्तकार जातियों से आए सन्त-कवियों की उपस्थिति अधिक तो है ही, जाटों के बीच भी यह एकेश्वरवाद काफी लोकप्रिय हुआ। 10वीं सदी तक जाटों की स्थिति शूद्रों से बहुत बेहतर न थी। रहट के आविष्कार ने किसान के रूप में उनकी स्थिति सुदृढ़ की और वे पंजाबी भूभाग में फैल गये। पशुचारी जाति के रूप में पहले वे सिन्धु प्रदेश में पाए जाते थे। बाद में किसान के रूप में उनका फैलाव हुआ और अपने अतीत से छुटकारा पाने के लिए उन्होंने एकेश्वरवाद को अपनाया जो उन्हें बेहतर सामाजिक प्रतिष्ठा देता था। साथ ही नये शासक वर्ग के आने से नयी तकनीकों का प्रवेश हुआ और नयी माँग भी बढ़ी। कागज इसी काल में बना, गुंबदों-मेहराबों का भवन-कला में विकास हुआ। घोड़े की नाल और लोहे की रकाब का भी काम बढ़ा। कपड़ा उद्योग में काफी विकास हुआ और ऊँचे किस्म के कपड़ों की माँग बढ़ गयी। दर्जीगिरी जैसा नया शिल्प तुर्कों के साथ भारत आया। यहाँ के परम्परागत शिल्पों को बढ़ावा मिला। यह काम धर्मान्तरण के जरिए हुआ। हिन्दू समाज में पहले जिस शिल्पी जाति की प्रतिष्ठा

न थी, उसने इस्लाम स्वीकार कर लिया। प्रो. हबीब ने आचार्य हजारीप्रसाद द्विवेदी के हवाले से यह भी बतलाया कि कबीर उस जुलाहा जाति से थे जो कुछ ही पहले धर्मान्तरित हुए थे। ऐसे ही तथ्यों को ध्यान में रखते हुए डॉ. मैनेजर पांडेय ने लिखा है—"भक्ति आन्दोलन और उसके साहित्य का लगभग बारहवीं सदी से आरम्भ होने वाले आर्थिक और सामाजिक परिवर्तनों से घनिष्ट सम्बन्ध है। ...किसानों, शिल्पकारों आदि का समाज में प्रभाव बढ़ने के कारण ही दलित जातियों में विद्रोह की भावना जगी, जिसकी अभिव्यक्ति सन्त साहित्य में हुई।"

उस काल में यातायात और डाक व्यवस्था की क्या स्थिति थी, इस पर इतिहाकारों ने पर्याप्त प्रकाश डाला है और वे भी स्वीकारते हैं कि प्रशासन को सुचारु ढंग से चलाने के लिए संचार-व्यवस्था दुरुस्त की गयी थी। इतिहासकार रोमिला थापर ने यात्री इब्नबतूता के हवाले से इसकी पुष्टि की है। उन्होंने लिखा है—"इब्नबतूता ने तुगलकों की यातायात व्यवस्था और डाक-सेवा की अत्यधिक सराहना की है; क्योंकि एक यात्री होने के कारण उसे इसका निजी ज्ञान था। सड़कें पत्थर की बनी होती थीं और बैलगाड़ियों का प्रचलन सबसे अधिक था...मार्ग की नियमित मंजिलों पर सराय, दुकानें तथा चौकीदारों और घोड़ों के ठहरने के स्थान होते थे...सबसे तेज डाक सेवा घोड़ों द्वारा सम्पन्न होती थी, यद्यपि सामान्यतः पैदल डाकियों का प्रयोग होता था...पैदल डाकिए अपने साथ एक डंडा रखते थे, जिसमें घंटियाँ होती थीं और जिसका उद्देश्य जंगल के मार्गों पर जानवरों को भगाना और गाँव में डाकिए के आगमन की सूचना देना था।"

व्यापार का सम्बन्ध शहर से है। जब व्यापार बढ़ेगा तो शहरीकरण की प्रक्रिया तेज होगी और इसके कारण सामंती मूल्य, जिनका सम्बन्ध विशेषतः गाँव से है, टूटेंगे। बी.एन.एस. यादव (सोसायटी एंड कल्चर इन नार्दन इंडिया इन द ट्वेल्थ सेंचुरी, 1973) और इरफान हबीब (प्रेसीडेंसियल एड्रेस) के आधार पर हरबंस मुखिया का कहना है—"बारहवीं-तेरहवीं शताब्दी में और इसके पश्चात शहरीकरण की एक लहर उत्तर भारत में फैली। यहाँ का नया शासक वर्ग बुनियादी तौर पर नगर निवासी था। कृषि उत्पादन बढ़ने के कारण ग्यारहवीं-बारहवीं शताब्दी से ही राज्य ने भी किसानों पर अपने लगान की माँग में बढ़ोतरी कर दी थी। यही बढ़ी हुई माँग तुर्क शासक वर्ग को उत्तराधिकार में मिली, जिससे उन्होंने शासन व्यवस्था का केन्द्रीकरण और अधिक सुव्यवस्थित किया। इस प्रकार इस शासक वर्ग को उपलब्ध साधन पहले से कहीं अधिक थे, जिन्हें उसने अधिकतर शहरों में ही व्यय किया। यह एक बड़ा कारण है कि कई नये शिल्पों का विकास हुआ जिनमें प्रधानतः नये ढंग की स्थापत्य कला, कागज, रूई साफ करने के नये तरीके और आतिशबाजी को गिना जा सकता है।" इरफान हबीब ने अपने लेख—'प्रौद्योगिकीय परिवर्तन और समाज' में तुर्कों के आगमन के बाद कपड़ा-उद्योग, सिंचाई, कागज, चुम्बकीय कुतुबनुमा, समय-सूचक

उपकरण, घुड़सवार सेना, प्रौद्योगिकी आदि क्षेत्र में जो प्रगति हुई उसके सम्बन्ध में लिखा है—"13वीं-14वीं सदी के ये प्रौद्योगिकी परिवर्तन काफी महत्त्वपूर्ण थे। उन्होंने शिल्प और कृषि उत्पादन को बढ़ाया। व्यापारिक गतिविधि को तीव्र किया। इससे वर्ग सम्बन्धों में भी परिवर्तन आया होगा। नयी तकनीक में कुशल, दक्ष कारीगर प्राप्त करने की ललक ने व्यक्तिगत नौकरी लागू करने को प्रोत्साहित किया होगा। कागज के प्रचलन से अखिल भारतीय बाजार के विकास में मदद मिली होगी।" और बाजार की स्थिति यह थी कि हर नगर में एक बाजार होता था, जहाँ नियमित मेले लगते थे और मेले में व्यवसायी एकत्र होकर अपने धन्धे का काम करते थे। प्रांतीय राजधानियों में भी बाजार थे। दिल्ली का बाजार अधिक समृद्ध और महत्त्वपूर्ण था, क्योंकि उसका व्यापारिक सम्बन्ध देश-विदेश दोनों से था। मुस्लिम जगत में दिल्ली की अधिक वैभवशाली नगर के रूप में प्रसिद्धि थी। यह प्रसिद्धि धनी व्यापारियों के कारण भी थी। अनेक राजकीय कारखाने थे। एक रेशम-कारखाने में चार हजार बुनकर काम करते थे।

उद्योग-धन्धों और व्यापार का विकास दिल्ली में खूब हुआ था। देश के दूसरे विकसित नगरों की भी यही स्थिति थी। गुजरात और बंगाल के नगरों में वस्त्र उद्योग का काफी विकास हुआ था। यहाँ सफेद सूती, रेशमी, मखमल, साटन, तोशक आदि विभिन्न प्रकार के कपड़ों का उत्पादन होता था। ढाका के मलमल की चर्चा आज भी आम जनता, यूँ ही नहीं करती है। सस्ते और उत्तम कोटि के होने के कारण कैंबे के सूती वस्त्रों की माँग व्यापार जगत में बहुत अधिक थी।

वस्त्र उद्योग में विकास का कारण इसी काल में चरखे का यान्त्रिक उपकरण के रूप में प्रयोग है। अपने यहाँ एक आम धारणा है कि चरखे का आविष्कार भारत में हुआ। आधुनिक ऐतिहासिक शोधों से यह बात सामने आई है कि इसका सम्बन्ध भारत से नहीं है, बल्कि यह चीन से यहाँ आया। भारत में उसका प्रथम उल्लेख 1350 में मिलता है। इरफान हबीब 12वीं-14वीं सदी के बीच चरखे का भारत में प्रचलन मानते हैं। धुनियाँ की कमान भी इसी काल में विकसित हुई।

इतिहास के हवाले से यह मालूम होता है कि नयी तकनीक के प्रयोग से जहाँ उत्पादन बढ़ा, वहीं व्यापार के क्षेत्र में भी काफी प्रगति हुई। देश के भीतर व्यापार का विस्तार तो हुआ ही, विदेशों से भी व्यापारिक सम्बन्ध बढ़े। आन्तरिक व्यापार की तुलना में विदेश में व्यापार करने में अधिक लाभ था। विदेश-व्यापार के मुख्य केन्द्र समुद्र तट पर बसे नगर थे। समुद्र व्यापार के कारण भारत का यूरोप से सम्बन्ध बना। तटीय नगरों में जो व्यावसायिक केन्द्र थे, उनकी शाखाएँ विदेशों में थीं। भारत के पश्चिमी तटों से मिस्र एवं अफ्रीका के पूर्वी भाग से व्यापार होता था। बंगाल यानी पूर्वी तट से दक्षिण-पूर्व एशिया से व्यापार होता था। मलका में उस समय का सबसे बड़ा बन्दरगाह था, जो विदेश-व्यापार का मुख्य केन्द्र था। कुछ जहाज सामान

के बदले सामान लेकर लौटते और कुछ स्वर्ण मुद्राएँ लेकर। चीन से भी भारत के व्यापार सम्बन्ध नियमित थे।

इतिहास के हवाले से यह भी मालूम होता है कि व्यापार के विकास से मुद्रा का प्रयोग शुरू हुआ। उत्तर भारत के सभी नगरों में इसका प्रचलन था। लेकिन स्थानीय जनता के मन में इन सिक्कों के प्रति अविश्वास न हो, इसलिए इनमें पूर्व हिन्दू राजाओं द्वारा चलाए गये सिक्कों की अनुकृति थी। एक सिक्के पर शैव सम्प्रदाय के नन्दी की आकृति थी, जिस पर सुलतान का नाम देवनागरी में अंकित था। इस काल में ताँबे और चाँदी की मुद्राओं का प्रचलन था। मोहर नाम की स्वर्ण मुद्रा थी, जिसका उपयोग व्यापार के साथ-साथ विशेष अवसरों पर भी होता था। अनेक टकसालों के होने का भी उल्लेख मिलता है।

संक्षेप में यह कि तुर्कों के आगमन के बाद भारत में उद्योग-धन्धों का विकास हुआ और व्यापार कार्य में वृद्धि हुई। देश में व्यापार कार्य तो बढ़ा ही, विदेशों से भी व्यापारिक सम्बन्ध बने और विकसित हुए। 1498 में वास्को-डि-गामा नामक यात्री मालाबार के समुद्र तट पर आया। उसके बाद पुर्तगाली, डच, फ्रांसीसी तथा ब्रिटिश व्यापारी भारत आये। यह उल्लेख मिलता है कि जहाँगीर के समय में यूरोप की व्यापार कम्पनियों को भारत में मालगोदाम बनाने और कारखाने खड़े करने की इजाजत मिल गयी थी। के. दामोदरन के शब्दों में, "वह महान परिवर्तनों का युग था। नयी आर्थिक शक्तियाँ मंच पर उतर रही थीं। विभिन्न क्षेत्रों के बीच व्यापार और वाणिज्य सम्बन्धों में वृद्धि और नवजात पूँजीवादी तत्त्वों के उदय ने सामन्ती वर्गों की प्रभुतापूर्ण स्थिति पर प्रतिकूल प्रभाव डाला और देश के सामाजिक जीवन में व्यापारियों और कारीगरों की स्थिति को सुदृढ़ बनाया।" तथा "कृषि और उद्योग का संयुक्त रूप, जो सामंतवाद के अन्तर्गत उत्पादन का परम्परागत रूप था, कमजोर होने लगा, और पूँजीवादी मालिकों के अन्तर्गत कारीगर और शिल्पी, बुनकर, सूत कातने वाले, लुहार, सुनार, चर्मकार, चीनी बनाने वाले, नील का काम करने वाले तथा अन्य लोग काम पाने लगे।"

अपने यहाँ आज भी कुछ लोग यह मानते हैं कि अंग्रेजों के आने से पहले भारत में सामंतवाद पूरी तरह कायम था। कुछ यूरोपीय विचारकों की धारणा है कि अंग्रेजों के आने और उनके उपनिवेश स्थापित होने के बाद ही प्रगति और परिवर्तन का चक्र एशिया के देशों में घूमना शुरू हुआ। यूरोप के ऐसे विचारकों के नामों में प्रमुख हैं, पेटी एडरसन (लाइनीसेज ऑफ द एब्सोल्यूटिस्ट स्टेट), मारिअन सॉअर (मार्क्सिज्म एंड द क्वेश्चन ऑफ एशियाटिक मॉड ऑफ प्रोडक्शन), हेगेल (द फिलासफी ऑफ हिस्ट्री), मार्क्स (द फ्यूचर रिजल्ट ऑफ द ब्रिटिश रूल इन इंडिया) आदि। ये लोग मानते थे कि एशियाई समाज में हजार वर्ष पहले किसी भी प्रकार का परिवर्तन समाप्त हो चुका था कि हिन्दुओं का अपना कोई इतिहास नहीं था, आदि। लेकिन

आज यह धारणा पूरी तरह खंडित हो चुकी है। हरबंस मुखिया ने इसका खंडन करते हुए स्वीकार किया है कि यूरोप और एशियाई देशों की गतिशीलता का स्वरूप और चरित्र एक-दूसरे से भिन्न है। रामविलास शर्मा ने भी यूरोपीय विचारकों की इस अपरिवर्तनशीलता वाली धारणा का पूरी तरह खंडन किया है। उनकी पुस्तक—'मार्क्स, त्रोत्स्की और एशियाई समाज' में विस्तार से यूरोप के इन विचारकों-लेखकों की धारणा का खंडन करते हुए बताया गया है कि भारतीय समाज कैसे अपनी ही भीतरी शक्तियों से परिवर्तन की दिशा में घूम रहा था और सामंतवाद की जड़ों को कमजोर कर रहा था। यहाँ के लोगों को विदेशियों ने व्यापार करना नहीं सिखाया। सैकड़ों वर्षों से कायम सामंतवाद अपनी भूमिका समाप्त कर चुका था। उसे समाप्त करने वाली शक्तियाँ उसी के गर्भ से पैदा हो रही थीं। अंग्रेजों ने आकर विकास के चक्र को उलटी दिशा में मोड़ दिया। हमारे उद्योग-धन्धों को नष्ट किया और नष्ट हो रहे सामन्ती मूल्यों की न सिर्फ रक्षा की, बल्कि नये सिरे से लागू कर परिवर्तन के चक्र को उलटी दिशा में मोड़ दिया। यह भी कहा जाता है कि अकबर के समय में भारत में प्रतिवर्ष प्रति व्यक्ति आय इंगलैंड से अधिक थी। अंग्रेज जब भारत आये तो बंगाल का मुर्शिदाबाद शहर लंदन से अधिक समृद्ध था।

इन विवेचनों से स्पष्ट है कि चौदहवीं सदी से सत्रहवीं सदी के बीच पूँजीवादी उत्पादन पद्धति का विकास हुआ, जिसने मजदूर वर्ग को जन्म दिया। व्यापार के विकास से नये पूँजीपति वर्ग का उदय हुआ, जिनकी समृद्धि सामंतों से भिन्न और नये तरीके से हुई और समाज में उनका महत्त्व सामंतों द्वारा भी स्वीकृत हुआ। वह व्यापारिक पूँजीवाद का दौर था। इस व्यापारिक पूँजीवाद के विकास के लिए पुराने सामाजिक सम्बन्ध—सामंतवाद का समाप्त होना जरूरी था और इसके लिए नये सामाजिक सम्बन्धों का विस्तार जरूरी था। मध्य युग के इस उभरते व्यापारिक पूँजीवाद ने सामंती मूल्यों पर चोट की और नये मानवीय सम्बन्धों के विस्तार की आवाज उठाई। इस नयी स्थिति में, के. दामोदरन के शब्दों में "सामंतवाद की जड़ें हिल उठी थीं और वर्ग विरोध तीव्र हो गये थे। उत्पादन की नयी शक्तियों का तकाजा था कि नये सामाजिक सम्बन्धों की स्थापना हो और नयी परिस्थितियों के अनुरूप विचारों और सिद्धान्तों का उद्‌भव हो।"

जब मुसलमान इस देश में आये तब यहाँ आर्थिक और सामाजिक विकास की गति धीमी थी। यहाँ का समाज और सामंत वर्ग आपसी कलह और अंतर्विरोधों का शिकार था। तब क्या बाहर से आये मुसलमान विकास की कोई नयी तकनीक लेकर आये? स्पष्टतः नहीं। क्योंकि आक्रमणकारी मुसलमान सामाजिक और सांस्कृतिक—हर दृष्टि से भारतीयों से पिछड़े थे। रामविलास शर्मा मानते हैं कि "यहाँ के लोगों को व्यापार करना ईरानियों, पठानों, अरबों या तुर्कों ने नहीं सिखलाया।" के. दामोदरन की स्पष्ट राय है कि—"मुसलमान आक्रामक अपने साथ एक नया धार्मिक दृष्टिकोण

लाए थे, लेकिन उनके पास उत्पादन की कोई नयी प्रणाली नहीं थी। वे भारत के सामंती आधार को नहीं बदल सके। किन्तु उन्होंने सामंती स्वामित्व के कुछ नये रूपों को जारी किया और नये सामंती साम्राज्य को चलाने के लिए एक केन्द्रीय राज्य यन्त्र का गठन किया।" और केन्द्रीय राज्य का गठन हो गया तो स्वाभाविक था कि उद्योग-धन्धों और व्यापार को फलने-फूलने का मौका मिलता। यह जानी हुई बात है कि केन्द्रीय और स्थिर शासन व्यवस्था में व्यापार, उद्योग-धन्धों और कला, संस्कृति के विकास को गति मिलती है। लड़ने वाले छोटे-छोटे हिन्दू राजाओं को परास्त कर मुसलमानों ने केन्द्रीय राज्य की स्थापना की और दिल्ली को अपनी केन्द्रीय राजधानी बनाया तो स्वाभाविक था कि व्यापार और उद्योग-घन्धों का द्रुत गति से विकास होता और वह हुआ भी। आक्रमणकारी मुसलमानों की भूमिका इसमें इतनी है कि उन्होंने अपेक्षाकृत बड़े और स्थिर शासन व्यवस्था की नींव डाली।

इस तरह रामविलास शर्मा, इरफान हबीब, के. दामोदरन, हरबंस मुखिया आदि विचारकों की स्पष्ट राय है कि मध्यकाल में उद्योग-धन्धों एवं व्यापार का तेजी से विकास हुआ। इस विकास के चलते शहरीकरण की प्रक्रिया तेज हुई। सिक्कों का चलन हुआ। इस नयी विकास अवस्था में अनेक नयी जातियों का जन्म हुआ और विकास की प्रक्रिया में शामिल होने के कारण उन जातियों को सामाजिक प्रतिष्ठा हासिल हुई। व्यापार ने वर्ण व्यवस्था पर चोट की और उस काल में कई कर्मगत जातियों का विकास हुआ। रोमिला थापर की राय में "कई जातियाँ अब व्यापार से समृद्ध को गयीं थीं—जैसे गुजराती बनिये जो सुदूर दक्षिण में मालाबार तक बस गये थे, मुल्तान के मुल्तानी तथा राजस्थान के मारवाड़ी वणिकों के रूप में अपनी प्रतिष्ठा स्थापित करने लगे थे।" और इस औद्योगिक एवं व्यापारिक विकास ने तथा इसके कारण कुछ पिछड़ी जातियों के सामाजिक सतह पर ऊपर आने से जो नये मानवीय सम्बन्ध बने, उसने नये सांस्कृतिक आन्दोलन की पृष्ठभूमि तैयार की। इरफान हबीब के शोध-निष्कर्षों के आधार पर नामवर सिंह का कहना है—"स्पष्ट है कि 13वीं-14वीं सदी में तुर्कों के कारण भारतीय समाज के सामंती ढाँचे के अन्दर व्यापारी पूँजीवाद के विकास की दिशा में अवश्य ही कुछ उल्लेखनीय परिवर्तन हुए होंगे, जो देर-सबेर सामाजिक सम्बन्धों को प्रभावित करते हुए सांस्कृतिक-साहित्यिक परिवर्तन के लिए भी पृष्ठभूमि तैयार कर सके होंगे।" और इसी परिवर्तन का मूर्त रूप था भक्ति आन्दोलन, जिसकी जड़ में खाद-पानी का काम किया मध्यकालीन व्यापारिक विकास ने। डॉ. मैनेजर पांडेय ने इन आर्थिक परिवर्तनों को महत्त्वपूर्ण माना है और लिखा है कि "समाज के आर्थिक आधार पर परिवर्तन से विभिन्न वर्गों के आपसी सम्बन्धों में भी परिवर्तन आता है। इससे विचारों के निर्माण की पद्धति और विचार प्रणाली में भी परिवर्तन होता है। फलतः सांस्कृतिक रूपों के निर्माण और विकास की पद्धति में भी परिवर्तन होता है...जिस आर्थिक सामाजिक परिवर्तन

की प्रक्रिया से जातीय निर्माण की प्रक्रिया तेज हुई, उसी से सामन्तवाद के विघटन की प्रक्रिया भी आरम्भ हुई। इस प्रक्रिया के परिणामस्वरूप समाज के विभिन्न वर्गों के आपसी सम्बन्धों में जो बदलाव आए उसकी अभिव्यक्ति भक्ति आन्दोलन और उसके साहित्य में हुई।"

डॉ. रामविलास शर्मा न केवल उत्तर भारत के भक्ति आन्दोलन के मूल में व्यापार की प्रगति देखते हैं, बल्कि दक्षिण के भक्ति आन्दोलन के मूल में भी व्यापारिक प्रगति का महत्त्व स्वीकार करते हैं। व्यापारिक प्रगति से सामाजिक सम्बन्ध ढीले पड़ते हैं और भक्ति साहित्य का उससे गहरा रिश्ता है। अपनी पुस्तक 'हिन्दी जाति का साहित्य' में उन्होंने अपनी यह धारणा व्यक्त की है–"गुप्तकाल व्यापारिक समृद्धि का काल है, कबीर और सूर का युग भी ऐसी समृद्धि का काल है। तमिलनाडु में जब आलवार संतों ने भक्ति-काव्य रचा, तब वहाँ भी व्यापारिक समृद्धि का काल था। व्यापार की प्रगति से सामाजिक सम्बन्ध शिथिल होते हैं। सामाजिक सम्बन्धों की शिथिलता से भक्ति साहित्य का सीधा सम्बन्ध है।" आगे उनका कहना है– "भारत में जब-जब उद्योग और विनिमय के विकास के साथ नगर सभ्यता का प्रसार हुआ है, तब-तब वंशगत वर्ण व्यवस्थाएँ टूटी हैं, उसकी जगह कर्मगत वर्ण व्यवस्था का चलन हुआ है।"

लेकिन इतिहासकार सतीशचन्द्र इससे थोड़ा भिन्न मत रखते हैं। वे भक्ति आन्दोलन के उद्‌भव के लिए उस समय की भौतिक परिस्थिति के अध्ययन पर तो जोर देते हैं, लेकिन इरफान हबीब की स्थापना से असहमति जतलाते हुए एक दूसरी स्थापना पर बल देते हैं। उनका कहना है कि इस्लाम के आगमन से ब्राह्मणों की स्थिति कमजोर हुई, उनकी आर्थिक हालत भी खराब हुई, अतः समाज पर से उनका नियन्त्रण खत्म हुआ। ब्राह्मणों और राजपूतों के बीच जो एक अलिखित समझौता था, वह मुसलमानों के आने से खत्म हुआ और नयी परिस्थिति में नये सम्बन्ध विकसित हुए। "तुर्कों द्वारा राज्यों के विजय और इस्लाम के आगमन ने ऐसी प्रभावशाली शक्तियों को बढ़ावा दिया, जिसने परवर्ती सदियों में लोकप्रिय आन्दोलन के रूप में भक्ति के विकास का मार्ग प्रशस्त किया...उत्तर भारत में राजपूत-ब्राह्मण समझौता विगत पाँच दशकों तक प्रभावशाली रहा और यही समझौता कर्मकांड समर्थित वर्णाश्रम धर्म पर आधारित सामाजिक-सांस्कृतिक व्यवस्था को बनाये रखने के लिए उत्तरदायी था। राजपूत-ब्राह्मण समझौते के हिंसात्मक अन्त ने उस असनातनी धार्मिक आन्दोलन के मार्ग की एक बहुत बड़ी बाधा को समाप्त कर दिया था जो वर्णाश्रम व्यवस्था और कर्मकांड के आधार पर धर्म निर्धारण का विरोधी था। इस्लाम के आगमन से ब्राह्मणों की प्रतिष्ठा और प्रभाव को गहरा आघात लगा। ब्राह्मणों ने प्रायः भोली-भाली जनता द्वारा पूजी जाने वाली प्रतिमाओं को ईश्वर के प्रतीक के रूप में प्रस्तुत न करके प्रतिमाओं को ही स्वयं ऐसे ईश्वर के रूप में प्रस्तुत किया

जिन्हें ब्राह्मण ही नियंत्रित कर सकते हैं, तथा इन प्रतिमाओं की शक्ति और महत्त्व पर सन्देह करने वालों को शाप दे सकते हैं। इन प्रतिमाओं को विधर्मी तुर्कों ने पैरों तले रौंदकर गिरा दिया और ब्राह्मणों एवं मन्दिरों के अन्य सेवकों की या तो हत्या कर दी या भगा दिये। फिर भी तुर्कों को कोई हानि न हुई। अनेक मन्दिरों द्वारा नियन्त्रित धन और सम्पत्ति के खोने से ब्राह्मणों को भौतिक रूप से भी क्षति पहुँची ...ब्राह्मणों के प्रभावहीन होने का लाभ नाथपन्थी योगियों को मिला।'' इस तरह इस मत के अनुसार ब्राह्मण वर्ग के कमजोर पड़ने के कारण भक्ति के ग़ैर-सनातनी रूप को फैलने का मौका मिला। ''ब्राह्मण परम्परा और अन्धविश्वासों की शक्ति का उपयोग कर सकते थे। जो अब भी बहुत शक्तिशाली है। इसीलिए भक्ति आन्दोलन के एकेश्वरवादी सन्तों में सबसे प्रभावशाली कबीर ने 'सबसे प्रबल शस्त्र—उपहास' का प्रयोग कर ब्राह्मणों के विरुद्ध अपना रोष प्रकट किया।'' हालाँकि सतीशचन्द्र केन्द्रीय तुर्की राज्य के स्थापित हो जाने पर व्यापारी वर्ग का जो विकास हुआ और उसका जो असर समाज पर पड़ा, उसका महत्त्व भी स्वीकार करते हैं।

अतः कहा जा सकता है कि भक्ति आन्दोलन के उद्‌भव का आधार जहाँ व्यापारिक आधार का जन्म लेना और सामन्ती तत्त्वों का कमजोर होना और दस्तकार जातियों का उदय था, वहीं ब्राह्मणों की स्थिति में गिरावट आना भी है। भक्ति आन्दोलन पर विचार करते हुए भक्ति के दार्शनिक आधारों की खोज से ज्यादा जरूरी है उसके सामाजिक आधारों को खोजना। भक्ति के व्यापक सामाजिक, आर्थिक और सांस्कृतिक आधारों की उपेक्षा से, जैसा कि मैनेजर पांडेय ने कहा है, भक्ति आन्दोलन और उसके साहित्य से जुड़े अनेक प्रश्नों का उत्तर पाना कठिन होगा। मध्यकालीन आर्थिक इतिहास की जो सामग्री इधर इतिहासकारों ने प्रस्तुत की है, उसके आधार पर भक्ति आन्दोलन और उसके साहित्य का नया मूल्यांकन जरूरी है। यह नया मूल्यांकन भक्ति साहित्य के इतिहास की नयी रूपरेखा प्रस्तुत करता है। इसकी अनदेखी करके भक्ति आन्दोलन और उसके साहित्य के इतिहास को ठीक-ठीक नहीं समझा जा सकता।

(1990)

(इस निबन्ध के अधिकांश उद्धरण मेरी पुस्तक 'भक्ति आन्दोलन के सामाजिक आधार' से हैं।)

भक्तिकाव्य : लोक बनाम शास्त्र

कबीर की यह उक्ति कहावत की तरह हिन्दी भाषी लोगों की जुबान पर है—

तू कहता कागद की लेखी,
मैं कहता आँखिन की देखी।

यहाँ पर 'तू' कौन है और 'कागद की लेखी' क्या है? इस उक्ति में आँखिन देखी कहने वाला यह मैं कौन है? आँखिन देखी कहता है सो तो ठीक, पर कहते हुए गहरे आत्मविश्वास के साथ अभिमान से भरा क्यों है? यह आँखिन देखी क्या इतने भरोसे और महत्त्व की है कि उस पर अभिमान किया जा सके? आज इन प्रश्नों के उत्तर देना बहुत कठिन नहीं है। भारतीय साहित्य और समाज गहरे मन्थन के बाद आत्मविकास के उस मोड़ पर है कि 'तू और **मैं' के** फर्क को बतला सके, 'कागद लेखी' और 'आँखिन देखी' का फर्क बतला सके। 'तू' के रूप में धर्म और समाज के वे प्रवक्ता हैं, जो कागज पर लिखे वेद, पुराण-शास्त्र आदि के हवाले दे-देकर जन-असन्तोष एवं आकांक्षाओं पर नियन्त्रण रखते हैं, परिवर्तन की किसी भी सुगबुगाहट को, खुली आँखों मिले अनुभव की आँच को, मुक्ति की हवा नहीं लगने देते। यह एक परम्परा है—अटूट परम्परा। यह विभिन्न रंग-रूपों तथा आकर्षक शैलियों-भंगिमाओं में साहित्य-समाज के रंगमंच पर उपस्थित होती रही है, कबीर के लेखे यही परम्परा 'तू' और 'कागद' की लेखी है। 'मैं' अक्षर ज्ञान और शास्त्र-ज्ञान से वंचित उपेक्षितों-उत्पीड़ितों का वह संघनित रूप है, जिसे अपनी आँखों का ही भरोसा है, साथ ही सहारा भी। उसने अपनी आँखों भेद-भाव पर आधारित समाज का वह चेहरा देखा है, जिसे शास्त्र-पुराण नहीं देखते या दिखाते। आँखों देखे तथ्य और उसकी कोख से पैदा हुए सत्य से आँख खोलकर सच्चे मन से साक्षात्कार करने वाली मध्यकाल की उस विद्रोही भारतीय मनीषा का नाम है कबीर। इस उक्ति में 'तू' और 'मैं' तथा 'कागद लेखी' और 'आँखिन देखी' का फर्क उत्तर भारत में भक्ति आन्दोलन का प्रस्थान बिन्दु है। इसके अग्रदूत और प्रस्तावक कबीर हैं, जिनका अनुभूत सत्य इतने भरोसे का है कि उसे जानने के लिए किसी पोथी की जरूरत नहीं रह जाती।

भक्ति और काव्य की जिस युगान्तकारी नयी चेतना के साथ कबीर समाज और साहित्य में आए उसने भावबोध और साथ ही सौन्दर्य बोध के स्तर पर व्यापक हलचल पैदा की। इस हलचल का ही परिणाम था कि समाज और साहित्य में जीने और आस्वाद के नये प्रतिमान बने, व्यापक जनसमुदाय को धर्म-कर्म की पोथियों के आतंक-राज से मुक्ति मिली। तय था कि कबीर आदि सन्तों की अभिव्यक्ति में न तो वह भाव था और न वह शैली जो शास्त्र-सम्मत हो। धर्मशास्त्र और काव्यशास्त्र की तमाम रूढ़ियों को चुनौती देने वाले इन सन्तों को भले ही शास्त्रीय आचार्यों ने भला बुरा कहा हो, वे समाज-साहित्य में रूढ़िभंजक चेतना के संवाहक बने और उनके पीछे उत्पीड़ितों-उपेक्षितों की विशाल वाहिनी खड़ी हुई।

ऐसे सन्तों के लिखे हुए साहित्य को समाज में महत्त्व मिलना आसान नहीं था। एक तो शास्त्र-विरोधी विद्रोही भावधारा, दूसरे परम्परित साहित्य-संस्कार से हीन जनों की नयी और मौलिक उक्तियाँ। इन्हें समझने के लिए शास्त्र से अधिक लोक-पीड़ा का ज्ञान आवश्यक था; साथ ही काव्यालोचन के नये और मौलिक आधारों की खोज करने वाली उस नवोन्मेषी दृष्टि की जरूरत थी, जो एक समानान्तर काव्यशास्त्र की रचना कर सके। साहित्य की अदालत में कबीर आदि संत कवियों को लम्बी प्रतीक्षा करनी पड़ी। कविता के महान आलोचक आचार्य रामचन्द्र शुक्ल ने इन्हें 'अपढ़-गँवार', 'दर्पोक्तियाँ हाँकने वाले', 'शास्त्र-ज्ञान से हीन', 'काव्यानुभूति से रहित' आदि विशेषणों से विभूषित करके अन्ततः खारिज कर दिया। इन्हें वास्तविक प्रतिष्ठा आचार्य हजारीप्रसाद द्विवेदी के हाथों मिली जो नयी आलोचना दृष्टि के साथ साहित्य में आए। द्विवेदी जी के लिए भक्ति आन्दोलन महान् जनआन्दोलन था और उसकी भावधारा से निकले सन्तों का एक ही धर्म था 'लोक'। लोक शुक्ल जी के मूल्यांकन का भी मुख्य आधार था। लेकिन वह 'लोक' कुछ भिन्न था।

भक्ति आन्दोलन की लोकवादी व्याख्या करने वाले आलोचकों के लिए भी इसके भिन्न-भिन्न अर्थ रहे हैं। आचार्य शुक्ल के लिए भक्ति आन्दोलन में सगुण और निर्गुण का संघर्ष प्रमुख है, जिसमें लोकमंगलवादी है सगुण भक्ति। आचार्य द्विवेदी के लिए निर्गुण—'लोक चिन्ता' का प्रतिफल है। रामविलास शर्मा के लिए 'योग बनाम शास्त्र' संघर्ष प्रमुख है, जिसमें जीत भक्ति की होती है। नामवर सिंह के लिए लोक बनाम शास्त्र का द्वन्द्व मुख्य है। इस सगुण-निर्गुण, भक्ति-योग, लोक-शारूत्र आदि के विवाद ने हिन्दी आलोचना में स्थायी विवाद का रूप ले लिया है, जिसे मैनेजर पाण्डेय हिन्दी आलोचना का 'महाभारत' कहते हैं जिसका 'कुरुक्षेत्र' है भक्तिकाव्य। अगर इस रूपक को थोड़ा आगे बढ़ाया जाये तो कहा जा सकता है कि इस कुरुक्षेत्र में दो अवधारणाएँ आमने-सामने हैं—अपने तर्कों और आग्रहों-दुराग्रहों के साथ। एक ओर आचार्य शुक्ल और रामविलास शर्मा हैं तो दूसरी ओर आचार्य द्विवेदी और नामवर सिंह। आचार्य शुक्ल के शिविर के लिए

सिद्धों-नाथों की परम्परा का भक्ति आन्दोलन के विकास में कोई योगदान नहीं; बल्कि यह वामाचार से भरी लोकमंगल-विरोधी धारा है। आचार्य शुक्ल और डॉ. शर्मा की स्पष्ट मान्यता है कि भक्ति आन्दोलन का सीधा सम्बन्ध भागवत धर्म और वैष्णव धर्म से है, जिसका उदय बहुत पहले हो चुका था और जिसका व्यापक प्रचार-प्रसार अनुकूल परिस्थिति आने पर मध्यकाल में हुआ। सीधी भाषा में कहें तो यह प्रकारान्तर से वेद-शास्त्र समर्थित भक्ति-धारा का समर्थन है। आचार्य द्विवेदी भक्ति आन्दोलन को 'भारतीय चिन्ता का स्वाभाविक विकास' मानते हैं और इसका सम्बन्ध सिद्धों-नाथों से जोड़ते हैं। उनके अनुसार सिद्धों-नाथों की परमपरा विकसित होकर भक्ति आन्दोलन के रूप में जनआन्दोलन की शक्ल अख्तियार करती है। यह लोकधारा है जो संस्कृत के कूप-जल की न होकर भाखा के बहते नीर की है, यह वेद-शास्त्र और कुरान का आसरा छोड़कर आँखों देखे और अनुभूत सच की हिमायती है। इसे ही नामवर सिंह लोक बनाम शास्त्र के द्वंद्व के रूप में देखते हैं।

लेकिन साहित्य के इन महारथियों के बीच जो घमासान मची है, उसमें बहुत सारे तथ्यों की जानबूझकर अनदेखी और मनमानी व्याख्या के जरिए जिसे सत्य बताया जा रहा है, उसमें सत्य के आग्रह की जगह अपनी जिदों के आग्रह अधिक प्रबल दिखाई देते हैं। इनसे भिन्न व्याख्या इतिहासकार प्रो. इरफान हबीब की है, जो भक्ति आन्दोलन को एकेश्वरवाद बनाम परम्परित (कन्वेशनल) भक्ति या सगुण भक्ति के रूप में देखते हैं। यहाँ एकेश्वरवाद से तात्पर्य कबीर, रैदास, दादू, नानक आदि निर्गुणपन्थी भक्तों से है। प्रो. हबीब इस बँटवारे को महत्त्वपूर्ण मानते हैं, क्योंकि दोनों धाराओं में कोई मेल नहीं है। एक धारा का सम्बन्ध उन जातियों से है जो हिन्दू और इस्लाम दोनों ही धर्मों में उपेक्षा, अपमान और शोषण की शिकर है। एकेश्वरवादी आन्दोलन का सम्बन्ध न तो शंकराचार्य के अद्वैत से है और न इस्लाम से। इसमें निम्नवर्गीय हिन्दू और धर्मान्तरित नव मुसलमान हैं। एक तरह से धर्म की यह तीसरी धारा है जो मध्यकाल में हिन्दू धर्म और इस्लाम की शास्त्रानुमोदित व्यवस्था या मनमानी व्याख्या के विरुद्ध प्रबल वेग से प्रवाहित है। इस धारा के समर्थक अनजाने में यह सब नहीं कर रहे। इसके पीछे उनकी सतर्क और सचेत दृष्टि है। इसका प्रमाण है बाद में गुरु अर्जुन देव द्वारा तैयार किया गया संग्रह 'गुरु ग्रन्थ साहिब' जिसमें गुरु नानक के अलावा कबीर, रैदास आदि एकेश्वरवादी सन्तों की रचनाएँ तो ली गयी हैं, लेकिन परम्परित (सगुण) भक्तों की रचनाएँ लगभग नहीं ली गयी हैं।

आचार्य शुक्ल का भक्ति साहित्य सम्बन्धी चिन्तन यद्यपि सगुण भक्ति के प्रति पक्षधरता का है, तथापि उससे वर्गगत धारणाओं का पता चलता है। डॉ. शर्मा भक्ति सम्बन्धी उनकी वर्गगत धारणा को नहीं मानते, उसे एक बना देते हैं। आचार्य द्विवेदी आचार्य शुक्ल और डॉ. शर्मा की तरह वैज्ञानिक चिन्तन प्रक्रिया के कायल

नहीं हैं, फिर भी वे लोकविश्वासों, लोकसाहित्य और लोकमान्यताओं के आधार पर ज़िस लोक का सन्धान करते हैं, वह लोकजागरण के ज़्यादा करीब है। यहाँ एक प्रश्न सहज ही उठया जा सकता है कि क्या कारण है कि अधिक वैज्ञानिकता के कायल आचार्य शुक्ल और डॉ. शर्मा शास्त्रानुमोदित भक्ति के समर्थक हो जाते हैं और अपने चिन्तन में कुछ लुंज-पुंज से दीखने वाले आचार्य द्विवेदी दलितों, पिछड़ों की आध्यात्मिक तृषा को अधिक समझ पाते हैं? यद्यपि 'लोक' शब्द दोनों आचार्यों के यहाँ कॉमन है। लेकिन आचार्य शुक्ल का 'लोक' जनता का, विशेषतः अभिजन का प्रतीक है तो आचार्य द्विवेदी का शास्त्र, शिक्षा और जीने के हर तरह के मानवीय अधिकारों से वंचित पिछड़ी जनता का। आचार्य द्विवेदी ने कहा भी है, "मैं आचार्यों, सम्प्रदायों और दार्शनिक चिन्ताओं के मानदण्ड से लोकचिन्ता को नहीं मापना चाहता, बल्कि लोकचिन्ता की अपेक्षा में उन्हें देखने की सिफारिश कर रहा हूँ।" यहाँ यह स्मरणीय है कि प्रो. इरफान हबीब 'एकेश्वरवाद' और 'परम्परित भक्ति' के रूप में भक्ति आन्दोलन को जिन दो धाराओं में विभाजित करते हैं, वह भिन्न नाम के बावजूद आचार्य शुक्ल के निर्गुण-सगुण का ही प्रतिरूप है। आचार्य शुक्ल सगुण भक्ति के पक्षधर हैं, जबकि प्रो. इरफान हबीब एकेश्वरवाद के। प्रो. हबीब की पक्षधरता आचार्य द्विवेदी के मेल में है। हालाँकि वे एकेश्वरवाद के स्रोत के रूप में सिद्धों-नाथों की परम्परा को नहीं मानते। उन्होंने भक्ति आन्दोलन सम्बन्धी अपने दो आलेखों–'दि हिस्टोरिकल बैक ग्राउंड ऑफ़ मोनोथियेस्टिक मूवमेंट इन दि फिफ्टींथ-सेवनटींथ सेंचुरीज' (पंद्रहवी-सत्रहवीं सदी में एकेश्वरवादी आन्दोलन की ऐतिहासिक पृष्ठभूमि) तथा 'मध्ययुग में लोकप्रिय एकेश्वरवाद का ऐतिहासिक विन्यास'–में एकेश्वरवाद का कोई सम्बन्ध न तो हिन्दू धर्म या शंकराचार्य के अद्वैत दर्शन से माना है और न ही इस्लाम से। उनका कहना है कि हिन्दू धर्म और इस्लाम धर्म दोनों ही पिछड़ी जातियों के लिए अपर्याप्त थे। एकेश्वरवाद के स्रोत के रूप में हिन्दू धर्म या इस्लाम के महत्त्व से इनकार करते हुए उन्होंने लिखा है–"जहाँ एक ओर हिन्दूओं को 'काफिर', बहुईश्वरवादी और मर्तिपूजक कहकर उनकी निन्दा की जाती थी, वहीं दूसरी ओर मध्ययुग के समूचे इस्लामी साहित्य में जाति-प्रथा, छुआछूत और अछूतों के दमन की कोई आलोचना नहीं की गयी है, जबकि ये सारी बुराइयाँ मध्ययुगीन हिन्दू धर्म में मौजूद थीं। सोलहवीं शताब्दी में अब्दुल कादिर बदायूँनी ने धर्म विज्ञान पर अपने एक लेख में मुसलमानों के सामाज़िक नीतिशास्त्र को अन्यों से श्रेष्ठ नहीं बताया, बल्कि यह स्वीकार किया है कि मुसलमानों में और भी बुराइयाँ थीं, जिसमें स्वतन्त्र लोगों को गुलाम बनाकर बेच देना भी शामिल था।" प्रो. इरफान हबीब ने बहुत से लोगों की इस धारणा का भी खण्डन किया है कि "वर्ण-व्यवस्था और जातियों में बँटे इस समाज में इस्लाम समानता की ताजी हवा लेकर आया था।" उन्होंने इतिहासकार आर.सी. मजूमदार की इस बात का खण्डन

किया है कि "मुसलमानों के लोकतान्त्रिक विचार जिनसे एक ही धर्म को मानने वालों में समानता की शानदार भावना पैदा हुई, हिन्दुओं की जाति-व्यवस्था और छुआछूत के बिल्कुल विपरीत थे।" उन्होंने इस तरह की किसी भी धारणा का स्पष्ट विरोध करते हुए लिखा है—"दिल्ली की सल्तनत की स्थापना के साथ ही कुछ सामाजिक और आर्थिक परिवर्तन हुए चूँकि जाति-प्रथा के कारण निचली और पिछड़ी हुई जातियों की जीविका पर होने वाले खर्च और उसकी आय को कम कर दिया जाता था और इससे राजस्व में वृद्धि होती थी, इसलिए यह किसी भी शासक के हित में नहीं था कि वह जाति-प्रथा को समाप्त करने का बीड़ा उठाता, फिर चाहे वह शासक किसी भी धर्म का हो। ऐसा कोई विशेष प्रमाण नहीं मिलता कि जाति पर आधारित पुराने नियमों को नये शासकों ने जानबूझकर उखाड़ फेंका हो। वास्तव में अलाउद्दीन खिलजी (1296-1316) ने ग्रामीण निम्नवर्ग बलाहार से उसकी छोटी-सी जोत योग्य भूमि पर शुल्क में दी गयी रियायतें तक वापस ले ली थीं। इससे साफ जाहिर है कि निचली जातियों को न केवल अपनी औकात में रहने के लिए विवश किया जाता था; बल्कि वे अपने जीवन-निर्वाह के लिए सदा से मिलती आयी रियायतों की माँग भी अब नहीं कर सकती थीं।"

वैसे तो एकेश्वरवाद और अद्वैतवाद का शाब्दिक अर्थ एक ही है। लेकिन 'हिन्दू धर्मकोश' के अनुसार एकेश्वरवाद प्राचीन है। 'कोश' के अनुसार 'एकेश्वरवाद' का अर्थ है—बहुत से देवताओं की अपेक्षा एक ही ईश्वर को मानना। इस धार्मिक अथवा दार्शनिक वाद के अनुसार कोई एक सत्ता है, जो विश्व का सर्जन और नियन्त्रण करती है जो नित्यज्ञान और आनन्द का आश्रय है; जो पूर्ण और सभी गुणों का आगार है और जो सबका ध्यान-केन्द्र और आराध्य है।'' यहाँ तक तो ठीक है, क्योंकि लगता है प्रो. इरफान हबीब ने लगभग इसी अर्थ में इसका प्रयोग किया है लेकिन 'कोश' में 'एकेश्वरवाद' की जो किंचित् बृहद् व्याख्या की गयी है, उससे भ्रम की गुंजाइश बनती है। कोशकार ने एकेश्वरवाद और अद्वैतवाद को एक ही मानते हुए लिखा है—''व्यावहारिक जीवन में एकेश्वरवाद की प्रधानता होते हुए भी पारमार्थिक और आध्यात्मिक अनुभूति की दृष्टि से इसका पर्यवसान अद्वैतवाद में होता है—अद्वैतवाद अर्थात् मानव के व्यक्तित्व का विश्वात्मा में पूर्ण विलय।'' जाहिर है प्रो. हबीब ने एकेश्वरवाद शब्द प्रयोग करते वक्त भारतीय दर्शन के इस सूक्ष्म अन्तर को ध्यान में नहीं रखा है।

'एकेश्वरवाद' (मोनोथिइज्म) से उनका असली आशय क्या है यह स्पष्ट नहीं है। लेकिन उनके आलेखों का जो मूल स्वर है; उससे स्पष्ट है कि 'एकेश्वरवाद' से उनका आशय कबीर, रैदास, नानक, दादू आदि निर्गुण पन्थी सन्तों के धार्मिक आशयों से है। ऐसी स्थिति में 'एकेश्वरवाद' संज्ञा निर्विवाद नहीं है। ज्यादा उपयुक्त नाम निर्गुण पन्थ ही है जिसका प्रयोग आचार्य शुक्ल ने किया है। बहरहाल, एकेश्वरवाद

पर शंकराचार्य के वेदान्त दर्शन का कोई प्रभाव प्रो. हबीब नहीं मानते। इससे आचार्य शुक्ल समेत उन सभी लोगों की इस मान्यता का खण्डन होता है जो मानते हैं कि कबीर ने शंकराचार्य से अद्वैत दर्शन लिया। वे लिखते हैं–"काफी लम्बे अर्से तक यह माना जाता रहा था कि शंकराचार्य के विचारों का उनके अपने जीवनकाल (800) में दूर-दूर तक फैले उनके मठों के माध्यम से तेजी से प्रचार हुआ था। यदि 11वीं सदी तक वे उत्तर भारत तक प्रभावपूर्ण ढंग से नहीं पहुँचे थे तो जाहिर है कि उनका प्रचार काफी धीमी गति से हुआ होगा और उन्हें व्यापक स्वीकृति 17वीं सदी से कुछ समय पहले ही मिली होगी। वास्तव में, उनके विचारों से प्रभावित ग्रन्थों की संख्या 'मध्ययुग के उत्तरार्द्ध' में ही बढ़ी। इनमें सदानन्द का 'वेदान्तसार' (1500) काफी महत्त्वपूर्ण है, क्योंकि इसमें शंकराचार्य के वेदान्त का सांख्य दर्शन के साथ सामंजस्य बैठाने का प्रयास किया गया है। शंकराचार्य की वेदान्त की मीमांसा को 17वीं सदी से पहले सर्वोच्च स्थान नहीं मिला था, यह दिखाने के पीछे मेरा मन्तव्य शुरू में ही केवल यह बता देना है कि 15वीं सदी और 16वीं सदी के लोकप्रिय एकेश्वरवाद का स्रोत शंकराचार्य का दर्शन नहीं हो सकता और इसका कोई प्रभाव इस वाद पर पड़ा हो, यह भी सम्भव नहीं लगता।" इसी तरह प्रो. इरफान हबीब ने आचार्य द्विवेदी के सिद्धों-नाथों को भी स्रोत के रूप में देखने के प्रयास का खण्डन किया है–"कबीर को शैव नाथ-योगी परम्परा की धारा या उसकी पुनः स्थापना से जोड़ने की प्रवृत्ति, जिस पर हजारीप्रसाद द्विवेदी ने भी बहुत जोर दिया है, हाल ही में बनी है। यहाँ कबीर के अपने विचारों और तब लोकप्रिय योग परम्परा से लिए जिन शब्दों का जो इस्तेमाल उन्होंने किया, उसके बीच अन्तर करना जरूरी है। ये शब्द उनके और उनका उपदेश सुनने वालों के लिए जाने-पहचाने शब्द थे। उनके अपने विचारों में योग या तन्त्र का तत्त्व दिखाई नहीं पड़ता, सिवाय इसके कि कबीर ने ब्राह्मणों को अस्वीकार किया। दूसरी ओर योगियों द्वारा किये गये दावों की कबीर ने रोषपूर्ण अवहेलना की है।" इरफान हबीब कबीर पर सूफी मत का भी प्रभाव नहीं मानते–"सूफीवाद में ईश्वर को अपना प्रियतम मानकर उसका प्रेम पाने के लिए पूर्ण समर्पण का उपदेश है। पीर और मुरीद का सम्बन्ध पूरी तरह आध्यात्मिक प्रेम के गूढ़ मार्ग पर टिका है। कबीर के कुछ दोहों में ईश्वर से एकाकार होने या स्यवं को फना कर देने की सूफी अवधारणा देखी जा सकती है, परन्तु इब्न-अल-अरबी (निधन 1240) के जिस 'सर्वेश्वरवाद' को 14वीं सदी के अन्त में भारत लाया गया था और वह सूफियों में लोकप्रिय हुआ था, उसकी झलक कबीर में दिखायी नहीं देती। उनका सबसे ज़्यादा जोर ईश्वर को न्यायाधीश मानने पर है, जो सम्भवतः ग़ैर-सूफी इस्लाम का केन्द्रीय तत्त्व है।"

इस तरह प्रो. हबीब अद्वैत हिन्दू धर्म, इस्लाम धर्म, सिद्ध-नाथ पन्थ और सूफीवाद किसी पन्थ या धार्मिक मतवाद की परम्परा में कबीर को नहीं देखते। वे

घोषणा करते हैं–"कबीर ऐसे एकेश्वरवाद की स्थापना करते हैं जिसमें ईश्वर के प्रति पूर्ण समर्पण तो है, परन्तु सारे धार्मिक अनुष्ठानों को नकारा गया है और इस तरह वह कट्टर इस्लाम से बहुत आगे निकल गया है। कबीर के लिए ईश्वर से एकाकार होने का अर्थ मनुष्यों का एक होना है और वहाँ शुद्धता और छुआछूत की प्रथा को सम्पूर्ण रूप से स्पष्ट शब्दों में नकारा गया है तथा सब तरह के अनुष्ठानों को अस्वीकार किया गया है। कबीर के काव्य में ही नहीं, बल्कि उनसे जुड़ी किंवदन्तियों में भी छुआछूत के विरोध का स्थायी भाव मौजूद है...उनका व्यवहार सभ्यता में मौजूद असमानताओं को नकारता है और उसमें केवल उसके विभिन्न तत्त्वों का ही समावेश नहीं है।" प्रो. हबीब के लेखों का निष्कर्ष है कि कबीर पुराने सभी धार्मिक मतवादों और अनुष्ठानों को नकारते हैं और अपने लिए तथा अन्य एकेश्वरवादियों के लिए नये धार्मिक मत की स्थापना करते हैं। ऐसा धर्म जो बेहतर मानव सत्य का हिमायती हो। धर्म की भूमिका हमेशा ऐसी नहीं रही, जैसी आज है। मानव सभ्यता के विकास में उसकी प्रगतिशील भूमिका रही है। प्रो. इरफान हबीब के शब्दों में–"धर्म मानव-सभ्यता के विकास की विभिन्न अवस्थाओं का एक निर्विवाद अंग रहा है। धर्म को इतिहास का एक घटक बताकर, जिसे कुछ निश्चित रीतियों तक सीमित रखा जा सकता था, प्रतिक्रिया मात्र मानकर उसकी अवहेलना करने का समय अब नहीं है–ऐसा कभी था भी नहीं, सिवाय उस दौर के जब मार्क्सवाद का एक अत्यन्त सरलीकृत रूपान्तरण पेश किया जा रहा था।"

संक्षेप में यह कि प्रो. इरफान हबीब कबीर आदि के एकेश्वरवाद को एक धार्मिक मतवाद ही मानते हैं। शास्त्र-पुराण, कुरान, सिद्ध-नाथ धारा के कर्मकाण्ड आदि की रीतियों से सर्वथा मुक्त एक नया धार्मिक पथ जिसे किसी पंडित-मौलवी और मन्दिर-मस्जिद का भरोसा नहीं है। वह सिर्फ अपने अनुभूत सत्य को ही प्रामाणिक मानता है, जिसके सामने 'वेद-कितेब' की बातें महत्त्वहीन हैं।

कबीर तथा दूसरे निगुर्ण पन्थी सन्त 'वेद-कितेब' के बन्धन को व्यर्थ मानते हैं, ब्राह्मण और शूद्र के विभाजन को चुनौती देते हैं, काशी-काबा के तीर्थाटन को भ्रम कहते हैं, पंडित और मौलवी दोनों की ईश्वर आराधना के लिए मध्यस्थता अस्वीकार करते हैं तथा मानवमात्र के लिए एक धर्म की माँग करते हैं। यह निगुर्ण पन्थियों का ऐसा पक्ष है, जिसकी सामाजिकता तब भी सर्वोपरि थी, आज भी है। धर्म, ज्ञान और कविता को संस्कृत के कूप जल से निकालकर 'भाखा' के बहते नीर की ऐसी गति मिलती है, जो आज तक गतिशील है। लेकिन निर्गुण पन्थी सन्त कवियों पर सबसे बड़ा आरोप यह है कि ये लोग अपने काव्य-सन्देश के जरिए जहाँ लोक-जागरण का महामन्त्र फूँकते हैं, वहीं योग, कुंडलिनी, अनहद, समाधि, इंगला, पिंगला आदि का ऐसा गुंजान रहस्य लोक निर्मित करते हैं, जिसमें सामान्यजन का प्रवेश सर्वथा असम्भव है। सगुण भक्तों की सहज भक्ति की तुलना में निर्गुण भक्तों का यह रहस्य

लोक दुनिया की वास्तविकता से पलायन माना गया। संस्कृत अशिक्षित बहुसंख्यक जन के लिए अबूझ है, वह जीवनहीन ठहरी हुई भाषा है, वह 'कूपजल' है, इसलिए कबीर ने भाखा का प्रवहमान वेग अपनाने की सलाह दी। लेकिन इस लोक-भाषा से ही ऐसी सन्धा भाषा रची गयी जो अनपढ़ सामान्य जन की बात तो दूर पंडित की समझ से भी परे हो गयी, मन्दिर-मठ की व्यर्थता बतलाई और स्वयं अपने शरीर को ही मन्दिर बना डाला, हिन्दू-मुसलमान दोनों धर्मों की धज्जियाँ उड़ाकर सामान्य जन के लिए सत्य और प्रेम का मार्ग तलाशने वाले निर्गुणियों ने नारी को माया और न जाने क्या-क्या कहा! तब यह लोक सापेक्षता की जगह लोक-विमुख धर्म लगता है। इरफान हबीब निर्गुणपन्थी कवियों की इस लोग-विमुख प्रवृत्ति के बारे में कुछ नहीं कहते, जबकि सिक्के का एक पहलू यह भी है। आचार्य शुक्ल इसे लोक धर्म विरोधी मानते हैं। दूसरी तरफ सगुण भक्त कवि हैं, जिनमें शास्त्र सापेक्षता तो है किन्तु निर्गुण पन्थियों की रहस्यवादी लोक-विमुखता नहीं है। क्या कारण है कि लोक को दृष्टि पथ में रखकर चलने वाले निर्गुणपन्थी लोक-विरोधी साधना अपनाते हैं और वेद-शास्त्र समर्थित भागवत भक्ति की शरण गहने वाले सगुण पन्थी इन दोषों से सर्वथा मुक्त हैं? लोक बनाम शास्त्र के सन्दर्भ में यह प्रश्न विचारणीय है, न कि यह देखना कि किसमें कितना लोक है और किसमें कितना शास्त्र या सगुण-निर्गुण विवाद ही व्यर्थ है और दोनों एक ही हैं। जो लोग सगुण-निर्गुण को कुछ समान तत्त्वों के आधार पर एक मानते हैं, वे इस तथ्य की अनदेखी करते हैं। आचार्य शुक्ल तो निर्गुण पन्थ को लोक-विरोधी और सगुण को लोकमंगलवादी घोषित करके अपनी दो टूक राय रखते हैं, लेकिन जो इतिहासकार-आलोचक निर्गुण पन्थ को लोक-धर्म का असली वाहक मानते हैं, वे भी इस मुद्दे पर आश्चर्यजनक रूप से चुप रहकर निर्गुण विरोधियों की इस धारणा को बल देते हैं कि वास्तव में निर्गुण पन्थ लोक-विमुख धर्म है। निर्गुण पन्थियों का यह रहस्यवाद क्या सचमुच लोक-विरोधी है या इसका कोई सामाजिक सन्दर्भ और आशय भी है?

अब यह स्पष्ट हो चुका है कि अधिकांश निर्गुण पन्थी सन्त नीची और शिल्पी जातियों से आए थे। कबीर जुलाहे थे (नीच कुल जोलाहरा), रविदास चमड़ा उतारने वाले चमार (धुबन्ता ढोर), सेन नीची जाति के नाई (नाई बुटकारिया), नानक खत्री जाति के छोटे व्यापारी थे, दादू रूई धुनने वाले धुनिया (नद्दाफ), हरिदास एक गुलाम जाट थे। यह सूची और भी लम्बी है। ये सभी प्रायः शिल्प-धन्धों से जुड़े लोग थे। ये सगुणवादी सूरदास, चैतन्य, तुलसीदास आदि की तरह पुजारी वर्ग या शासक वर्ग से जुड़े नहीं थे। ये अपनी जीविका के लिए शिल्प-धन्धे और रोजगार पर निर्भर थे। प्रो. इरफान हबीब का मानना है कि ये सभी अपनी जड़ों से कटे हुए नहीं थे। मतलब यह कि जीविका के लिए अपनी जड़ों से जुड़े व्यक्ति और शासक या पुजारी वर्ग से सम्बद्ध व्यक्ति की मानसिकता में फर्क होता है, दोनों के वर्ग-हित अलग हुआ करते

हैं। मध्यकाल की सामाजिक जरूरतों ने शिल्प-रोजगार से जुड़ी मेहनत-मजूरी करने वाली नीची जातियों से आए इन सन्तों की माली हालत थोड़ी बेहतर कर दी थी। माली हालत ठीक होने की परिस्थितियाँ मौजूद थीं। प्रो. इरफान हबीब के अनुसार, इस काल में भवन निर्माण की कला में बड़े पैमाने पर नयी तकनीक आयी, कागज उत्पादन बढ़ा, करघे में लगे पैडल, रेहट के लिए पिन ड्रम गियर, कलईकारी, शराब बनाने की बेहतर तकनीक आदि का तेजी से प्रसार हुआ, शहरीकरण की प्रक्रिया तेज हुई, सोने और चाँदी के सिक्कों की ढलाई में बढ़ोतरी हुई, व्यापार का तेजी से विकास हुआ और शहरों में दस्तकारी के सामानों की माँग बढ़ गयी। इस आर्थिक विकास का लाभ समाज की दस्तकारी और शिल्प-व्यापार से जुड़ी निचली जातियों को मिला होगा। नयी आर्थिक स्थिति के कारण 'सामाजिक दबावों से प्रभावित गुटों के बीच जाति और धर्म दोनों के पुराने प्रतिबन्धों को लेकर सवाल उठाये जाने लगे होंगे। स्वाभाविक है कि इसका लाभ इन वर्गों का प्रतिनिधित्व करने वाले निर्गुण पन्थी सन्तों ने उठाया होगा और अपने वर्ग के लिए नये धर्म और नये ईश्वर की रचना की होगी। चूँकि ये सन्त शासक और पुजारी वर्ग के शोषक रूपों से परिचित थे, इसलिए इन्होंने उनके शास्त्रों का आसरा छोड़ अपनी आँखों पर भरोसा किया। शास्त्र ही तो शासक-पुजारी वर्ग के पास इन्हें नीच बनाये रखने के सबसे बड़े अस्त्र थे। अतः स्वाभाविक रूप से इनकी पहली टक्कर इन शास्त्रों से हुई। कबीर को इब्राहिम लोदी ने जंजीरों से बाँधकर हाथी के जरिए नदी में डुबाया था या नहीं, इस पर विवाद हो सकता है, लेकिन इस हकीकत या किंवदन्ती का भाव तो यही है कि कबीर इस्लामी शासक वर्ग के लिए भी कहीं न कहीं असुविधाजनक हो गये थे। वे काशी में रहते हुए संस्कृत, वेद-शास्त्र और पंडितों की अगर भर्त्सना करते हैं तो इसका एक कारण उनका आर्थिक रूप से स्वावलम्बी होना है। आर्थिक रूप से पर निर्भर व्यक्ति अपनी गुलामी के विरुद्ध आवाज नहीं उठा सकता। उन्हें तो जैसे शास्त्र-निर्मित हर मिथ को तोड़ने का काम करना था, इसलिए उनकी व्यर्थता सिद्ध करने के बाद उन्होंने इस मिथ को भी तोड़ा कि काशी में मरने से मुक्ति मिलती है। यह तो सर्वविदित है कि उन्होंने मरने के लिए मगहर को चुना। काशी का अस्वीकार और मगहर का स्वीकार शास्त्र को छोड़कर लोक का वरण था।

कबीर के यहाँ माया का एक रूप नारी भी है, जिसके बारे में उनके बड़े ही कड़वे विचार हैं। कहीं-कहीं माया और नारी एक ही तरह की है—

'कबीर माया की भल जगु जल्या, कनक कामिनी लागि।'
कहु धुं किहि बिधि राखिये, रूई पलेटी आगि।

कहीं कामिनी और माया आग हैं, जिनसे मनुष्य बर्बाद हो जाता है, कहीं वे विष हैं, जिनको देखने मात्र से विष शरीर में व्याप्त हो जाता है। नारी नरक का कुण्ड है। कोई बिरला ही उससे बचता है। इसलिए नारी से बचना ही श्रेयस्कर है।

नाना तरह के सुस्वादु व्यंजन और नारी दोनों से बचना है, नहीं तो मनुष्य नष्ट हो जायेगा। नारी से प्रेम नहीं करना चाहिए। उसके स्नेह-सम्पर्क से बुद्धि और विवेक दोनों नष्ट हो जाते हैं। उससे कोई कार्य सिद्ध नहीं होता।

क्रान्तदर्शी सन्त कवि कबीर के नारी सम्बन्धी ये विचार लोक-पक्ष में रखे जाएँ या शास्त्र-पक्ष में, इसमें किसी दुविधा की कोई बात नहीं। यहाँ लगता ही नहीं कि ये उसी कबीर के विचार हैं जो सभी स्थापित मान्यताओं की चूलें हिलाकर रख देता है। निश्चित रूप से नारी सम्बन्धी कबीर की यह मान्यता भारतीय धर्म साधना में नारी की जो स्थिति है उसी की परिणति है। भारतीय धर्म साधना में पुरुष के लिए स्त्री त्याज्य मानी गयी है। ब्रह्मचर्य की महिमा बहुत पहले से गायी जाती रही है। महावीर, बुद्ध, शंकराचार्य आदि महापुरुषों ने स्त्री का त्याग करके या ब्रह्मचर्य का पालन करके ही ऊँचा पद प्राप्त किया था। यह सिलसिला भक्ति काल में जारी रहा और आधुनिक काल में भी है। स्वामी विवेकानन्द, महात्मा गाँधी आदि ने भी ब्रह्मचर्य की महिमा का गुणगान किया है। ऐसे में कबीर आदि निर्गुण पन्थी सन्तों पर भी इसी धारणा की छाया पड़ी है। कबीर के एक समानधर्मा दादू तो अस्सी साल की बुढ़िया स्त्री से भी बचने की सलाह देते हैं। दलितों और स्त्रियों के प्रति भारतीय समाज में कभी सम्मानजनक विचार नहीं रहे। औपवादिक रूप में वैदिक काल की स्त्री को छोड़ दें तो स्त्री की सामाजिक स्थिति हमेशा शोचनीय रही है। दलितों के लिए समय-समय पर आवाजें उठती रहीं, भक्तिकाल में भी जाति-पाँति के बन्धन ढीले कर दिये गये, लेकिन स्त्री सम्बन्धी सोच में कोई बदलाव नहीं आया। यही कारण है कि मीराबाई के लिए सम्प्रदायों-गुरुओं से जगमगाते भक्तिकाल में कोई जगह नहीं। उनका संघर्ष चौतरफा है। पहले घर वालों से, फिर समाज से, फिर भक्ति के आचार्यों से और अन्ततः सन्त समाज में घुस आये कामी लम्पट पुरुषों से, जिनके लिए स्त्री का एक ही अर्थ है। इस चौतरफा संघर्ष में मीरा अकेली हैं। न घरवाले साथ हैं, न समाज, न कोई गुरु, न सम्प्रदाय। वह कृष्ण के प्रेम में दीवानी बनी हर चुनौती का सामना करती हैं। राजकुल की उस विधवा स्त्री को कृष्ण प्रेम में दीवानगी का पुरस्कार मेवाड़ के राणा की ओर से विष का प्याला देकर दिया जाता है। सास-ननद, 'कुल नासिनी' कहती हैं, समाज 'बिगड़ी' कहता है। उन सबसे मुक्त होकर जब वे स्वामी रूप गोस्वामी की शरण में जाती हैं तो वे कहते हैं कि मैं स्त्रियों का मुँह नहीं देखता। नहीं देखता, कोई बात नहीं। कृष्ण के प्रेम का अमृत प्याला पी चुकी मीरा अकेली आगे बढ़ती हैं। लेकिन एक विषयी साधु अपने को कृष्ण का दूत कहता हुआ प्रेम निवेदन के साथ उपस्थित होता है। बहरहाल, मीरा का न तो कोई गुरु है, न शिष्य, न कोई सम्प्रदाय। उनके बारे में एक राजस्थानी कहावत प्रसिद्ध है—

नाम रहोगे नाम से सुनो सयाने लोग,
मीरा सूत जायो नहि सिस्य न मूड्यो कोय।

जिस स्त्री को किसी ने अपना शिष्य न बनाया, उसका कोई शिष्य कैसे बनता! सम्प्रदाय बनने का तो ख़ैर सवाल ही नहीं पैदा होता। मीरा समूचे भक्तिकाल में नारी सम्बन्धी तत्कालीन सोच और परम्परा से प्राप्त रूढ़ियों के लिए एक बड़ी चुनौती बनकर उपस्थित होती हैं। वे सभी तरह के भक्तों की नारी सम्बन्धी मान्यताओं की खिल्ली उड़ाती हुई भक्ति आन्दोलन और काव्य को नयी चमक से भर देती हैं। मीरा अपने कर्म और काव्य से शास्त्र मत और लोक मत दोनों को बेमानी बना देती हैं। वे अगर 'कुल कानि', 'घर का परदा' और 'लोक-लाज' का परित्याग करती हैं तो वल्लभ सम्प्रदाय में दीक्षित होने का आमन्त्रण अस्वीकार कर सम्प्रदाय वालों के कोप का भाजन भी बनती हैं। इसलिए उनकी राह अकेली है। वे लोक और शास्त्र, निर्गुण और सगुण दोनों सम्प्रदायों के लिए चुनौती हैं। दोनों सम्प्रदायों में स्त्री सम्बन्धी अन्धविश्वास-सी जो मान्यता व्याप्त है, उसका मुखर और क्रान्तिकारी उत्तर है मीरा का काव्य। मीरा का काव्य हिन्दी काव्य और उत्तर भारतीय समाज में नारी-स्वाधीनता सम्बन्धी विमर्श का मंगलाचरण है।

इसलिए कबीर का स्त्री सम्बन्धी विचार तत्कालीन समाज में व्याप्त स्त्री सम्बन्धी सोच का ही परिणाम है। कबीर की यह सबसे बड़ी सीमा है। समाज के निम्न जन्मा लोगों की व्यथा जानने के बाद वे जिस नये संसार की रचना की बात करते हैं, उसमें नारी के लिए कोई स्थान नहीं है। कहा जा सकता है कि नारी सम्बन्धी सोच बुद्ध से लेकर कबीर तक एक ही है। मीरा कबीर की लोकवादी धारणा के लिए भी चुनौती हैं और शास्त्र-समर्थित भक्ति के लिए भी।

सवाल है कि भक्ति की अविच्छिन्न धारा को निर्गुण-सगुण रूप में देखना और फिर उसका आधार पिछड़ी जाति, अगड़ी जाति में ढूँढ़ना तथा उसे शास्त्र-विरोधी और शास्त्र-सम्मत मानना क्या उचित है? रामचन्द्र शुक्ल ने तो इसे उचित माना है और यह भी स्पष्ट कर दिया है कि निर्गुण पन्थ लोकधर्म विरोधी है। उन्होंने सगुण पन्थ से अपनी सहानुभूति भी नहीं छुपाई है। द्विवेदीजी ने भी भक्ति की अविच्छिन्नता के बीच परस्पर विरोधी उपधाराओं की पहचान अधिक तीव्रता से की है और निर्गुण पन्थ को 'लोक-चिन्ता' का प्रतिफल माना है, जिसका अनिवार्य सम्बन्ध पिछड़ी जातियों से है। उन पिछड़ी जातियों से जिनका मन्दिरों में स्थापित राम, कृष्ण, शिव आदि तक पहुँचना निषिद्ध था। लेकिन रामविलास शर्मा इसे द्विवेदीजी की बकवास मानते हैं—'द्विवेदीजी ने रामचरित मानस में कबीरदास की जो आलोचना पढ़ ली है, वह उनकी कल्पना की उपज है।' उन्होंने यह भी कहा है कि 'जाति-पाँति को आधार मानकर द्विवेदीजी ने जो समाजशास्त्र रचा है, उससे भारत के युगान्तकारी भक्ति आन्दोलन का महत्त्व समझने में जरा भी सहायता नहीं

मिलती।' द्विवेदीजी के 'समाजशास्त्र' को अर्थहीन मानने के बाद रामविलास जी स्पष्ट घोषणा करते हैं—'वर्ण भेद के आधार पर भक्ति आन्दोलन की व्याख्या नहीं की जा सकती। द्विवेदीजी ने द्विज और शूद्र के समानान्तर सगुण और निर्गुण में भेद किया, सगुण और निर्गुण के समानान्तर शास्त्र और शास्त्रहीनता में भेद किया।' रामविलास शर्मा निर्गुण-सगुण के रूप में भक्तिकाव्य को नहीं बाँटते। वे उसे 'सन्त साहित्य' की संज्ञा देते हैं। वे भक्तिकाव्य का निर्गुण-सगुण के रूप में विभाजन व्यर्थ मानते हैं। उनके अनुसार एक ही भावधारा सम्पूर्ण भक्तिकाव्य को सींचती है। वह भावधारा है 'प्रेम' की। प्रेम केन्द्रीय तत्त्व है जो कबीर, जायसी, सूर, तुलसी सबमें व्याप्त है। इसलिए रामविलासजी के अनुसार कबीर ज्ञानमार्गी नहीं 'प्रेममार्गी कवि' हैं। भक्ति आन्दोलन अैर काव्य में प्रेम की केन्द्रीयता की खोज हजारीप्रसाद द्विवेदी ने भी अपनी पहली पुस्तक 'सूर साहित्य' में की थी। भक्तिकाव्य के केन्द्रीय तत्त्व के रूप में जिन बिन्दुओं को उन्होंने रेखांकित किया, उसमें प्रथम है—प्रेम ही सबसे बड़ा पुरुषार्थ है—प्रेमा पुमर्थो महान्। इसी प्रेम तत्त्व का सन्धान उन्होंने सूर से लेकर कबीर तक में किया है। कामायनीकार के शब्दों में कहें तो 'एक तत्त्व की ही प्रधानता' सभी जगह है, उसे निर्गुण कहा जाए या सगुण। भक्तिकाव्य का यह केन्द्रीय तत्त्व चाहे जिस रूप में और जिस मुँह से व्यक्त हुआ, उसने शास्त्रानुमोदित लोकमत की या तो उपेक्षा की या उसके विरुद्ध आवाज उठाई। अगर कबीर का प्रेम शास्त्रानुमोदित नहीं है तो सूर की गोपियों का भी नहीं और मीरा का भी नहीं। इस प्रसंग में नामवर सिंह की यह टिप्पणी सही है कि "भक्तों के प्रेम ने यदि मध्य युग में पंडितों के शास्त्र को चुनौती दी तो उनका आधार लोक-जीवन है...सूर से कबीर तक की यात्रा प्रेम के पन्थ की ही भाव-यात्रा है। सामाजिक विद्रोह का एक रूप वह भी है जो प्रेम की भाषा में अभिव्यक्ति पाता है। आकस्मिक नहीं है कि द्विवेदीजी के कबीर पर सूर की प्रेम-भक्ति का गहरा रंग है।"

निष्कर्ष यह कि हजारीप्रसाद द्विवेदी ने प्रेम को भक्तिकाव्य की केन्द्रीय धारा का ही तत्त्व माना है, फिर भी 'सन्त काव्य' और सगुण भक्तिकाव्य के सामाजिक धरातल को भिन्न माना है। यह भिन्नता 'शास्त्र चिन्ता' की अपेक्षा 'लोक चिन्ता' से स्पष्ट है। रामविलास शर्मा के लिए लोक और शास्त्र की बहस फिजूल है। वे भक्ति-काव्य में योग और भक्ति का संघर्ष देखते हैं, जिसमें जीत भक्ति की होती है, जिसका केन्द्रीय भाव है प्रेम। क्या भक्ति आन्दोलन और काव्य में योग और भक्ति का संघर्ष ही प्रमुख है या उसकी अन्तर्धाराओं में दूसरी टकराहट भी है। तुलसीदास ने गोरख के जोग की स्पष्ट निन्दा की है, जिससे भक्ति दूर भागती है। निर्गुणियों की उनकी आलोचना प्रसिद्ध है। सूर आदि दूसरे सगुणमार्गियों में भी निर्गुण और योग की जमकर आलोचना है। दूसरी तरफ कबीर गोरखनाथ के प्रति आदर व्यक्त करते हैं, लेकिन हठयोग के प्रति अनास्था के बावजूद ब्रह्म से साक्षात्कार का उनका

रास्ता गगन गुफा से होकर ही जाता है। लेकिन यह 'सहज समाधि' है, न कि 'हठयोग'। वे ज्ञान के हाथी पर 'सहज दुलीचा' डालकर चढ़ते हैं। कबीर उस मार्ग को सहज और सुगम बनाते हैं, उसे सादगी, ईमानदारी, ब्रह्मचर्य, अपरिग्रह आदि के जरिए नैतिक अनुशासन में बाँधते हैं। इस तरह वे निर्गुण पन्थ को जिसका आधार शास्त्र-विरोध है, आध्यात्मिक और सामाजिक प्रतिष्ठा हासिल करने का सुगम और सहज मार्ग बनाते हैं। कबीर के सामने स्पष्ट था कि वेद-शास्त्र का विरोध सिद्धों-नाथों ने किया तो जरूर, लेकिन उसी के साथ हठयोग का अगम मार्ग भी बना दिया, जिस पर चलना सामान्य जन के बूते की बात नहीं। कबीर का जोर सहज साधना पर है। योग उनसे पूरी तरह छूटा नहीं है, 'सहज' हुआ है। छूट भी नहीं सकता था। कबीर जिस वर्ग के प्रतिनिधि थे, उस वर्ग के लिए सगुण भक्ति में प्रतिष्ठाजनक स्थान नहीं था। उसका स्थान कहीं था तो देवालय के भीतर नहीं, ज्यादा से ज्यादा उसकी सीढ़ियों पर। इसलिए कबीर योग को पूरी तरह छोड़ते नहीं है, उसके बन्धन को ढीला करते हैं, सहज बनाते हैं। कबीर का यह योग जाति-विभेद पर आधारित देवालयों का वैकल्पिक देवालय निर्मित करने का साधन है। इस साधन को भला कैसे छोड़ सकते थे! इस साधन के अपवित्र होने के खतरे थे, वे देख भी चुके थे। लक्ष्य की साधना पवित्र साधन से ही की जा सकती है। यह सहजता तुलसी आदि सगुण मार्गियों का भी साधन है। सच्चे और शुद्ध मन से नाम जाप ही काफी है। लेकिन नाम जाप का यह सहज मार्ग शास्त्र समर्थित अवतारों राम-कृष्ण आदि के लिए है। ये अवतार मन्दिरों में प्रतिष्ठित हैं। उन तक पहुँचने की सीढ़ियाँ निम्न जन्मा लोगों के लिए सहज नहीं है। एक तरह से निषिद्ध हैं। रामानन्द ने सैद्धान्तिक स्तर पर भक्ति का द्वार सभी के लिए खोल दिया था। व्यावहारिक स्तर पर निम्न जन्मा लोगों को उन्होंने भक्ति मार्ग में दीक्षित भी किया। लेकिन यहीं तक। ऐसा कोई प्रमाण नहीं मिलता कि उनके द्वारा प्रतिपादित भक्ति मार्ग में मन्दिरों के द्वार सबके लिए खोल दिये गये हों और सामाजिक जीवन में भेद-भाव की दीवारें ढाह दी गयी हों। इसलिए भक्ति की भाव धारा में एक साथ अवगाहन करने के बावजूद कबीर के यहाँ योग है, लेकिन सहज बनकर और तुलसी आदि के यहाँ सहज नाम जाप है, पर श्रुति समर्थित होकर। ऐसी स्थिति में भक्ति आन्दोलन को योग और भक्ति के संघर्ष का प्रतिफल मानना जिसमें जीत भक्ति की होती है, निर्गुण पन्थ की मौलिकता और विशिष्टता पर पाटा चलाने के समान है। भक्ति आन्दोलन यदि महान जनवादी आन्दोलन है तो उसकी व्यापक भावधारा के साथ उसकी अन्तर्धाराएँ भी हैं जो कहीं साथ चलती हैं तो कहीं टकराती भी हैं। उनकी संगत के साथ उनकी टकराहट को भी ध्यान में रखना जरूरी है। यह टकराहट निर्गुण-सगुण में सामाजिक आधारों की विभिन्नता के कारण होती है। इस भिन्नता को भूलकर भक्तिकाव्य का अध्ययन करना तत्कालीन साहित्य-समाज के वस्तु सत्य की अनदेखी है। क्या

भारतीय राष्ट्रीय आन्दोलन की एक ही भावधारा नहीं थी? उस भावधारा का केन्द्रीय तत्त्व थी गुलामी से मुक्ति। लेकिन इस मुक्ति का मार्ग एक ही नहीं था। गाँधी का एक था तो भगत सिंह का दूसरा। सबके मार्ग ही अलग नहीं थे, सपने भी अलग थे। वह मुक्ति कैसी होती जिसका स्वप्न गाँधीजी देखते थे? इसी तरह भगत सिंह की मुक्ति का जो सपना था, वह कैसा था? इन प्रश्नों का उत्तर बहुत अमूर्त नहीं है। गाँधी और भगत सिंह के मुक्ति-स्वप्न की बात थोड़ी देर के लिए अलग कर दी जा सकती है। लेकिन गाँधी और नेहरू का क्या करेंगे, जो एक ही राजनीतिक धारा के यात्री थे। दोनों देश के मुक्ति-संघर्ष के योद्धा थे, बावजूद इसके दोनों के पास मुक्ति के सपने अलग थे। स्वतन्त्र भारत में आर्थिक, सामाजिक, शैक्षणिक और राजनीतिक स्वरूप को लेकर दोनों के सोच में जमीन-आसमान का फर्क था। इस फर्क को मिटाकर सिर्फ मुक्ति के उद्देश्य की समानता के आधार पर दोनों को एक मानना दोनों के साथ नाइंसाफी होगी। यही बात निर्गुण-सगुण के साथ भी लागू होती है। व्यापकता में दोनों अन्तर्धाराओं में बहुत कुछ समान है और कुछ अन्तर भी। इस समानता और अन्तर को ध्यान में रखे बगैर भक्ति आन्दोलन और काव्य की सही चिन्ता का मूल्यांकन कठिन है।

योग और भक्ति के सन्दर्भ में भक्तिकाव्य को देखें तो भक्तिकाव्य में योग की मात्रा तिल के बराबर है, जिसे रामविलास शर्मा ताड़ बनाकर प्रस्तुत करते हैं। जो योग निर्गुणपन्थियों के यहाँ है। वह उनके वर्ण-व्यवस्था विरोधी और शास्त्र-पुराण-विरोधी विपुल काव्य में ओझल है। जो बहुतायत में है उसकी अनदेखी और जो जरा-सा है उसी की प्रमुखता भक्तिकाव्य की अंतर्वस्तु को समझने में कहाँ तक सहायक होगी? असल में किसी रचनाकार और आलोचक की विशेषताओं को देखने की आदी बन चुकी आँखें जब वस्तुपरकता का परित्याग कर श्रद्धामिश्रित पक्षधरता का आग्रही बन जाती हैं तो यही होता है, गौण प्रमुख और प्रमुख गौण हो जाता है। इस योग बनाम भक्ति से ज्यादा बेहतर है एकेश्वरवाद बनाम परम्परित भक्ति या लोक बनाम शास्त्र की दृष्टि से भक्तिकाव्य की अंतर्वस्तु की पड़ताल। लेकिन इस पड़ताल की सीमा यह है कि अवर्ण और सवर्ण या लोक और शास्त्र तक ही यह अध्ययन सीमित है। इस तरह का अध्ययन बहुत हद तक भक्तिकाव्य की अन्तर्धाराओं और उनके बीच की टकराहट की पहचान का काम करता है। इसमें शक नहीं है कि वर्ण-व्यवस्था हिन्दू समाज का बहुत बड़ा अभिशाप है। धर्मों के मानवीय प्रवाह को रोकने में शास्त्र पर्वताकार बाधा हैं। निर्गुण पन्थ पूरी शक्ति के साथ इसे तोड़ने के लिए हथौड़े चलाता है; जबकि सगुण पन्थ चटखती दरारों को सीमेन्ट-गारे से मजबूत करने का काम करता है। इसलिए हजारी प्रसाद द्विवेदी, मुक्तिबोध, इरफान हबीब और नामवर सिंह जैसे अध्येता इसे वर्ण-व्यवस्था, लोक-शास्त्र आदि की दृष्टि से देखते हैं, तो भक्तिकाव्य की भावधाराओं की पहचान का काम आसान होता

है। किसी भी काल के साहित्य के अध्ययन के लिए यह जरूरी है कि उसके वर्गीय आधारों की खोज की जाये। यह खोज एकेश्वरवाद बनाम परम्परित भक्ति और लोक बनाम शास्त्र के जरिए कुछ हद तक होती है।

लेकिन प्रश्न है कि इस तरह का अध्ययन क्या भक्तिकाव्य के पूरे मन-मिजाज का पता देता है? नहीं देता है, तभी तो ये सभी अध्येता पिछड़े-दलितों की लोकवाहिनी के अलमबरदार बनने के उपक्रम में लोक और शास्त्र को चुनौती देने वाली मीराबाई से आँखें नहीं मिलाते। निर्गुण और सगुण दोनों तरह के काव्य में सामन्तवाद विरोधी जितने शेड्स हैं, उससे कम शेड्स मीरा के काव्य में नहीं हैं। 'कुलकानि', 'लोकलाज' और मेवाड़ के राणा के 'घर का परदा' को चुनौती देकर बाहर आने वाली मीरा का असली संघर्ष-क्षेत्र लोक और शास्त्र तथा वर्णाश्रम व्यवस्था न होकर वह पुरुष दृष्टि है, जिसने सामन्ती सोच के तहत सामाजिक स्तर पर नारी को भोग एवं लूट का माल बना दिया है और धार्मिक दृष्टि से माया। वह या तो भोग की वस्तु है या त्याग की। इसी माया से कबीर और तुलसी दोनों भागना चाहते हैं। यह माया उनके काव्य में बार-बार जाने-अनजाने आती है। कबीर कभी इसी माया से बचने की गुहार लगाते हैं। और कभी यह बताते हैं कि माया उनके हाथ बिक चुकी है यानी माया को वे जीत चुके हैं। तुलसी के राम 'मायापति' हैं और उस 'मायापति' राम के रहते माया का क्या डर! गरज यह कि नारी हौवा बनकर सगुण पन्थियों के यहाँ कुछ कम, निर्गुणपन्थियों के यहाँ कुछ अधिक ही आतंक मचाए हुए है। नारी सम्बन्धी सम्पूर्ण भक्तिकालीन सोच एक-सा है—धार्मिक और सामाजिक दोनों ही स्तरों पर। वह धर्म और समाज कुलीनों का हो या अकुलीनों का, दोनों जगह एक-सी दृष्टि बरकरार है। धर्म 'शास्त्र' बनकर अंकुश लगाता है, समाज 'लोकमत' बनकर? यही समाज मीरा को 'बिगड़ी' कहता है। मीरा के पदों का संग्रह करने वाले एक अध्येता परशुराम चतुर्वेदी को मेड़ता और कुड़की में ऐसे बहुत से लोग मिले जिनकी राय मीरा के बारे में आज भी अच्छी नहीं है। यह अकारण नहीं है कि मीरा के काव्य में इस समाज के विरुद्ध जबर्दस्त आक्रोश है। यह भी अकारण नहीं है कि उनका काव्य माया की छाया से पूर्णतः मुक्त है। उनका काव्य निर्गुण-सगुण के विवाद की छाया से भी मुक्त है। यद्यपि वे सगुणमार्गी हैं, पर उनके काव्य में निर्गुण की निन्दा नहीं, उसकी भी सम्मानजनक स्वीकृति है। अगर निन्दा, आक्रोश और विरोध का स्वर किसी के प्रति है तो उस सामन्ती सामाजिक दृष्टि के प्रति जिसकी रचना का एकमात्र आधार पुरुष वर्चस्ववादी मानसिकता है। इस दृष्टि से भक्तिकाव्य का अध्ययन करने पर न निर्गुण-सगुण विवाद प्रमुख रह जाता है, न योग और भक्ति का और न लोक और शास्त्र का। ये सभी दृष्टि-पथ ऐसे हैं, जहाँ स्त्री के लिए जगह नहीं है। स्त्री ही इन सभी मार्गों की बाधा है। इसलिए सबने अपने द्वार पर स्त्री के लिए प्रवेश निषिद्ध की तख्ती लटका रखी है। मीराबाई हिन्दी काव्य

में इस प्रवेश निषिद्ध से बने दुर्ग-द्वार पर दस्तक देने वाली ही नहीं उसे तोड़कर प्रवेश पाने वाली पहली स्त्री हैं। आश्चर्य है कि इरफान हबीब को इसके बावजूद वे शासक वर्ग की लगती हैं।

असल में जब किसी एक कवि को ध्यान में रखकर अध्ययन किया जायेगा तब भक्ति आन्दोलन और काव्य की सम्पूर्ण शक्ति का पता नहीं चलेगा। भले ही यह अध्ययन कबीर-तुलसी जैसे बड़े कवियों को ही आधार बनाकर क्यों न किया जाए। ये अध्ययन करने वाले रामचन्द्र शुक्ल, हजारी प्रसाद द्विवेदी, रामविलास शर्मा, मुक्तिबोध, नामवर सिंह और इरफान हबीब जैसे धुरन्धर विद्धान ही क्यों न हों। भक्ति आन्दोलन एक बहुआयामी और बहुस्तरीय आन्दोलन है। ऐसा आन्दोलन जिसकी व्यापकता की तुलना सिर्फ भारतीय राष्ट्रीय आन्दोलन से की जाती है। इसको आन्दोलित करने वाली बहुतेरी द्वन्द्वात्मक धाराएँ हैं। ऐसी स्थिति में किसी एक प्रवृति को केन्द्रीय शक्ति मानना भक्ति आन्दोलन की व्यापकता और प्रभाव को सीमित करके आँकना है। इतिहासकार हरबंस मुखिया ने दादू दयाल के साहित्य के अध्ययन के आधार पर एक दिलचस्प निष्कर्ष निकाला है। यह निष्कर्ष मुक्तिबोध, नामवर सिंह और इरफान हबीब जैसे अध्येताओं के इस निष्कर्ष के विपरीत है कि निर्गुण पन्थ सामन्ती व्यवस्था के विरुद्ध है। नामवर सिंह को कबीर के पास सामन्ती व्यवस्था का जो 'सम्भाव्य मानचित्र' मिलता है, उसे वह सन्दिग्ध ही नहीं बनाता, बल्कि पूरी तरह खारिज कर देता है। हरबंस मुखिया का निष्कर्ष है कि दादू दयाल, और उनके अन्य समानधर्मा सामन्तवाद का विरोध तो करते हैं, लेकिन उसका कोई विकल्प उनके पास नहीं है। सामन्तवाद का विकल्प वे एक आदर्श सामन्तवाद में देखते हैं। यह आदर्श सामन्तवाद तत्कालीन मुगल शासक के मेल में है। दादू ईश्वर के जिस दरबार की कल्पना करते हैं, वह मुगल बादशाह अकबर का दरबार है। ईश्वर के दरबार में वही ताम-झाम और व्यवस्था है जो अकबर के दरबार में है। दादू ने ईश्वर के दरबार, उसकी कृपा-महानता आदि की जो कल्पना की है, वह अबुल फजल द्वारा 'आईन-ए-अकबरी' में वर्णित अकबर के दरबार, उसकी दयालुता, महानता आदि की धारणा से मेल खाती है। यह स्वाभाविक भी है कि शासक वर्ग की विचारधारा और शान-शौकत उस काल के रचनाकार के अवचेतन में किसी-न-किसी रूप में हो। हरबंस मुखिया ने दादू के काव्य के आधार पर यह निष्कर्ष निकाला है। उनकी ग्रन्थावली को खँगालने और उनकी बहुतेरी कविताओं का उदाहरण देने के बाद उन्होंने निर्गुण पन्थ के अब तक बनाये गये परिवर्तनाकांक्षी स्वरूप पर प्रश्नचिह्न लगाया है। दादू के काव्य के आधार पर उनका कहना है—"दादू ने सामाजिक स्तर पर आम तौर पर शासक वर्गों के आदर्शों और संस्थाओं को ही स्वीकार किंया था। वे समाज के उन दिनों मौजूद वर्गीय ढाँचे को भी स्वीकार करते थे। वे सिर्फ यह चाहते थे कि विभिन्न वर्ग और भी ईमानदारी और तत्परता से अपना काम करें।

उनका चिन्तन विरोध का नहीं, अधिक-से-अधिक उदासीनता का, समाज के टकरावों से बचने का चिन्तन है। वह समय नहीं आया था कि दादू से या ऐन उसी कारण से पूरे भक्ति आन्दोलन के अगुवों से ऐसे परिवर्तन के अलमबरदार बनने की आशा की जाती, भले ही जनता के बीच उनके अनुयायी भारी तादाद में क्यों न रहे हों।" यह बात क्या कमोबेश अन्य सन्तों पर भी नहीं लागू होती?

जो लोग भक्ति आन्दोलन की असफलता की वजह तत्कालीन सामाजिक-राजनीतिक परिस्थितियों में ढूँढ़ते हैं उन्हें भक्तिकाव्य के भीतर झाँककर देखना चाहिए। उसकी असफलता के कारण उसके भीतर ही मौजूद थे। के. दामोदरन और रामविलास शर्मा को लगता है कि सारी खुराफातों की जड़ अंग्रेज हैं। वे न आते, न व्यापारिक पूँजीवाद (जिसने भक्ति आन्दोलन के उद्भव की जमीन तैयार की थी) का विकास रुकता, न पुनः सामन्तवाद लौटता और न भक्ति आन्दोलन असफल होता। मुक्तिबोध और नामवर सिंह के लिए इस असफलता की वजह भक्ति आन्दोलन का नेतृत्व निम्न जन्मा लोगों के हाथों से निकलकर सवर्णों के हाथ में जाना है। मगर मामला इतना आसान नहीं है। निर्गुणियों के काव्य में माया और नारी की निन्दा का, उससे परहेज का, संसार से उदासीनता और वैराग्य का जो विसंवादी स्वर है, वह भक्ति आन्दोलन की परिवर्तनकारी शक्ति को बैक गियर में डाल देता है। फिर निर्गुणपन्थियों के इतने सम्प्रदाय हैं कि आश्चर्य होता है। लोक मान्यता है कि ज्यादा जोगी होंगे तो मठ उजड़ेगा। फिर जब ज़्यादा मठ होंगे तो क्या उस आन्दोलन का तेज मद्धिम नहीं होगा? अकबर के समय में न सिर्फ मजबूत केन्द्रीय शासन-व्यवस्था कायम हो चुकी थी, बल्कि मुसलमान-क्षत्रिय समझौते ने सामन्तवाद की वापसी पर अपनी पकड़ मजबूत बना ली थी। इतिहासकार सतीशचन्द्र तुर्क-अफगान काल में ब्राह्मण-क्षत्रिय समझौते के कमजोर पड़ने को भक्ति आन्दोलन के उदय की पृष्ठभूमि मानते हैं। लेकिन एक दूसरा समझौता नये रूप में मुसलमान सामन्तों और क्षत्रिय सामन्तों के बीच अकबर के काल में दिखायी पड़ता है। प्रश्न है कि यह समझौता सामन्तवाद को मजबूत करता है या कमजोर? प्रश्न है कि अकबर के काल में जिस व्यापारिक पूँजीवाद के दर्शन के. दामोदरन और रामविलास शर्मा करते हैं वह क्या मुसलमान-क्षत्रिय समझौते से कायम सामन्तवाद की तुलना में इतना शक्तिशाली है कि सामन्तवाद की जड़ों को हिला सके? दादू और तुलसी का यही समय है। भक्ति की दोनों धाराओं के कवि सामन्तवाद का विकल्प सामन्तवाद में ही ढूँढ़ते हैं। वर्ण अलग हैं, रास्ते अलग हैं, लेकिन मकसद दोनों का एक है कि राजा और मालिक ठीक-ठाक हों। इसकी क्या वजह हो सकती है? कई वजहें हो सकती हैं। लेकिन एक मूल वजह वह है जिसकी चर्चा डी.डी. कोशाम्बी करते हैं। मराठी भक्ति आन्दोलन की चर्चा करते हुए जो बात वे लिखते हैं, वह सम्पूर्ण भक्ति आन्दोलन की सीमा है। वे लिखते हैं—"सुधार और उसके लिए चलने वाला संघर्ष कभी भी

चेतन रूप से सामन्तवाद के खिलाफ नहीं था और इस कारण उसकी सफलता का अर्थ था सामन्ती संरक्षण और अन्ततः फतह और लूट-खसोट की मनहूस दिशाओं में एक जनवादी आन्दोलन के भटकाव के कारण सामन्ती पतन।"

ऐसी स्थिति में प्रश्न उठता है कि लोक बनाम शास्त्र के आधार पर भक्तिकाव्य का किया गया अध्ययन क्या उसके निहितार्थों तक पहुँचने में कोई वस्तुगत आधार प्रदान करता है या यह अपने अपेक्षित निष्कर्षों तक पहुँचने का सरल रास्ता भर है? लोक बनाम शास्त्र में जिन वर्णगत मान्यताओं के आधार पर सामन्तवाद-विरोधी और सामन्तवाद-समर्थक निष्कर्ष निकाले गये हैं वे निष्कर्ष क्या भक्तिकाव्य के सही ठिकानों तक हमें पहुँचाते भी हैं? या कुछ दिशाओं का सही पता ठिकाना ही नहीं बताते? लोक बनाम शास्त्र के आधार पर भक्तिकाव्य के विवेचन के क्रम में ये प्रश्न प्रासंगिक हैं।

(1995)

भक्तिकाव्य : वैकल्पिक समाज का सौन्दर्य

"प्रत्येक कवि को यह लगता है कि उसकी कुछ सामाजिक उपयोगिता है। लेकिन मैं स्पष्ट कर देना चाहता हूँ कि उसे धर्मविज्ञानी, उपदेशक, अर्थशास्त्री, समाजशास्त्री या अन्य किसी रूप में हस्तक्षेप नहीं करना चाहिए। वह कुछ भी कर सकता है, किन्तु वह जब कविता लिखता है तब उसे कविता ही लिखनी चाहिए—कविता जो कविता के रूप में मान्य हो, न कि किसी अन्य रूपों में।"

—टी.एस. इलिएट

('दि यूज ऑफ पोएट्री एंड दि यूज ऑफ क्रिटिसिज्म' से)

गोरे लोगों ने काले लोगों पर शासन किया है, इसलिए गोरा रंग सुन्दर माना जाता है और काला रंग असुन्दर। यदि काले लोगों का शासन गोरे लोगों पर होता तो काला रंग सुन्दर माना जाता और सौन्दर्य को देखने की हमारी दृष्टि दूसरी होती।"

—राममनोहर लोहिया

('सुन्दरता और त्वचा का रंग' शीर्षक निबन्ध से)

कविता लिखने की प्रतिज्ञा के साथ भक्तिकाव्य नहीं रचा गया। भक्त कवि लिखते समय कवि के आसन पर कतई न थे। उनकी जगह कवि की न होकर भक्त की थी, जिसके ज़रिए वे हर सांसारिक आकांक्षा से मुक्त थे। आकांक्षा थी तो भगवत्-अनुग्रह की। इसके सिवा किसी चीज की नहीं। कवि यशःप्रार्थी तो वह हर्गिज न थे। फिर भी कैसा चमत्कार है कि उनका लिखा हुआ भारतीय कविता के इतिहास का तो सर्वोत्तम अंश है ही, संसार में भी अद्वितीय है। वह काव्य भी है और अपने समय का समाजशास्त्र भी। वहाँ कवि उपदेशक भी है, धर्मवेत्ता भी, और समाज-सुधारक भी, और साथ ही इन सभी रूपों में मान्य भी। उनके सामाजिक-धार्मिक रूप से न तो उनके कवि को अलग किया जा सकता है और न उनके कवि से उनके

सामाजिक-धार्मिक रूप को। इस अर्थ में भक्तिकाव्य अपनी साहित्यिक और सामाजिक दोनों ही भूमिकाओं में अद्भुत और अद्वितीय है।

निर्गुण कवियों में से कई तो कायदे से साक्षर और शिक्षित तक नहीं थे, किन्तु सगुणमार्गी भी, जो अपेक्षाकृत शिक्षित थे, वे भी कवि-कर्म के प्रति उस तरह सचेत और गम्भीर न थे, जिस तरह उनके पूर्ववर्ती संस्कृत कवि और परवर्ती रीतिकालीन कवि। इस काल में अपवाद सम्भवतः जायसी हैं जो अपने को सगर्व कवि घोषित करते हैं : 'मुहम्मद कवि प्रेम का न तन रक्त न मांस, जिइ देखा तिइ हँसा, सुना तो आए आँसु।।' शेष सभी लोग कवि न कहलाने पर प्रसन्न हैं। तुलसीदास जैसा पंडित कवि भी कविता से अधिक राम की भक्ति को महत्त्व देता है : 'कवि न होऊँ नहिं चतुर कहाऊँ। मति अनुरूप राम गुन गाऊँ।।' कविता उन सभी के लिए उनके उपदेश का, उनकी वाणी का और सबसे ऊपर उनकी भक्ति का माध्यम-भर है। लेकिन यह माध्यम इतना सुन्दर और सहज है कि उसके चुम्बकीय प्रभाव से कोई बच नहीं सकता। उनकी भक्ति जितनी मानवीय और आकर्षक है, उतनी ही उसका माध्यम बनने वाली कविता भी!

भक्तिकाव्य चूँकि काव्यशास्त्रीय प्रतिज्ञाओं के साथ नहीं लिखा गया, उसके पहले खेवे के सन्त कवि निम्न वर्गों से आये थे और काव्यशास्त्र की जटिलताओं से लगभग अनभिज्ञ थे, इसलिए उनके लिखे हुए को काव्य स्वीकारने में ही बहुतों को कठिनाई हुई। काव्य के बने-बनाये सौन्दर्यशास्त्रीय प्रतिमानों के अनुसार उनके लिखे हुए को काव्य मानने में कठिनाई थी। इसलिए हिन्दी आलोचना के प्रारम्भ में रीतिकालीन कविता पर अधिक विचार हुआ, भक्तिकाव्य पर कम। आचार्य रामचन्द्र शुक्ल ने हिन्दी आलोचना की वास्तविक शुरुआत की और भक्तिकाव्य को उसके सामाजिक धरातल से देखा तथा उसे साहित्यिक आलोचना का विषय बनाया। आलोचक के रूप में यह उनका ऐतिहासिक अवदान था, जिससे हिन्दी आलोचना को नयी दिशा मिली। यद्यपि शुक्लजी ने निर्गुणपन्थी सन्त कवियों के साथ वैसी उदारता न दिखायी जैसी सगुणपन्थी कवियों के साथ। उनकी नज़र में वे सन्त कवि अनपढ़, गँवार और दर्पोक्तियाँ हाँकने वाले ही थे। उनके लिए सन्त कवियों की सबसे बड़ी देन पिछड़ी जनता में 'आत्म गौरव' का भाव जगाना भर था। शुक्लजी के 'लोकमंगल' के दायरे में यह 'आत्मगौरव' उस महत्त्व का अधिकारी न था जो महत्त्व-सूर-तुलसी आदि के काव्य में निहित लोकमंगल की भावना का था। फिर भी वह लोकमंगल शुद्ध साहित्यिक निकष न था। यह सामाजिक विकास को गति देने वाला निकष था। बावजूद इसके शुक्लजी की मान्यताएँ यदि आज तीव्र विवादों के घेरे में हैं तो इस कारण कि वे उन निम्न जन्मा कवियों के काव्य में छिपे नये सौन्दर्य को नहीं देख पाए। वे भक्ति आन्दोलन की व्यापक भावधारा के मूल में छिपे उन कारणों को भी नहीं देख पाए, जिनके कारण निचली जातियों के वे सन्त कवि धर्म, समाज

और काव्य की नयी अवधारणाओं के साथ अचानक सक्रिय हो उठे थे। मुक्तिबोध ने इस तरह के नये साहित्य के सौन्दर्य की चर्चा करते हुए तथा उसे नकारने वाली सौन्दर्य-दृष्टि की चर्चा करते हुए ठीक ही लिखा है : "साहित्य-क्षेत्र में सामान्य जनता तभी सक्रिय हो उठती है, जब उसमें कोई व्यापक सांस्कृतिक आन्दोलन चल रहा हो—ऐसा आन्दोलन जो उनके आत्मगौरव और आत्मगरिमा को स्थापित और पुनःस्थापित कर रहा है। किसी जमाने में भारत में भी (विभिन्न परिस्थितियों में ही क्यों न सही) ऐसा ही हुआ था, दलित-पीड़ित और गरीब वर्गों के लोग साहित्य-क्षेत्र में सक्रिय हो उठे थे। हमारे भक्ति आन्दोलन के पूर्वार्द्ध का स्मरण कीजिए। उस समय भी शास्त्री कलाकारों और पंडित कवियों ने उनका विरोध किया था, क्योंकि साहित्य-सौन्दर्य के उनके मानदण्डों के अनुसार गरीब लोगों का वह साहित्य तुच्छ और विद्रूप था।" (नये साहित्य का सौन्दर्यशास्त्र, पृ. 99)

'तुच्छ और विद्रूप' साहित्य रचने वाले वे सन्त कवि वैकल्पिक धर्म और समाज-रचना के आकांक्षी थे। उनकी उस आकांक्षा की अभिव्यक्ति लोकभाषाओं में रचित उनकी 'बानियों' में हुई। यह काम परम्परित धार्मिक-सामाजिक रूढ़ियों पर प्रहार किए बिना सम्भव न था। इसके लिए उन साधनहीन लोगों के पास अपनी मातृभाषाओं में व्यक्त होने वाले 'अनभै साँचा' के सिवा कोई दूसरा अस्त्र न था। मैनेजर पांडेय के अनुसार भक्ति आन्दोलन मातृभाषाओं में साहित्य-रचना का आन्दोलन था, सभी भक्त कवियों ने प्रायः अपनी-अपनी मातृभाषाओं में काव्य-रचना की। मातृभाषाओं में साहित्य-रचना का यह आन्दोलन न सिर्फ मान्य साहित्यिक भाषाओं को अस्वीकार करने के कारण सम्भव हुआ, बल्कि शास्त्रीय सौन्दर्यशास्त्रीय प्रतिमानों को भी अस्वीकार करने से सम्भव हुआ। मातृभाषाओं में रचे गये उस नये साहित्य के सौन्दर्य का आधार वह वैकल्पिक समाज था, जिसकी रचना के लिए सन्त कवि उठ खड़े हुए थे। उस नये साहित्य के सौन्दर्य को शिक्षित समाज ने स्वीकृति न दी और उसे साहित्य-क्षेत्र से ही बेदखल कर दिया। अपने निर्गुण काव्य के जरिए वैकल्पिक धर्म और समाज की रचना का उद्घोष करने वाले सन्त कवियों के सिरमौर कबीर का, शास्त्रज्ञान से हीन कहकर, न सिर्फ उपहास किया गया, बल्कि उनके निर्गुण मत को भी यहाँ-वहाँ से लेकर बनाया गया पँचमेल व्यंजन करार दिया गया। इसी तरह उनकी काव्य भाषा को 'सधुक्कड़ी' और उनको 'अनपढ़' कहकर काव्योचित गुणों से रहित घोषित किया गया। भक्ति आन्दोलन यदि मातृभाषाओं में काव्य-रचना का आन्दोलन था और प्रायः सभी भक्त कवियों ने अपनी मातृभाषा में काव्य-रचना की तो कबीर की भी अपनी मातृभाषा बनारसी भोजपुरी थी जो मैनेजर पांडेय के अनुसार, उनकी काव्य-भाषा है। उनकी काव्य-भाषा को सधुक्कड़ी कहना कबीर को उनकी मातृभाषा से वंचित करना है। यहाँ यह भी कहने की जरूरत है कि कबीर की भाषा का जो सौन्दर्य है, वह भोजपुरी भाषा का है। उसमें जो दोटूकपन,

पैनापन और मस्ती है, वह भोजपुरी की है। इस दृष्टि से कबीर की काव्य-भाषा का अध्ययन करने पर उसका वास्तविक सौन्दर्य दिखायी देता है। यह ठीक है कि कबीर की काव्य-भाषा अनगढ़ है, लेकिन यह उसकी कमजोरी नहीं, वास्तविक शक्ति है। कबीर की काव्य-भाषा को अनगढ़ कहने वाले आलोचकों को प्रपद्यवादी कवि केसरी कुमार ने यह कहकर निरुत्तर कर दिया है कि कबीर की कविता उस पत्थर की तरह है, जिनकी असली मारक क्षमता उसके अनगढ़पन से ही पैदा हुई है।

उत्तर भारत में निर्गुणपन्थी सन्तों ने जिस वैकल्पिक धर्म और समाज का स्वप्न देखा और जिसके लिए उन्हें 'कविता के वर्जित प्रदेश' में प्रवेश करना पड़ा, उसकी शुरुआत मराठी, कन्नड़, तेलगु आदि हिन्दीतर भारतीय भाषाओं में कुछ पहले हो चुकी थी। वैकल्पिक धर्म और समाज-रचना का स्वप्न कुछ आगे-पीछे पूरे देश की निम्नवर्गीय जनता देखने लगी थी। यह चेतना कैसी थी, यह देखने के लिए कन्नड़ के भक्त कवि वसवन्ना (बारहवीं सदी) की 'मन्दिर और देह' शीर्षक कविता से गुजरना ज़रूरी है :

धनी लोग तुम्हारे मन्दिर बनवाएँगे
मैं क्या करूँगा?
मैं—एक गरीब आदमी?
मेरे पैर ही स्तम्भ हैं
शरीर मन्दिर
और सिर सोने का गुम्बद
हे भगवान! हे कूडल संगम देव!
सुनो!
स्थावर चीजें मिट जाएँगी
किन्तु जंगम चीजें सदा बनी रहेंगी।

वसवन्ना की यह कविता कन्नड़ भक्ति साहित्य की प्रतिरोधी धारा का श्रेष्ठ उदाहरण है। यहाँ 'स्थावर' अपरिवर्तनशीलता का प्रतीक है और जंगम परिवर्तनशीलता का। इस कविता में वैकल्पिक संसार की रचना का पवित्र संकल्प है। वसवन्ना जैसे सन्त कवि यथास्थितिवाद को बदलना चाहते थे, अतः उन्होंने 'स्थावर' मन्दिर की जगह 'जंगम' मन्दिर की रचना की और अपने शरीर को ही मन्दिर बना डाला। शरीर से अधिक जंगम मन्दिर कुछ दूसरी कोई चीज हो भी नहीं सकती थी। ऐसा करके वे न सिर्फ वैदिक-पौराणिक परम्परा का विकल्प रच रहे थे, बल्कि उस वैष्णव धर्म का भी विकल्प रच रहे थे जो उन्हीं के समानान्तर मन्दिर-मठों में विकसित हो रहा था। मध्यकालीन दक्षिण भारतीय मन्दिर अपनी स्थापत्य कला और भव्यता के लिए विख्यात रहे हैं। उनके निर्माण में राजाओं-धनी लोगों की भूमिका रही है। बिना उनके संरक्षण के वैसी महँगी और भव्य स्थापत्य कला सम्भव न थी। ये मन्दिर

सगुण भक्ति-धारा को संरक्षण देने वाले मजबूत केन्द्र थे। वसवन्ना आदि सन्तों ने न सिर्फ सौन्दर्य और कला के श्रेष्ठ उदाहरण माने जाने वाले उन मन्दिरों का विकल्प रचा, बल्कि उनमें बैठे हुए भगवान के नाम पर चलने वाले भेदभाव पर आधारित समाज-चिन्तन का भी विरोध किया। उन्होंने उन भव्य मन्दिरों को 'स्थावर' कहकर उनके सौन्दर्य को मृतप्राय और शरीर को 'जंगम' मन्दिर घोषित करके उसे गतिशील और टिकाऊ सौन्दर्य घोषित किया। यह साहित्य के नये सौन्दर्यशास्त्र की प्रस्तावना थी, जिसके आधार पर भविष्य का भारतीय साहित्य रचा गया। वसवन्ना और उनके साथियों के 'वीर शैव आन्दोलन' को ए.के. रामानुजम ने अधिकार प्राप्त वर्ग, पंडित-पुरोहित वर्ग तथा पत्थर के भगवानों के विरुद्ध गरीबों एवं अधिकार वंचित लोगों का आन्दोलन कहा है। रामानुजम के अनुसार उस आन्दोलन का साहित्य 'प्रोटेस्ट' का साहित्य है, जिसमें उस जीवन्त सौन्दर्य की आकांक्षा है जो जंगम है (स्पीकिंग ऑफ शिवा, पृ. 20-21)। मन्दिर का यह जंगम रूप सेठों-सामन्तों द्वारा निर्मित मन्दिर और उसकी कला का प्रत्याख्यान है। प्रतिरोध का यह साहित्य न केवल वैकल्पिक धर्म और समाज-रचना की आकांक्षा से निर्मित है, बल्कि काव्य के वैकल्पिक सौन्दर्य-प्रतिमानों की भी खोज करता है। इस प्रसंग में वसवन्ना की एक और कविता का कुछ अंश देखा जा सकता है—

देखा—पनचक्कियों के सिर झुके हैं
किन्तु उससे क्या?
क्या वे प्रभु के प्रति समर्पित हैं?
देखा—चिमटे के हाथ जुड़े हैं
किन्तु उससे क्या
क्या वे प्रभु की पाद-सेवा विनम्रतापूर्वक कर सकते हैं?
देखा—तोते पढ़ते हैं
किन्तु उससे क्या?
क्या वे प्रभु को पढ़ सकते हैं?

प्रस्तुत कविता धार्मिक पाखण्ड पर चोट करती है। कर्मकाण्डों को ही वास्तविक धर्म मानने वालों पर व्यंग्य करती है और धर्म-साधना का नया विकल्प रचती है। लेकिन इसी के साथ पनचक्कियों के झुके हुए सिर, चिमटे के जुड़े हाथ तथा पढ़ने वाले तोते जैसे सर्वथा नये और अपरम्परित उपमान की खोज के जरिए यह कविता के सौन्दर्य का नया आधार तैयार करती है। ये उपमान कमल, चन्द्रमा, सूर्य, स्वर्ण, मोती आदि की तरह न तो परम्परित हैं और न दूर की कौड़ी खोज लाने के उदाहरण। ये हमारे परिचित परिवेश के अपरम्परित काव्य-उपकरण हैं। इसी तरह कबीर अपने चरखे, करघे आदि को ही काव्य का उपकरण बना लेते हैं। यह श्रमजीवी जातियों का साहित्य है। इसमें उन सन्त कवियों के उत्पादन के औजार

ही कविता के उपकरण बन जाते हैं। कबीर का चरखा सृष्टि का प्रतीक है, जिसे चलाने वाला जुलाहा स्वयं भगवान है। एवेलिन अंडरहिल ने उनके पेशे और काव्य पर टिप्पणी करते हुए लिखा है : "वे (कबीर) जानते थे कि विजन और उद्योग का मिलान कैसे किया जाता है। ध्यान के भाव में विघ्न डालने की अपेक्षा उनका हस्त-शिल्प इसमें मदद करता था। ...करघा उनके सर्वाधिक उग्र और परस्पर-विरोधी दर्शनों एवं आस्थाओं से निकले प्रतीकों एवं विचारों का प्रतिरूप है।" (रवीन्द्रनाथ ठाकुर की पुस्तक 'पोएम्स ऑफ कबीर' की भूमिका से) रामचन्द्र शुक्ल तुलसीदास के काव्य में कर्म का सौन्दर्य तो देखते हैं, और सही ही देखते हैं, किन्तु कबीर आदि में जो उत्पादन एवं स्वावलम्बन का सौन्दर्य है, उसे नहीं देख पाते।

उत्तर भारत में कबीर आदि सन्तों में देह को ही मन्दिर मान लेने के साथ कविता की जो नयी भाव-भूमि मिलती है, वह दक्षिण से मराठी भक्ति साहित्य के जरिए उन तक आती है या यह सिद्धों-नाथों की परम्परा का विकास है, जिसे हजारीप्रसाद द्विवेदी 'भारतीय चिन्ता का स्वाभाविक विकास' कहते हैं, या मध्यकाल में, इतिहासकारों के अनुसार, शिल्पी एवं दस्तकार जातियों की आर्थिक दशा में आया वह परिवर्तन है, जो उन्हें सामाजिक सम्मान प्राप्त करने के लिए सांस्कृतिक अभिव्यक्ति की प्रेरणा देता है? कारण चाहे जो भी हों इतना तय है कि निम्न जातियों से आये सन्तों की वाणी में वैदिक-पौराणिक परम्परा का निषेध है, नया धर्म-समाज रचने की आकांक्षा है और उस आकांक्षा को व्यक्त करने वाली कविता में नया सौन्दर्य है, जिसे शास्त्रीय विद्वानों ने मान्यता न दी। उससे उनके सांस्कृतिक शिखरवाद का कंगूरा ध्वस्त होता था। सांस्कृतिक शिखरवाद को जनता से आये कवि-कलाकार जब-जब चुनौती देते हैं, तब-तब कुहराम मचता है। भक्तिकाल में जो बवाल मचा था, अब भी शान्त नहीं हुआ है। प्रगतिशील लेखन को लेकर ऐसा ही बवाल हुआ। अभी हाल में मराठी दलित लेखन की स्वीकृति को लेकर कैसा विवाद हुआ? इस तरह क बवाल मचाने वाले सांस्कृतिक शिखरवादियों की खबर लेते हुए मुक्तिबोध ने बड़ी तल्ख टिप्पणी की है। यद्यपि प्रसंग प्रगतिशील लेखन का है, किन्तु वह घटित होता है भक्ति साहित्य पर भी। मुक्तिबोध लिखते हैं : "सौन्दर्यवाद के नाम से प्रचलित व्यक्ति-बद्धता की जो प्रवृति है, उसे हम उस सौन्दर्यवाद से अलग करके देखते हैं, जिसका सम्बन्ध व्यापक प्रभावोत्पादकता के साहित्यिक गुण से है। अतएव, हम कलात्मकता के उन समर्थकों के साथ हैं जो वस्तुतः समर्पित भाव से जनता में से आये हुए लेखकों के कलात्मक स्तर को ऊँचा उठाने की तत्पर बुद्धि रखते हों तथा अपने स्वयं की साहित्य-रचना द्वारा वास्तविक कलात्मकता का मार्ग प्रशस्त करते हों, किन्तु हम कलात्मकता के उन समर्थकों के विरुद्ध हैं जो जनता में से आये हुए लेखकों की आपेक्षिक अपरिपक्वता का निदर्शन-प्रदर्शन केवल इसलिए करते हैं कि उनके साहित्य शिखरवाद की अर्थात व्यक्तिवादी सांस्कृतिकता की रक्षा हो। साहित्य

क्षेत्र में सौन्दर्यवाद और कलात्मकता की ऐसी प्रवृत्ति रही है जिसने लेखकों को सामान्य जन अनुभव से अलग कर दिया है।" (न.सा.का.सौं., 102)

साहित्य में सौन्दर्य की अवधारणा को लेकर हमेशा बहस चलती रही है। भाववादी विचारक सौन्दर्य का सम्बन्ध मनुष्य की अन्तश्चेतना से जोड़ते हैं; जबकि भौतिकवादी विचारकों की राय में सौन्दर्य का कोई अलौकिक आधार नहीं होता, वह व्यक्ति और वस्तु से अनिवार्य रूप से जुड़ा है। सौन्दर्य की इन दोनों ही दृष्टियों के आधार पर भक्तिकाव्य सर्वोत्तम ठहरता है। भक्तिकाव्य के मूल में अलौकिक सत्ता के प्रति अनन्य भक्ति है, यह निर्विवाद है। लेकिन वह अलौकिक सत्ता इस जगत से परे नहीं है। सगुणपन्थियों के लिए यह सृष्टि प्रभु की लीला है। यह जगत माया नहीं प्रभु की लीला का विस्तार है। प्रभु जितना सत्य है, उतनी ही उसकी लीला भी। इसलिए सगुणपन्थी कवियों के काव्य में विस्तार से प्रभु की सांसारिक लीलाओं का वर्णन है। प्रभु की बनायी इस सृष्टि में जो कुछ सुन्दर और प्रेममय है, वे उसका श्रद्धासहित गुणगान करते हैं। उनके वर्णन का लक्ष्य तो अलौकिक सत्ता है, किन्तु वर्णन की सारी आधार-भूमि भौतिक जगत है। उसमें जो सौन्दर्य है, वह लौकिक जगत का ही है। कृष्ण सूरदास के लिए अवतार पुरुष हैं, किन्तु उनकी सारी लीलाएँ ब्रजभूमि में ही घटित होती हैं। उस क्रम में सूर जिस काव्य-सौन्दर्य की सृष्टि करते हैं, वह हर तरह से वस्तुजगत का है। कृष्ण के जन्मोत्सव के समय खुशी और उत्सव का वही माहौल है, जो आमतौर पर पुत्र-प्राप्ति के बाद किसी के भी यहाँ होता है। उस समय ब्रज की गलियों की शोभा देखने लायक है—'सोभा सिन्धु न अन्त रही री।' उस शोभा से नन्द-भवन जब तृप्त हो जाता है, तब वह गलियों में बहने लगती है—" 'नन्द-भवन भरि पूरि उमँगि चलि, ब्रज की बीथिनि फिरति बही री।' तुलसीदास के राम भी विष्णु के अवतार हैं। सीता जगत जननी है किन्तु राम जब पहली बार सीता को पुष्पवाटिका में देखते हैं तो उनकी सुन्दरता देखकर उनके नेत्र चकोर बन जाते हैं। वे सीता के सौन्दर्य को देखकर विस्मय-विमुग्ध हो उठते हैं और सोचने लगते हैं :

सुन्दरता कहुँ सुन्दर करई। छवि गृह दीप सिखा जनु बरई...।
सब उपमा कवि रहे जुठारी। केहि पटतरौं विदेह कुमारी॥

तुलसी के राम भी अत्यन्त सुन्दर हैं। उनकी सुन्दरता देखकर वन-गमन के समय रास्ते में सीता से स्त्रियाँ पूछ बैठती हैं : 'कोटि मनोज लजावन हारे। सुमुखि कहहुँ को आहि तुम्हारे।।' यह सौन्दर्य मानव राम-सीता का है और यह सौन्दर्य-बोध राम के मन में लौकिक सीता को देखकर तथा ग्रामीण स्त्रियों के मन में लौकिक राम को देखकर बनता है। यहाँ यह कहने की जरूरत नहीं है कि उपर्युक्त उदाहरणों से सूर और तुलसी की जो सौन्दर्य-दृष्टि बनती है, उसका आधार लौकिक जगत ही है। हाँ, यह सौन्दर्य-चेतना इतनी अनुपम है कि वह अलौकिक-सी प्रतीत होती है। इस सूक्ष्म चेतना के निर्माण में इन कवियों को साहित्य की लम्बी शास्त्रीय परम्परा

से मदद मिलती तो है, किन्तु अपने लोकधर्मी स्वभाव और दृष्टि के कारण उससे अधिक वे लोक के सौन्दर्य को महत्त्व देते हैं। सगुणपन्थियों के वर्णन में शास्त्रीय परम्परा का भी आधार है और लोक परम्परा का भी। लेकिन उनके काव्य का जो पक्ष सुन्दरता तथा मानवीयता की दृष्टि से ताजगी भरा और अप्रतिम है, वह उसका लोकधर्मी पक्ष ही है।

निर्गुणपन्थी सन्त कवियों के लिए धर्म और साहित्य के दुर्ग द्वार बन्द रहे हैं। उनके पास धर्म, समाज और साहित्य की वह शिक्षा भी नहीं है, जिसे शिक्षित जन महत्त्व देते हैं। इसलिए उनकी वाणी में धर्म, समाज और साहित्य की शास्त्रीय परम्परा का अस्वीकार है। ऐसा किये बिना वे अपनी जगह नहीं बना सकते थे। इसके लिए उन्होंने सबसे पहले ऐसे ईश्वर का सृजन किया जो निर्गुण था। अवतार लेने वाला ईश्वर तो किसी न किसी जाति में ही पैदा होता और उसके साथ फिर वही जातीय झमेले पैदा होते। यह निर्गुण ईश्वर शंकराचार्य आदि का निर्गुण ब्रह्म नहीं था। शंकराचार्य का निर्गुण ब्रह्म तो पंडितों-दार्शनिकों के बीच सूक्ष्म मीमांसा का विषय था। कबीर आदि ने जिस निर्गुण का सृजन किया वह निम्न जन्मा लोगों के लिए ठोस सच्चाई था, जो उनकी 'जुगन जुगन की तृसा' बुझा रहा था। जो निर्गुण लाखों-करोड़ों लोगों की आध्यात्मिक प्यास बुझाये और सामाजिक सम्मान अर्जित करने की शक्ति दे, उसका सृजन एक सुन्दर स्वप्न-सा है। इस निर्गुण ईश्वर को मन्दिर में नहीं प्रतिष्ठित किया जा सकता था। गरीब लोगों के लिए मन्दिर बनाना न तो आसान था और न शासक वर्ग इसकी अनुमति देता था। फिर मन्दिर भेदभाव के अड्डे थे। इसलिए निर्गुणपन्थियों ने अपने तन को ही मन्दिर बना दिया। यह निर्गुण अदृश्य है, मन्दिर के भीतर की दुनिया अनुमानाधारित है, अतः वहाँ रहस्य-भाव भी है। वहाँ 'गगन-गुफा' है, उसकी रहस्यमय दुनिया है, किन्तु मन्दिरों की तरह उसके दरवाजे निम्नजन्मा लोगों के लिए बन्द नहीं हैं। उस मन्दिर में स्थापित ईश्वर से हर कोई जब चाहे, जहाँ चाहे साक्षात्कार कर सकता है। दुनिया में भेदभाव की जो काली कुरूप मानसिकता है, उसे मिटाकर एक सुन्दर और अधिक मानवीय दुनिया बनाने का यह प्रयत्न किसी महान घटना से कम नहीं। जो लोग इसे अवैज्ञानिक और प्रतिगामी भाव मानते हैं और रहस्यवाद के नाम पर इस प्रयत्न को खारिज करते हैं, वे असल में इसके सामाजिक और धार्मिक आशय को या तो ठीक से समझते नहीं या जान-बूझकर उसकी अनदेखी करते हैं। अब तो आधुनिक समाज वैज्ञानिक शोध निष्कर्षों से स्पष्ट हो चुका है कि तन्त्र-मन्त्र की पृष्ठभूमि में मूल रूप से वैज्ञानिक चेतना रही है, जिसका विकास निम्न और दलित जातियों में हुआ। इस प्रक्रिया में ही 'परम सत्य' को जानने की जिज्ञासा के तहत रहस्यात्मक भाव का भी जन्म हुआ। तन्त्र-मन्त्र और रहस्य-साधना का मूल और प्रारम्भिक उद्देश्य सामाजिक प्रगति ही था। डी.पी. चट्टोपाध्याय, आर.एस. शर्मा, रोमिला थापर,

एन.एन. भट्टाचार्या आदि समाजविज्ञानियों ने इसे निम्न जातियों से जोड़कर देखा है और इसकी सामाजिक भूमिका की ओर संकेत भी किया है। कुछ विद्वान तन्त्र को दलितों का प्राचीन विज्ञान मानते हैं और इसका प्रमाण भी प्रस्तुत करते हैं। (द्रष्टव्य : 'साउथ इंडियन जॉर्नल ऑफ सोशल साइंसेज' के जून, 2003 अंक में के.एस. चालम का लेख–'तन्त्रा : दि ओरिजिन ऑफ दलित इपिस्टेमालॉजी') इसलिए निर्गुण मत और साधना के मूल में जो सामाजिक सच है, उसे देखने की जरूरत है। उसके बाद ही निर्गुणपन्थी सन्त कवियों के काव्य का सौन्दर्य दिखायी देगा। यह वैकल्पिक धर्म और समाज की साधना है, जिसका प्रतिफल है निर्गुण काव्य। इस काव्य का सौन्दर्य वास्तव में उसकी सामाजिकता में है। इसका अर्थ यह कदापि नहीं कि उसमें साहित्यिक सौन्दर्य का अभाव है। उसके सौन्दर्य को शास्त्रीय-साहित्यिक चश्मे से देखने पर गलत निष्कर्ष हाथ लगेंगे।

सौन्दर्यशास्त्रियों का जो वर्ग सौन्दर्य की भौतिक सत्ता में विश्वास करता है, वह यथार्थ चित्रण को ही साहित्य का वास्तविक सौन्दर्य मानता है। उनके लिए साहित्यिक यथार्थ का वह पक्ष अधिक वांछनीय है जिससे मानवीय बेहतरी का मार्ग प्रशस्त होता है। साहित्य में यथार्थ सम्बन्धी इस धारणा का विकास मार्क्सवादी और गैरमार्क्सवादी दोनों तरह के चिन्तकों ने किया है। यथार्थ चित्रण में वास्तविकता, कलात्मकता और विश्वसनीयता के प्रश्न पर लम्बी बहस हुई है और उसे प्रकृतवाद से भिन्न यथार्थवादी कलादृष्टि के रूप में प्रतिष्ठा मिली है। रूसी सौन्दर्यशास्त्री चर्नीशेव्स्की के अनुसार वह हर प्राणी सुन्दर है जिसमें जीवन का वांछनीय रूप दिखायी देता है और वह हर वस्तु सुन्दर है जो जीवन को अभिव्यंजित करने के साथ उसका बोध कराती है। यथार्थवादी साहित्य दृष्टि से आलोचकों ने भक्तिकाव्य का जो अध्ययन किया और उसके सौन्दर्य की खोज की, उससे भक्तिकाव्य के आस्वाद का आधुनिक और साहित्यिक पृष्ठाधार निर्मित हुआ, जो हमारे बहुत काम का है। उससे आधुनिक युग में भक्तिकाव्य का साहित्यिक महत्त्व उजागर होता है। लेकिन इसके अतिरिक्त वैसे लोगों को भी भक्तिकाव्य के सौन्दर्य ने अभिभूत किया है, जो पेशेवर साहित्यिक नहीं थे। भाववादी सौन्दर्यशास्त्र में आस्था रखने वाले साहित्यिक लोगों की भक्तिकाव्य की व्याख्या, आधुनिक मनुष्य के कितने काम की है, यह विचारणीय प्रश्न हो सकता है, किन्तु ऐसे गैर साहित्यिक भाववादी मनीषी जरूर हैं, जिनका जीवन और वाणी भक्तिकाव्य में निहित मानवीय मूल्यों से ओत-प्रोत है। उन्होंने अपने कर्म और वाणी से भक्तिकाव्य को नया आयाम दिया। महात्मा गाँधी का नाम ऐसे लोगों में सर्वोपरि है। महात्मा गाँधी के लिए भक्तिकाव्य की लौकिक और अलौकिक सौन्दर्य-दृष्टि में कोई विरोध नहीं है। वे राजनीति को मानवीय और नैतिक बनाये रखने की प्रेरणा भक्तिकाव्य से लेते हैं। दरिद्रनारायण की मुक्ति उनकी राजनीति का सबसे बड़ा उद्देश्य है। भक्तिकाव्य से वे धर्म की नयी अवधारणा

लेते हैं। भक्तिकाव्य में सोच-विचार के स्तर पर चाहे जो अन्तर हो, एक बात पर सभी एकमत थे कि दीन-दुःखी की भलाई ही सबसे बड़ा धर्म है। कबीर के लिए सबसे बड़ा पीर वही है, जो दूसरे की पीड़ा समझता है—'कबीरा सोई पीर है जो जानै पर पीर।' तुलसीदास के लिए—'परहित सरिस धरम नहीं भाई, पर पीड़ा सम नहिं अधमाई।' नरसीं मेहता के अनुसार वैष्णव वही है जो दूसरों का दुःख समझता है : वैष्णव जण ते तेणे कहिए जे पीर पराई जाणे रे।' दूसरों का दुःख समझना और उसे दूर करने का प्रयत्न करना यह भक्तिकाव्य में निहित वह भावना है, जिससे गाँधी का सारा कर्म संचालित होता है। वे तुलसीदास की तरह रामराज्य का सपना देखते हैं ताकि स्वाधीन भारत में कोई दीन-दुःखी न रहे। गाँधी के जीवन में यदि नैतिक सौन्दर्य है तो उसके पीछे भक्तिकाव्य का मजबूत आधार है। रवीन्द्रनाथ ठाकुर धर्म-दर्शन को चिन्तन-मनन की उस ऊँचाई तक नहीं ले जाने के पक्ष में हैं, जहाँ से धरातल का यथार्थ धुँधला पड़ जाये। गाँधी जी भी अपनी कसौटी दरिद्रनारायण को मानते हैं। दरिद्र के लिए नारायण-भावना का भाव उन्हें सन्त-भक्त कवियों से ही मिला था। जिस साहित्य के सौन्दर्य ने बीसवीं सदी के गाँधी सरीखे महामानव के चिन्तन को प्रभावित किया, वह कोरा साहित्यिक सौन्दर्य नहीं है। उसमें मनुष्यता का गहरा भाव है। ऐसे ही साहित्य का वास्तविक सौन्दर्य मानते हुए प्रेमचन्द ने अपने प्रसिद्ध निबन्ध 'साहित्य का उद्देश्य' में लिखा है : ''साहित्यकार में यह वृत्ति (सौन्दर्य की) जितनी ही जाग्रत और सक्रिय होती है, उसकी रचना उतनी ही प्रभावशाली होती है। प्रकृति-निरीक्षण और अपनी अनुभूति की तीक्ष्णता की बदौलत उसके सौन्दर्य-बोध में इतनी तीव्रता आ जाती है कि जो कुछ असुन्दर है, अभद्र है, मनुष्यता से रहित है वह उसके लिए असह्य हो जाता है। उस पर वह शब्दों और भावों की सारी शक्ति से वार करता है। यों कहिए कि वह मानवता, दिव्यता और भद्रता का बाना बाँधे होता है। जो दलित है, पीड़ित है, वंचित है—चाहे वह व्यक्ति हो या समूह उसकी हिमायत और वकालत करना उसका फर्ज है। उसकी अदालत समाज है।'' यहाँ यह कहने की जरूरत नहीं कि प्रेमचन्द की भी अदालत समाज है और गाँधी की भी और भक्तकावियों की भी, जिनके लिए सुन्दरता की एकमात्र कसौटी मनुष्यता है।

राजनीति के दूसरे चिन्तक राममनोहर लोहिया हैं, जो भक्तिकाव्य के सौन्दर्य के कायल हैं। वे तुलसीदास की रामायण में मोती ढँढ़ते हैं और बताते हैं कि इसमें कूड़ा भी है और मोती भी। वे कूड़ा छोड़ देने और मोती चुन लेने के पक्ष में हैं। कूड़ा है—स्त्रियों के सम्बन्ध में तुलसीदास का विचार; कूड़ा है—तुलसीदास द्वारा वर्णाश्रम व्यवस्था का समर्थन। मोती है—राम का अन्याय के प्रतिकार के लिए सन्नद्ध होना, राम का एक पत्नीव्रती होना और पत्नी को प्यार देना, मोती है राम का मर्यादा पुरुष होना। रामायण का मोती यानी सौन्दर्य लोहिया की नजर में वे सामाजिक मूल्य हैं,

जिनसे दुनिया सुन्दर बनती है। सूरदास का काव्य लोहिया को इसलिए पसन्द है कि वहाँ नारी नर के बराबर है। लोहिया के अनुसार कृष्ण के साथ ब्रज में स्त्रियाँ मुक्त हैं और बराबर हैं। कृष्ण का सहृदय और स्वच्छन्द चरित्र उन्हें प्रिय है। शिव की विशालता लोहिया को खूब आकर्षित करती है। विशालता जिसमें आर्य-अनार्य, अमृत-विष सबको समेट लेने की क्षमता है। राम कृष्ण और शिव भक्तिकाव्य के इन तीन देवों से लोहिया तीन गुण सीखते हैं। आधुनिक भारत को सुन्दर बनाने के लिए और उसका नव-निर्माण करने के लिए वे भारत माता से प्रार्थना के स्वर में तीन वर माँगते हैं—'हे भारत माँ! मुझे राम की मर्यादा से रचो, कृष्ण की सहृदयता और शिव की विशालता दो!' यहाँ यह ध्यान रहे कि लोहिया अपने को 'अधार्मिक' व्यक्ति मानते थे। किसी अलौकिक सत्ता में गाँधी की तरह उनकी आस्था न थी। फिर भी भक्तिकाव्य और उसके प्रमुख चरित्र राम, कृष्ण और शिव का वह रूप उन्हें बार-बार आकर्षित करता है।

भक्तिकाव्य को नया आयाम मिलता है स्त्री भक्त कवयित्रियों से और उनका लिखा भक्तिकाव्य के सौन्दर्य को द्विगुणित कर देता है। यह अजीब विरोधाभास है कि जिस भक्तिकाव्य में स्त्रियों के प्रति बड़े कड़वे विचार हैं, उसी काल में भक्ति-क्षेत्र में अखिल भारतीय स्तर पर बड़ी संख्या में स्त्रियाँ दाखिल होती हैं। पुरुष धर्माचार्यों एवं सन्त कवियों के विचार स्त्रियों के प्रति अनुदार ही हैं। स्वामी जीव गोस्वामी ने मीरा का मुख देखने से मना कर दिया था। कबीर के विचार स्त्रियों के सम्बन्ध में अत्यन्त कड़वे हैं। वे संवेदना के स्तर पर नारी विरह के अनूठे गीत रचते हैं, किन्तु चेतना के स्तर पर किसी भी रूप में नारी को स्वीकार नहीं करते। नारी उनके लिए माया, नरक की खान आदि न जाने क्या-क्या है। दादू तो अस्सी साल की बूढ़ी औरत को भी नहीं बक्शते। सगुणपन्थियों की तुलना में निर्गुणपन्थी अधिक नारी-निन्दक हैं। निर्गुणपन्थियों में भी सामाजिक रूप से सर्वाधिक जाग्रत कबीर और दादू की नारी-निन्दा इतनी अभद्र, अमर्यादित और असुन्दर है कि कोई भी आँख-कान बन्द कर ले। यह कबीर आदि का सर्वाधिक असुन्दर पक्ष है। दूसरे भक्त कवियों के नारी विषयक विचार भी कमोबेश ऐसे ही हैं। अपवाद सूरदास और नानक हैं जो नारी-सौन्दर्य और प्रेम की ऐसी मनोहर झाँकी प्रस्तुत करते हैं कि कठोर मर्यादावादी आलोचक भी अपनी कसौटी भूल जाते हैं। इस प्रसंग में सूर और नानक हिन्दी भक्तिकाव्य के औपवादिक स्वर हैं। नारियों के प्रति इस अनुदार भावना के बावजूद बड़ी संख्या में नारियाँ भक्ति-क्षेत्र में क्यों आती हैं? यह एक विचारणीय प्रश्न है। इनकी संख्या उत्तर भारत में कम, लेकिन दूसरे प्रान्तों में अधिक है। आखिर क्यों?

उत्तर भारत में भक्ति और काव्य के क्षेत्र में मीरा की उपस्थिति किसी घटना से कम नहीं। लेकिन विडम्बना देखिये कि उन्हें न कोई गुरु मिला और न वे किसी सम्प्रदाय में दीक्षित हो सकीं। न कोई शिष्य बना और न कोई शिष्य परम्परा बनी।

जिसे गुरु ही न मिला, उसका कोई शिष्य कैसे बनता! यह घटना नारी के प्रति सामाजिक दृष्टि की परिचायक है। उनका काव्य सम्प्रदाय-निरपेक्ष भक्ति का श्रेष्ठ उदाहरण है। वे कृष्ण की भक्त हैं, किन्तु उनके काव्य में सगुण-निर्गुण विवाद नहीं; दोनों के प्रति सम्मान-भाव है। उनके यहाँ वह दीवानगी है, जो सगुण-निर्गुण, सामाजिक मर्यादा आदि के परे भक्तिकाव्य को नया सौन्दर्य और उत्कर्ष प्रदान करती है। मीरा सम्प्रदाय, परिवार, समाज आदि की मर्यादाओं का अतिक्रमण करती हैं। अतिक्रमण का यह साहस भरा काम बगैर दीवानगी के सम्भव नहीं। यह दीवानापन मीरा के काव्य का सबसे आकर्षक पक्ष है। यह दीवानगी उनकी कविता की आत्मा है। उनके इस पक्ष की उपेक्षा हुई—उनके समय में भी और बाद में भी। उनका काव्य ऐसी नारी की विरह-कथा है, जो दर्द की मारी दर-दर डोल रही है, किन्तु उसका दर्द कोई नहीं समझता—न सास, न ननद, न परिजन, न समाज और न धर्मगुरु। ऐसी नारी बावली और दीवानी नहीं होगी तो और क्या होगी! ऐसे ही दीवानगी के क्षणों में मर्यादाओं के सारे बन्धन तोड़कर पैरों में घुँघरू बाँधकर कृष्ण के समक्ष नृत्य करते हुए, भाव-विभोर होकर वे गा पड़ती हैं। उनके काव्य में दीवानगी के साथ स्त्री-सुलभ सहजता और विरह की ऐसी सघन रेखाएँ हैं जो अन्यत्र नहीं मिलतीं। उनकी कविता में विष की चर्चा बार-बार मिलती है। उनका विषपान मध्यकालीन नारी का विषपान है और विषाद मध्यकालीन नारी का विषाद। उनका विद्रोह अपना अस्तित्व तलाशती मध्यकालीन नारी का विद्रोह है। 'लोक लाज' और 'कुल कानि' नारी के सबसे बड़े बन्धन हैं। मीरा इसी बन्धन को तोड़ती हैं। विषपान, घुँघरू, करताल, कुल कानि आदि उनके काव्य में बार-बार आने वाले उनके प्रिय काव्य-उपकरण हैं। 'भगवा बसन' पहनकर वे रेशमी वस्त्रों का परित्याग करती हैं। मीरा का जीवन-यथार्थ इन्हीं काव्य-उपकरणों के जरिए चित्रित होता है। उनकी कविता का मिलान रीतिकालीन काव्य से करने पर नारी-जीवन के यथार्थ का असली सौन्दर्य दिखता है। यह है नारी के धुआँ-धुआँकर जलने का यथार्थ। कन्नड़ भक्त कवयित्री अक्क महादेवी (बारहवीं सदी) की कविता में भी नारी-जीवन की इस त्रासदी का चित्र है :

हे माँ, मैं लौ रहित अग्नि में जली,
मैंने रक्त रहित जख्मों की पीड़ा सही
हे माँ, मैं बिना किसी आनन्द के उछाली गयी
अपने प्रियतम के प्रति अनुरक्त
मैं अनचाहे संसार में भटकती रही।

इन चन्द पंक्तियों में अक्क महादेवी नारी-जीवन के नरक का ऐसा यथार्थ प्रस्तुत करती हैं, जो उसके मोहिनी रूप से सर्वथा भिन्न है। इससे पता चलता है कि नारी-जीवन का सच्चा यथार्थ नारियों द्वारा ही चित्रित हुआ है। यह काम उन नारियों ने किया, जो नारी पर थोपी गयी सौन्दर्य-सामग्री से मुक्त हुईं। वे चाहे अक्क

महादेवी हों, मीराबाई हों या मराठी की जनाबाई। जनाबाई (1298-1350) लिखती हैं:

सारी शर्म हया फेंककर
बाजार में अपने आप को बेचकर ही
अकेले हम प्रियतम से मिल सकते हैं

हाथों में करताल और कन्धों पर वीणा लिए
मैं लोगों के बीच से गुजरती हूँ
मुझे कौन रोक सकता है?
साड़ी का पल्लू मेरे सिर से गिर जाता है
(एक तमाशा बन जाता है)
तब भी मैं भीड़ भरे बाजार से
निस्संकोच गुजरती हूँ।
जना कहती है—मेरे प्रियतम
तुझ तक पहुँचने के लिए
मैं कितनी बदनाम हो जाती हूँ!

"जनाबाई अपनी इस कविता में अपनी जैसी मुक्त और विद्रोही नारियों के लिए उस सौन्दर्य की हिमायत करती हैं जो सिर पर पल्लू रखने वाली नारी के सौन्दर्य से भिन्न है।" (शशि थारू एवं के. ललिता, वीमेंस राइटिंग इन इंडिया, पृ. 83) स्वाभाविक है कि इस तरह की कविता का न सिर्फ बाहरी सौन्दर्य भिन्न धरातल का है, बल्कि उसमें व्यक्त होती चेतना भी भिन्न है। मीराबाई राणा को सम्बोधित करते हुए कहती हैं : "थे तो राणाजी म्हाने इसड़ा लागो ज्यों ब्रच्छन में कैर।" कैर में बहुत काँटे होते हैं। उससे फल तोड़ने का काम अक्सर औरतें करती हैं। ऐसा करते समय उनके हाथ काँटों के कारण लहूलुहान हो जाते हैं। मीरा के लिए राणा कैर की ही तरह है। इस कविता में नारी-जीवन की सच्चाई कितने अपरम्परित उपमान से व्यक्त की गयी है! यहाँ शास्त्रीय प्रतिमान कितने बेमानी हैं! भक्तिकाव्य का बहुत बड़ा क्षेत्र इस दृष्टि से अलक्षित न भी हो, तब भी नये सिरे से देखने का आमन्त्रण तो देता ही है। हिन्दी समेत दूसरी भारतीय भाषाओं में बड़ी मात्रा में किया गया नारी-लेखन हो या निम्नवर्गीय कवियों का काव्य, परम्परित साहित्यशास्त्र के अस्वीकार का परिणाम है। बेहतर और वैकल्पिक समाज का स्वप्न उसके मूल में है। यह स्वप्न कितना सुन्दर और भव्य है, इसे वही समझ सकता है जो बेहतर और वैकल्पिक समाज-रचना का आकांक्षी है। भेदभाव रहित समाज का स्वप्न देखने वाले कवियों के लिए दुःख-दैन्य दुनिया की सबसे बड़ी कुरूपता है। इसे अस्वीकार कर वे सुन्दर संसार का स्वप्न देखते हैं। इसलिए उस काल के सभी महत्त्वपूर्ण कवियों का अपना एक सुन्दर कल्पना-लोक है जिसे आधुनिक अर्थ में 'यूटोपिया' कहा जायेगा।

निर्गुण भक्तिकाव्य की तुलना में सगुण भक्तिकाव्य में परिवर्तन की चेतना कम है। उसका कारण पौराणिक आधार है, जिसमें मौलिक परिवर्तनकामी चेतना के लिए अवकाश कम है। यही कारण है कि वहाँ वर्ण-व्यवस्था समर्थन और निर्गुण विरोध का भाव है, जो हमें अप्रिय और असुन्दर लगता है। लेकिन भक्ति की भावधारा में निमग्न होकर जब सगुण भक्त कवि गाते हैं तो वे सारी संकीर्णताओं से मुक्त हो जाते हैं और उनके सामने प्रेममय संसार का स्वप्न जगमगाने लगता है—जहाँ कोई छोटा-बड़ा नहीं, अमीर-गरीब नहीं, सभी बराबर हैं। बेशक उसका आधार पुराण हैं, धर्मशास्त्र हैं, किन्तु भक्ति की भावधारा उन्हें ऊपर उठा देती है—जहाँ से वे प्रेममय संसार का स्वप्न देखते हैं। इसलिए उनके काव्य का सौन्दर्य इस प्रेममय संसार के स्वप्निल उपकरणों से ही बनता है। उसका आधार न तो परम्परित काव्यशास्त्र है और न ही उससे निर्मित सौन्दर्य। उसके सौन्दर्य का आधार प्रभु की लीला और लीला के ही क्रम में बना यह संसार है। यह जो कहा जाता है कि भक्तिकाव्य लोकजीवन का काव्य है और उसका सौन्दर्य लोक का सौन्दर्य, तो उसके मूल में यह भाव निहित है कि उस काव्य के सौन्दर्य का ताना-बाना इस लौकिक जगत का ही है।

भक्त कवि सगुणमार्गी हों या निर्गुणमार्गी, सामाजिक चेतना में अन्तर के बावजूद वे एक बिन्दु पर एकमत हैं और वह है—वाणी और कर्म की एकता। भक्तिकाव्य की वास्तविक शक्ति और सुन्दरता इस एकता में निहित है, जिसके कारण उसमें विश्वसनीय सच का ताप पाठक तुरन्त महसूस करने लगता है। काव्य और कवि-जीवन में एकता का ऐसा भव्य उदाहरण भक्तिकाल के अतिरिक्त दूसरे काल की कविता में नहीं मिलता। सम्भवतः भारत के बाहर भी नहीं। आज शब्द और कर्म की एकता की बात करने वाले बहुत हैं। पाठक आसानी से उनके शब्द और कर्म का द्वैत देख लेता है। फलतः उसका वैसा प्रभाव पाठक पर नहीं पड़ता, जैसा भक्तिकाव्य का पड़ता है। कबीर यदि कहते हैं कि शहंशाह वही है जिसे कुछ नहीं चाहिए तो जीवनयापन की न्यूनतम आवश्यकताओं से अधिक वे सचमुच कुछ नहीं चाहते। जायसी निडर हैं तो सिर्फ सुरक्षित जगहों पर ही नहीं, शेरशाह जैसे बादशाह के सामने भी। कुंभनदास यदि सीकरी से अपने जैसे सन्त का सम्बन्ध व्यर्थ मानते हैं तो सिर्फ वाणी में ही नहीं, जीवन में भी। मीराबाई राणा को चुनौती देती हुई कहती हैं : "थारे देसां में राणा संता नाहीं, लोग बसो सब कूड़ो।" ऐसा कहने के बाद वे वहाँ रुकती नहीं, राणा के महल का त्याग करती हैं। तुलसीदास अपने को रघुवीर का चाकर कहते हैं और किसी नर की मनसबदारी नहीं करने की घोषणा करते हैं तो सचमुच किसी राजा-सामन्त के दरबार में नहीं जाते। वाणी और कर्म के अद्वैत का यह सौन्दर्य ही भक्त कवियों के काव्य को वह चमक देता है जो कभी मद्धिम नहीं पड़ती और उत्तरोत्तर उसका प्रभाव गहरा होता जाता है।

भक्त कवि पेशेवर कवि नहीं हैं। उन्होंने दुनिया को काव्य-शास्त्रीय दृष्टि से

न देखकर भक्त की दृष्टि से देखा है, इसलिए उसमें जीवन का वैविध्य भी है और विस्तार भी। वे न कवि कहलाना चाहते हैं और न कवि-चातुर्य का प्रदर्शन उनका उद्‌देश्य है, यही कारण है कि परम्परित काव्यशास्त्र में उनकी कोई रुचि नहीं। वे हर उस काम से बचना चाहते हैं जो भगवत-स्मरण में बाधा बनता है। भगवत-स्मरण यानी सुमिरन उनका प्रमुख और अन्तिम ध्येय है। सब काम करते हुए प्रभु की स्मृति बनी रहे यह उनकी सबसे बड़ी चाह है। दुनिया की हर उस चीज से वे बचना चाहते हैं जो सुन्दर कही जाती है। कंचन, कामिनी और कीर्ति से वे न सिर्फ बचना चाहते हैं, बल्कि माया कहकर उनकी निन्दा भी करते हैं, क्योंकि वे तीनों सुमिरन में बाधक हैं। अपने कवि-कर्म से वे किसी को रिझाना नहीं चाहते! कवि-कर्म में चतुर होने का अर्थ था, काव्य सौन्दर्य के निर्माण में लीन होना और उसका अर्थ था सुमिरन में बाधा। सुमिरन में विघ्न बाधा उनके लिए सबसे बड़ा दुःख है, सुमिरन न करने वाला मनुष्य उनकी दृष्टि में संसार का सबसे बड़ा अभागा प्राणी है। इसलिए निर्गुण-सगुण सभी तरह के भक्त कवियों का जोर काव्य-रचना की सरल-सहज शैली पर है। सुमिरन का सबसे सुन्दर माध्यम गायकी है। गायकी के लिए आवश्यक राग-रागिनियाँ, छन्द, पद, तन्मयता, निश्छलता आदि भक्तिकाव्य के शिल्प विधान के आवश्यक तत्त्व हैं। संक्षेप में यह कि भक्तिकाव्य सुमिरन की सादगी का काव्य है।

भक्तिकाव्य ने न सिर्फ भारतीय साहित्य की सौन्दर्य-दृष्टि को गहरे अर्थों में प्रभावित किया है, बल्कि भारतीय जीवन को भी सम्पूर्णता में प्रभावित किया है। उसका प्रभाव कमोबेश हमारे व्यक्तिगत, पारिवारिक, सामाजिक और राजनीतिक सभी क्षेत्रों पर है। वह भारतीय जीवन की प्रेरक भूमि पहले भी था और आज भी है। दुनिया में कहीं भी ऐसा काव्य नहीं रचा गया जो उस समाज की नैतिकता का इस हद तक प्रतिमान बन जाए। यह वैसी कविता है, जिसका प्रभाव अमोघ मन्त्र-सा है।

(2003)

(वसवन्ना, अक्क महादेवी और जनाबाई की कविताओं के उद्धरण ए.के. रमानुजन की पुस्तक 'स्पीकिंग ऑफ शिवा' तथा शशि थारू एवं के. ललिता की पुस्तक 'विमेन राइटिंग इन इंडिया' से लिए गये हैं। हिन्दी अनुवाद मैंने किया है।)

कबीर और उनका रहस्यवाद

कबीर मध्यकालीन भारतीय साहित्य और समाज की सर्वाधिक जाग्रत मनीषा हैं। वे घोषित रूप से न तो समाज-सुधारक थे और न कवि, फिर भी उनकी 'बानी' में सच्चाई का वह तेज था कि धर्म, समाज और साहित्य की परम्परागत मान्यताएँ प्रश्नचिह्न के घेरे में आ गयीं। उनकी व्यंजक, फक्कड़ और उदास कविता ने ऐसा चमत्कार किया कि सदियों से अधिकार वंचित, शोषित-उपेक्षित लोगों में ज्ञान, धर्म एवं कविता की प्यास भड़क उठी और देखते-ही-देखते इन सभी क्षेत्रों में क्रान्ति हो गयी। कबीर के साथ रैदास, नानक, दादू, हरिदास, सेन आदि निचली जाति के सन्तों ने अपनी आध्यात्मिक आकांक्षाओं की अभिव्यक्ति के गीत रचे। इस आध्यात्मिक आकांक्षा में उनके लौकिक जीवन के ही दुःखों की परोक्ष घोषणा थी। कबीर आदि निर्गुण पन्थी सन्तों का धर्म और साहित्य के 'वर्जित प्रदेश' में प्रवेश एक युगान्तकारी घटना थी। इस घटना ने निचली श्रेणी के लोगों के युग-युग से संचित सपनों की उड़ान के लिए एक मुक्त आकाश दिया। यह आकाश 'अनुभव-सत्य' का था, जो सत्ता और शास्त्र पर काबिज वर्गों के सामने कठिन चुनौती बनकर उपस्थित हुआ।

उत्तर भारत में निर्गुण पन्थ को निचली श्रेणी की जनता का धार्मिक पथ बनाने का श्रेय कबीर को है। ऐसा नहीं है कि निर्गुण-ब्रह्म की अवधारणा भारतीय धर्म-दर्शन में नहीं थी। एकेश्वरवाद और अद्वैतवाद निर्गुण ईश्वर के सम्बन्ध में कई तरह की दार्शनिक मीमांसा प्रस्तुत कर चुके थे। यह बहुत महीन-सी दार्शनिक बहस थी, जो सामान्य जन की पहुँच से बाहर थी। निर्गुण सम्बन्धी इस बहस में सामान्य जन की धार्मिक आकांक्षा और ईश्वर के लिए शायद ही कोई जगह थी। यही कारण है कि शंकराचार्य का अद्वैतवाद कबीर आदि निर्गुण पन्थी सन्तों के समय तक सामान्य लोगों में लोकप्रिय नहीं हुआ। यह पंडितों के बीच बहस का एक अन्तहीन विषय था। कबीर ने वेदान्त दर्शन से निर्गुण ब्रह्म की अवाधारणा ली या शंकर के अद्वैतवाद से इसका कोई स्पष्ट प्रमाण इतिहास में नहीं मिलता। अब तो कुछ इतिहासकार इस तरह के मत का पूरी तरह खण्डन करते हैं। जो भी हो, कबीर के समय तक निर्गुण बह्म एक ठोस वास्तविकता से अधिक दार्शनिक मीमांसा

भर था। कबीर की ऐतिहासिक भूमिका यह है कि उन्होंने उस अमूर्त ईश्वर को मूर्त रूप दिया और उसे दार्शनिकों-आचार्यों के खाते से निकालकर ईश्वरविहीन श्रेणी की जनता के हवाले किया। कबीर के निर्गुण का वेदान्त और अद्वैत दर्शन के निर्गुण से नाममात्र का मेल है। यह निर्गुण ब्रह्म मध्यकालीन धर्म और साहित्य में नितान्त नया और मौलिक सृजन है। अगर ऐसा नहीं होता तो यह निर्गुण ब्रह्म निचली श्रेणी की जनता के जरिए भक्तिकालीन साहित्य और समाज में नयी चेतना के आन्दोलन का संवाहक नहीं बनता। कोई तो बात थी कि वेदान्त और अद्वैत दर्शन के निर्गुण ब्रह्म से सामान्य जन की आध्यात्मिक प्यास न बुझ सकी थी; न वह सामान्य जन उस निर्गुण ब्रह्म को अपनी जीवनी शक्ति बना सका था। वेदान्त का निर्गुण ब्रह्म दार्शनिकों तक सीमित था, जबकि कबीर आदि सन्तों का निर्गुण ब्रह्म आन्दोलनधर्मी नयी चेतना की ठोस आधार भूमि है। वेदान्त के निर्गुण और कबीर के निर्गुण में इस अन्तर को ध्यान में रखे बिना भक्तिकालीन साहित्य और समाज में कबीर के महत्त्व का ठीक-ठीक मूल्यांकन नहीं हो सकता।

इस निर्गुण ब्रह्म के जरिए कबीर ने यह बताया है कि ब्राह्मण-शूद्र, हिन्दू-मुसलमान सबका ईश्वर एक है, इसके लिए जातीय झगड़े और धार्मिक फसाद व्यर्थ हैं। धार्मिक विभेद और वेद-कुरान की सत्ता को इस निर्गुण ब्रह्म ने ऐसी चुनौती दी, जिसकी कोई मिसाल उस काल के समाज और साहित्य में नहीं है। इस निर्गुण ब्रह्म के जरिये सभी तरह के धार्मिक ब्राह्याचारों की व्यर्थता सिद्ध करते हुए कबीर ने सबके लिए एक सुगम धार्मिक राह निकाली। कबीर का यह क्रान्तदर्शी रूप था, जिसकी प्रशंसा उनके विरोधियों तक ने की। लेकिन उन्होंने जिस निर्गुण ब्रह्म को अपने धार्मिक-सामाजिक उद्देश्य का सबसे बड़ा सम्बल और पाथेय बनाया, उसकी लोक-स्वीकृति आसान न थी, उसे लेकर तरह-तरह के विवाद खड़े किये गये और उसे सामान्य 'लोकधर्म' के विरुद्ध बताया गया। बहुदेवों की सगुण उपासना वाले इस देश में निर्गुण पन्थ की आलोचना और निषेध के संगठित साम्प्रदायिक प्रयास शुरू हुए। निर्गुण पन्थ ईश्वर के सगुण साकार अस्तित्व को नकारता है। इसका कारण यह है कि ईश्वर के सगुण साकार अवतारी रूप और उसकी उपासना विधि के मूल में वर्णाश्रम धर्म की प्रतिष्ठा है। सगुणवादियों ने इसीलिए निम्न जन्मा लोगों के निर्गुण पन्थ की आलोचना की। निर्गुण पन्थ के विरोध का एक अन्य कारण भी था। कबीर ने जिस निर्गुण ब्रह्म का निर्माण किया, उसे काया के भीतर ही खोजने की बात की। उन्होंने कहा कि तेरा साईं तुम्हारे भीतर है, उसे काबा-काशी और मन्दिर-मस्जिद में ढूँढ़ना व्यर्थ है। ईश्वर का बागीचा तुम्हारे शरीर में ही है। उसका सौन्दर्य देखने के लिए बाहर जाना व्यर्थ है–'बागों न जा रे न जा, तेरी काया में गुलजार।' लेकिन उस ईश्वर की छवि देखने के लिए काया के भीतर सहस्रदल चक्र पर बैठकर समाधि लगानी होगी। उस ईश्वर के दर्शन के लिए इस काया के भीतर इंगला, पिंगला, सुषुम्ना,

सहस्रदल कमल, अनहद नाद आदि अदृश्य उपासना साधनों की जरूरत है। इन साधनों के जरिए अपनी काया में ही उस ब्रह्म का साक्षात्कार किया जा सकता है और अनहद संगीत सुना जा सकता है। यह उपासना मार्ग बाह्याडम्बरों को अस्वीकार कर सिर्फ शुद्ध एवं सच्चे तन-मन की जरूरत पर जोर देता है। यह हर लिहाज से भेदभाव रहित उपासना मार्ग है। इसके लिए मन्दिर-मस्जिद, काशी-काबा, वेद-कुरान और पंडित-मुल्ला की जरूरत नहीं। भेद पैदा करने वाले और खर्चीले ब्राह्माचारों की तुलना में यह आम लोगों के लिए सुलभ उपासना-मार्ग था। इस मार्ग की खोज करके कबीर ने निम्न जन्मा लोगों की 'जुगन-जुगन की तृसा' बुझाई। यह 'तृसा' धर्म और ईश्वर की थी। सगुण ईश्वर और मन्दिर निम्न जन्मा लोगों के लिए तब प्रवेश वर्जित क्षेत्र थे। उनका धर्म तो मालिकों की सेवा करना भर था। उनकी मुक्ति धर्म में नहीं, मालिक की सेवा में थी, उनका स्थान मन्दिरों में नहीं, उसकी सीढ़ियों पर था। कबीर ने ऐसे लोगों को निर्गुण पन्थ के रूप में एक धर्म और ईश्वर देकर महान कार्य किया। भक्तिकाल में यह एक सामाजिक क्रान्ति थी।

लेकिन यह निर्गुण पन्थ जिस उपासना विधि-समाधि आदि की बातें करता था, उसमें गुह्य साधना और रहस्य के लिए काफी गुंजाइश थी। जिस शरीर में सभी देवों तथा सभी तीर्थों के दर्शन करने का दावा निर्गुणियों ने किया, वह एक अद्‌भुत रहस्य-लोक हो गया। ब्रह्मांड का सारा खेल इस पिंड में देखने की घोषणा कबीर ने की—

चंदा-झलकै यहि घट माहीं। ऊँची आँखन सूझै नाहीं॥
यहि घट चंदा यहि घट सूर। यहि घट गाजै अनहद तूर॥
यहि घट बाजै तबल-निसान। बहिरा सबद सुनै नहि कान॥
मृगा हास कस्तूरी बास। आपन खोजै खोजै घास॥

किन्तु घट में ही पूरे ब्रह्मांड के दर्शन की प्रक्रिया ने एक किस्म की एकान्त और अलक्षित-सी साधना को जन्म दिया, जो रहस्यवाद का मूलाधार है। यह रहस्यवाद कबीर में और दूसरे निर्गुणपन्थी सन्तों में भी है। कबीर आदि का यह रहस्यवाद बहुत हद तक आज भी रहस्य ही है, उनके विरोधियों के लिए भी और समर्थकों के लिए भी। कबीर जैसे क्रान्तदर्शी कवि का यह रहस्यवाद उनके आलोचकों का बहुत बड़ा हथियार है। कबीर के समर्थक भी उनके रहस्यवाद की कोई सार्थक संगति उनके क्रान्तिचेता रूप से नहीं मिला पाते। आखिर यह घट के भीतर खेला जाने वाला रहस्यवादी धूप-छाँही खेल ही तो था, जो बाह्याचारों की धज्जियाँ उड़ाकर और ईश्वरविहीन लोगों को ईश्वर देकर 'जुगन-जुगन की तृसा' इसी संसार में बुझाने के कबीर के महान् उपक्रम पर प्रश्नचिह्न लगाता हुआ यह घोषणा कर रहा था कि यह संसार अपना नहीं है, माया है, यथार्थ नहीं, भ्रम है, स्त्री इसी माया का सबसे विकारयुक्त रूप है; मनुष्य का असली धर्म इस मायालोक से मुक्त होने में है, इस संसार रूपी नैहर को छोड़कर बाबुल के घर जाने में है, आदि। कबीर की यह

घोषणा उन्हें रहस्यमयी साधना का अनुगामी बनाती प्रतीत होती है। आरोप है कि यह साधना संसार की वास्तविकता को नकारकर एक काल्पनिक और अवास्तविक दुनिया में जाने को उद्यत करती है। इस दुनिया को माया मानकर अदृश्य को सत्य मानना रहस्य नहीं तो और क्या है? कबीर का यह उपक्रम ही उनका रहस्यवाद है। लोक की चिन्ता में हलकान हुए जा रहे सन्त कवि का यह लोक-विमुख धर्म कुछ चकित करने वाला है। प्रश्न है कि यह रहस्यवाद लोक-विमुखता का ही पर्याय है या इसकी कोई सामाजिक सार्थकता भी है?

निर्गुण ब्रह्म की जन्म-कथा में ही रहस्यवाद का बीज मौजूद है। जो रूप रेख-विहीन, निराकार और अव्यक्त चेतना-पुंज है, उसके बारे में तरह-तरह की जिज्ञासा और कल्पना करना सहज स्वाभाविक है। जिज्ञासु मन उसके बारे में, उसकी दयालुता-महानता के बारे में तरह-तरह के अनुमान लगायेगा। यह एक अन्तहीन जिज्ञासा है और यह जिज्ञासा रहस्य का घर है। दृश्य लोक से भिन्न अदृश्य जगत की किसी अलौकिक सत्ता की भाव और चेतना के स्तर पर प्रतीति और फिर उस अनुभव की शब्दों में अभिव्यक्ति एक टेढ़ी एवं जटिल प्रक्रिया है। चूँकि बहुत कुछ अप्रकट और अनुभव के स्तर पर है, इसलिए उसकी अभिव्यक्ति में धुँधलेपन, अस्पष्टता, दुर्बोधता, प्रतीकात्मकता आदि का होना लाजिमी है। निर्गुण भक्ति में रहस्यवाद के प्रवेश और उपस्थिति की वजह यही है। जिन धर्मों में ईश्वर के निर्गुण रूप की अवधारणा ग्रहण की गयी, उन धर्मों में प्रायः रहस्यवाद भी है। सगुण भक्ति में रहस्यवाद का अभाव है। उसमें अदृश्य सत्ता की कोई गुंजाइश नहीं है, जो कुछ है खुला खेल फर्रुखाबादी है। राम, कृष्ण आदि भगवान जन्म लेते हैं, धर्म की रक्षा के लिए तरह-तरह की लीलाएँ करते हैं, और ये सारी लीलाएँ चूँकि दृश्यमान होती हैं, इसलिए वहाँ न किसी रहस्य की गुंजाइश है, न रहस्यवाद की। इस दृश्य जगत में धर्म हेतु जन्म लेने वाले ईश्वर की सेवा करना, कीर्तन करना, उसका अनुग्रह प्राप्त करना आदि ही उसकी भक्ति के विधान हैं। इसके लिए शुद्ध आचरण और शुद्ध मन का होना जरूरी है। यह सरल-सहज उपासना पद्धति है। यह अलग बात है कि इस उपासना पद्धति में भी भव्यता और तामझाम का महत्त्व बढ़ गया, किन्तु है यह सरल-सहज ही। सगुण भक्ति में तो नाम जाप ही काफी है। लेकिन यह सगुण भक्ति जात-पात की विभेदकारी भूमि पर आधारित है, इसके मूल में वर्णाश्रम धर्म की प्रतिष्ठा है, इसलिए निम्न जन्मा लोगों के लिए यहाँ सम्मानजनक स्थान नहीं है। यही कारण है कि भक्ति आन्दोलन के प्रथम खेमें में निम्न जन्मा सन्त कवियों ने उस निर्गुण ईश्वर की भक्ति स्वीकार की, जो जाति, वर्ण और धर्म से परे है। निर्गुण पन्थ कबीर और उनके समानधर्मा सन्त कवियों द्वारा विवशता में अपनाये गये धर्म का प्रतिफल है। इस विवशता के पीछे लाखों-करोड़ों निम्न जन्मा लोगों की धार्मिक प्यास छुपी थी, जो सगुण भक्ति से नहीं बुझने वाली थी।

निर्गुण पन्थ में अधिकतर वे जातियाँ शामिल हुईं जो निम्न जन्मा थीं, साथ ही जो दस्तकारी, शिल्प, व्यापार आदि धन्धों से जुड़ी थीं। नयी सामाजिक-राजनीतिक स्थिति ने उनकी आर्थिक स्थिति कुछ बेहतर बना दी थी। थोड़ी आर्थिक निश्चिंतता आते ही उनके भीतर युगों की सोई सांस्कृतिक-धार्मिक चेतना जग गयी। इस चेतना ने निर्गुण पन्थ के रूप में अपना वैकल्पिक धार्मिक संसार रचा। निर्गुण पन्थ मध्यकाल में उन नयी सामाजिक शक्तियों की धार्मिक इच्छाओं-आकांक्षाओं की साकार अभिव्यक्ति है, जिनके लिए हिन्दू-धर्म और इस्लाम तथा वेद और कुरान दोनों ही अपर्याप्त थे। इन सामाजिक शक्तियों ने जिस ईश्वर की रचना की उसका नाम निर्गुण था। जब ईश्वर आया तो उसकी प्राण-प्रतिष्ठा के लिए मन्दिर भी चाहिए। मन्दिर बनाने की उन्हें छूट नहीं थी। यह नया वर्ग इतना शक्तिशाली नहीं था और शासक-पुजारी वर्ग इतना उदार नहीं था कि मन्दिर बनता। मन्दिर की व्यर्थता भी इनके सामने थी। मन्दिर भेदभाव के अड्डे थे। इसलिए इन्होंने ऐसे मन्दिर की रचना की जहाँ भेदभाव की गुंजाइश नहीं थी। इन्होंने अपने तन को ही मन्दिर माना और हर किसी को अपने तन रूपी मन्दिर में ही साधना करने की सलाह दी। तन मन्दिर है; मन्दिर को साफ और पवित्र होना चाहिए। इसके लिए जीवन में शुद्ध आचरण की आवश्यकता बतायी गयी। मन्दिर में पूजा-आराधना का एक विधि-विधान है, उसी तरह इस तन रूपी मन्दिर में भी साधना का और ब्रह्म-साक्षात्कार का विधि-विधान विकसित हुआ। यह विधि-विधान ध्यान, योग-कुंडलिनी, समाधि आदि के जरिए निर्मित हुआ। इन्हीं के जरिए इस मन्दिर में प्रवेश सम्भव था, इन्हीं के जरिये ब्रह्म-साक्षात्कार भी सम्भव था। यह वैकल्पिक धर्म था, वैकल्पिक धर्म और वैकल्पिक उपासना-मार्ग था। इस वैकल्पिक संसार की रचना से उपेक्षित-उत्पीड़ित जनता की भौतिक और धार्मिक प्यास बुझती थी, जीने की नयी राहें बनती थीं। इसे इस रूप में देखने पर उसकी प्रगतिशील भूमिका दिखायी देगी, वर्ना यही लगेगा कि एक विधि-विधान की जगह उससे निकृष्ट विधि-विधान निर्गुण पन्थ ने विकसित किया।

कबीर आदि निर्गुण पन्थियों में जो रहस्य-भावना है, उसका कारण तन को देवालय बनाकर उसी में अपने ईश्वर के साक्षात्कार का प्रयत्न है। इस रहस्य-भावना के अपने प्रतीकार्थ हैं। किसी बाहरी कर्मकांड और दिखावे की जरूरत नहीं है। इन्द्रियों समेत इस पूरे तन का ही शोध करना है, क्योंकि तन के भीतर ही सब कुछ है। यह काया मन्दिर और मनसा (मन) थम्भ है। यह मन्दिर विकट किले-सा है, जिसे जीतना कठिन है, क्योंकि—'क्यूँ लीजै गढ़ बंका भाई, दोवर कोट अरु तेवर खाई।' इस तन रूपी वक्र गढ़ को कैसे जीता जाये? इसका परकोटा दुहरा और खाई तिहरी है। इसमें काम के कपाट लगे हैं, सुख-दुःख इसमें द्वारपाल हैं, पाप-पुण्य द्वार हैं, क्रोध जहाँ प्रधान के पद पर है, लोभ विकट योद्धा है। मन यहाँ राजा है, आदि-आदि। कबीर के पास इस गढ़ को जीतने के लिए प्रेम का पलीता, सुरति की

तोप और ज्ञान का गोला है। ब्रह्माग्नि, सत्य, सन्तोष, साधु-संगति और गुरु-कृपा आदि हथियारों के साथ कबीर ने चढ़ाई की। गढ़ को जीता और राजा को वश में कर लिया। जाहिर है कि ऐसे बीहड़ गढ़-से मन्दिर में प्रवेश के लिए अपने कठोर नियम हैं। इन नियमों का पालन करके ही उस मन्दिर में अभ्यर्थना की जा सकती है।

लेकिन संसार ही जब माया है, तब किसी वैकल्पिक संसार का क्या मतलब? एक माया शंकराचार्य की थी, एक कबीर की। शंकराचार्य की माया ने दर्शन के क्षेत्र में पांडित्य की कैसी चुनौती उपस्थित की, इस इतिहास से सभी परिचित हैं। वह एक अति सूक्ष्म बौद्धिक बहस है, जिसका कोई सम्बन्ध सामान्य जन से नहीं। इसलिए शंकर की माया को नामवर सिंह 'पंडितों की सम्पत्ति' कहते हैं। कबीर माया से टकराते हैं, उसे जीतते हैं और कभी-कभी उसी के वशीभूत होने को विवश हो जाते हैं। वह इसी लोक की माया है। यह माया एक ठोस वास्तविकता है, जिससे हमारा आपका हर रोज सामना होता है। जो संसार की माया यानी यहाँ बिखरे हुए विभिन्न आकर्षणों से दो-चार नहीं होगा, वह इसकी न्यारी गति को न तो समझ सकता है और न नया समाज रचने की सोच सकता है। यह माया कबीर को दुःख भी देती है। लेकिन यह दुःख दुनियावी भेद-भाव से उपजता है। जैसे कबीर की माया ठोस वास्तविकता है, वैसे ही उनके राम और निर्गुण भी। इस निर्गुण और राम की शक्ति के सहारे वे संसार की माया से टकराते हैं। जिस मन्त्र से माया रूपी संसार की ठोस सच्चाई का सामना किया जाये, वह निर्गुण और राम ठोस सच्चाई के सिवा और कुछ नहीं। ठोस की काट ठोस। ठोस का सामना हवाई बातों से नहीं किया जा सकता। न तो कबीर के राम दर्शनशास्त्र की अमूर्त अवधारणा हैं, न उनकी माया, न उनका निर्गुण और न उनका रहस्यवाद। नामवर सिंह के अनुसार—''माया की तरह ही कबीर के निर्गुण राम काफी भौतिक हैं—'भौतिक' और वास्तविक। सगुण से किसी भी माने में कम मूर्त नहीं। जिस निर्गुण से मन्दिर और मस्जिद की नींव हिल गयी, ब्राह्मण और शेख विचलित हो गये, वेद-कुरान की विश्वसनीयता सन्देह के घेरे में आ गयी, वह एकदम हवाई चीज नहीं हो सकती। निर्गुण ऐसा 'ज्ञान' है जिसे कबीर कभी तीर कहते हैं और कभी तलवार। स्वयं कबीर के हृदय में यह ज्ञान तीर की तरह चुभा था, लेकिन कबीर के विरोधियों की नजर में वह चमचमाती हुई तलवार थी। जो ज्ञान न हिन्दू, न मुसलमान हो, और जो ब्राह्मण-शूद्र के भेद को भी नकारता हो, उसका नाम निर्गुण के अलावा और हो भी क्या सकता है। सभी स्थापित मान्यताओं का निषेध ही निर्गुण है...निर्गुण को स्वीकार करके ही कबीर ने बाकी सबको अस्वीकार करने का साहस हासिल किया। कहना न होगा कि 'निर्भय निर्गुण' गाने वाले कबीर के अन्दर कोई गहरा स्वीकार है। यह निर्गुण कोई रहस्य नहीं, बल्कि क्रान्तदर्शी कवि की उदात्त कल्पना है, सभी वांछित मूल्यों और सपनों का सम्भाव्य मानचित्र।''

इसलिए कबीर के रहस्यवाद, अनहद, ध्यान-योग के मूल में निहित जो मूल आशय है उसे समझने की जरूरत है। इसके पीछे इसी लोक में भौतिक एवं आध्यात्मिक अधिकारों से वंचित सामाजिक रूप से अपमानित-प्रताड़ित जनों के लिए वैकल्पिक संसार रचने का स्वप्न है। यह स्वप्न हकीकत बनता है या नहीं, यह उतना महत्त्वपूर्ण नहीं है, जिनता महत्त्वपूर्ण है सामन्ती काल में उस स्वप्न का जन्म लेना। उस स्वप्न की अन्तर्वस्तु कैसी होगी, जिसकी चर्चा मात्र ने वेद, कुरान के हिमायती पंडितों-काजियों के कान खड़े कर दिये! न किसी राजा का आश्रय, न बौद्ध धर्म की तरह संगठित कोई संघ-सम्प्रदाय, फिर भी कबीर के निर्गुण ने अपने विरोधियों के भीतर सगुण भय पैदा कर दिया। सूर-तुलसी समेत प्रायः सभी सगुणवादी सन्तों के कान खड़े हो गये। यदि निर्गुण रहस्य है, अबूझ है तो आज भी अनपढ़ दलितों के बीच लोकप्रिय क्यों? प्रेमचन्द के घीसू-माधव तथा अत्यन्त निचली श्रेणी के पात्र कबीर का निर्गुण क्यों गाते हैं? आधुनिक काल में निराला का 'चतुरी चमार' और उसके साथी भी निर्गुण गाते हैं। न सिर्फ गाते हैं, बल्कि उसका मतलब भी बताते हैं। अनपढ़ चतुरी निर्गुण का और कबीर पदावली का विशेषज्ञ है। जिस निर्गुण को समझने में पंडितों के छक्के छूटते हैं, उसका मतलब चतुरी और उसके साथी जानते हैं। निराला को आश्चर्य होता है–'वे लोग ऊँचे दर्जे के उन गीतों का मतलब समझते थे, उनकी नीचता पर एक आश्चर्य मेरे साथ रहा। बहुत से गाने अलंकारित थे। वे उनका मतलब भी समझते थे।' विद्वानों को भले ही निर्गुण का अर्थ समझने में कठिनाई हो, उसमें परत-दर-परत रहस्य दिखाई देता हो, प्रेमचन्द-निराला के घीसू-माधव और चतुरी जैसे लाखों दलितों की आध्यात्मिक प्यास कबीर आदि सन्तों के निर्गुण से बुझती रही है और इससे उन्हें जीने की ऊर्जा मिलती रही है। आधुनिक साहित्य में ब्राह्मणवाद के प्रखर आलोचक प्रेमचन्द-निराला के दलित पात्रों का निर्गुण गाना यों ही नहीं है। इसके गहरे निहितार्थ हैं। यह कबीर की लोक चिन्ता की लोक में व्यापक स्वीकृति का सूचक है। कबीर आदि निर्गुण पन्थी सन्त अपने नाम पर चलाये गये मठों-सम्प्रदायों में आज दफन कर दिये गये हैं किन्तु वे जीवनी-शक्ति बनकर लोक में ही जीवित हैं।

कबीर की रहस्य-भावना की ही तरह उनकी उलटबाँसियों की भी आलोचना हुई है और यह कहकर उनका मजाक उड़ाया गया है कि ऐसा कहकर वे अनपढ़ जनता पर भाषित करना चाहते थे कि वे ज्ञानी एवं पहुँचे हुए सन्त हैं। यह उलटबाँसी भी रहस्य-भावना का ही एक रूप मानी गयी है। ऐसा क्यों है कि 'डायरेक्टनेस' का हिमायती कबीर उलटबाँसियों की शरण में जाता है? कुछ प्रचलित और सपाट उलटबाँसियों में ही नहीं, गहन आध्यात्मिक पदों-साखियों में जहाँ कबीर का क्षोभ नहीं, शान्त मन बोलता है, वहाँ भी रहस्य भाव और प्रतीक भरे पड़े हैं।

उलटबाँसियों का कारण नामवरसिंह के अनुसार कबीर का दुःख है। कबीर का

दुःख क्या है? एक दुःख तो समाज का भेदभाव है, जिसके लिए निर्गुण गाते हैं। दूसरा दुःख 'सभी वांछित मूल्यों और सपनों का सम्भाव्य मानचित्र' है, जब मानचित्र है तो दुःख कैसा?, ''दुःख सिर्फ इस बात का है कि दिमाग में नक्शा तो है, लेकिन उसके मुताबिक एक नया संसार बनाने के साधन नहीं हैं। यह असहायता और विवशता ही दुःख है। वह नक्शा आँखों में तो है, लेकिन आँखों के सामने नहीं है, मन में है; संसार में नहीं। कबीर की ही तरह यह दुःख भी निराला है—विरोधाभासों से भरा हुआ, विडम्बनाओं से युक्त। अनुभव के ये उत्कट क्षण इसलिए प्रायः उलटबाँसियों में व्यक्त होते हैं।'' बात सही है, जिस नये संसार का चित्र कबीर के पास है, उसे निर्मित न कर पाने की विवशता ने प्रतीकों, उलटबाँसियों और विरोधाभासों को जन्म दिया है। यही बात मुक्तिबोध पर भी लागू होती है, जिनके 'भविष्य का नक्शा' की याद नामवर सिंह को कबीर के नये संसार के प्रसंग में आती है। लेकिन मुक्तिबोध के पास वर्तमान के तीव्र बोध के साथ 'भविष्य का नक्शा' जितना सुस्पष्ट है, कबीर के पास नहीं। कबीर के पास जितना अपने समय और समाज का गहरा और तीखा बोध है, उतना उस नये समाज का स्पष्ट चित्र नहीं है। कबीर धर्म का विकल्प धर्म में, 'वेद कितेब' का विकल्प 'गुरुबानी' में, सगुण का विकल्प निर्गुण में, बाहरी मन्दिर का विकल्प काया के भीतरी मन्दिर में, बाह्याचार का विकल्प तन रूपी मन्दिर में 'सहज समाधि' लगाने में ढूँढ़ते हैं। ऐसे में रहस्य-भावना ही नहीं, उलटबाँसियों और विरोधाभासों का पैदा होना स्वाभाविक है। मुक्तिबोध के पास जिस तरह से पूँजीवाद का विकल्प समाजवाद है, उतना स्पष्ट नक्शा कबीर का नहीं है। बावजूद इसके मुक्तिबोध के यहाँ भी 'साक्षात रहस्य' के रूप में 'रक्तालोक स्नात पुरुष' मौजूद है। आखिर क्यों? इसलिए कि जटिल यथार्थ को ठीक-ठीक व्यक्त करने में जब पुराने शब्द, बिम्ब, प्रतीकादि असमर्थ पड़ जाते हैं, तब नये बिम्बों-प्रतीकों की जरूरत पड़ती है। यथार्थ का जो जटिल रूप ठीक-ठीक समझ या पकड़ में नहीं आता, वहाँ 'गहन एक सन्देह' पैदा होता है। जहाँ आँख और समझ असमर्थ हों, गहन सन्देह हो, वहाँ रहस्य-भावना का पैदा होना स्वाभाविक है, प्रतीकों का बदल जाना भी स्वाभाविक है। जब कथन जटिल होगा तो कविता भी जटिल होगी। ऐसे में कविता ठीक-ठीक पकड़ में आने में वक्त लेती है। अगर ऐसा न होता तो उपेक्षित मुक्तिबोध का उनके जीवन काल में ही महत्त्व पहचानने वाले और आँकने वाले नामवर सिंह को अपने प्रिय कवि की प्रिय कविता को समझने में भी तीन दशक का वक्त नहीं लगता। कभी 'अँधेरे में' को 'व्यक्ति अस्मिता की खोज' कहने वाले नामवर जी को वह कविता अब फासिज्म के खतरे से पैदा हुई लगती है। अभी यह गारंटी नहीं दी जा सकती है कि कोई तीसरी व्याख्या नहीं आ सकती। दी भी नहीं जानी चाहिए। बहरहाल, अगर 'साक्षात रहस्य' और 'गहन सन्देह' के बावजूद मुक्तिबोध प्रगतिशील हैं और यथार्थवादी हैं तो कबीर भी हैं। जहाँ तक अन्तर्विरोधों का सवाल

है तो जटिल परिस्थिति के आकलन में इनका होना स्वाभाविक है। मुक्तिबोध के ही समानधर्मा कवि नागार्जुन में अन्तर्विरोध तो है, लेकिन 'सन्देह' का अभाव है। मुक्तिबोध में इसकी उपस्थिति और नागार्जुन में इसका अभाव, रामविलास शर्मा को भले नागार्जुन में प्रगतिशीलता और मुक्तिबोध में अस्तित्ववाद लगता हो, दूसरों के लिए यह उलटबाँसी ही है। अन्तर्विरोध का होना हमेशा अशुभ ही नहीं होता। वह प्रगति का भी सूचक होता है। जहाँ तक उलटबाँसियों की दुरूहता का सवाल है, वह पंडितों और विरोधियों के लिए भले दुरूह हो, कबीर प्रेमी जनता के लिए नहीं। इसके प्रमाण हैं प्रेमचन्द के घीसू-माधव और निराला के चतुरी चमार जैसे करोड़ों दलित जो कबीर को गाते-बजाते हैं और जीवनी-शक्ति पाते हैं। इसका प्रमाण है यह लोक प्रचलित उक्ति-'कबीरदास की उलटी बानी, बरिसै कम्बल भीजे पानी।' यह उक्ति वह चाभी है जो कबीर की जनता के पास है और जिससे वह उनकी उलटबाँसियों के कठिन कपाट को खोलकर भीतर तक धँसती रही है।

कबीर के यहाँ माया का एक रूप नारी भी है, जिसके बारे में उनके विचार अत्यन्त कड़वे हैं। कबीर के रहस्य का एक रूप यह भी है। कबीर साहित्य में कहीं माया और नारी एक हैं, कहीं दोनों ही आग हैं, जिससे मनुष्य जलकर बर्बाद हो जाता है। कहीं नारी विष है, तो कहीं नरक का कुंड। नारी के स्नेह सम्पर्क से बुद्धि और विवेक नष्ट हो जाते हैं, किसी कार्य की सिद्धि नहीं होती। नारी आत्मज्ञान और मोक्ष की सबसे बड़ी बाधा है। नारी अपनी हो या पराई, उसके सम्पर्क से नरक में जाना पड़ता है, आदि-आदि। यहाँ लगता ही नहीं कि ये उसी कबीर के विचार हैं जो सभी स्थापित मान्यताओं की चूलें हिलाकर रख देता है। नारी सम्बन्धी कबीर के ये विचार उसी सोच के तहत आये हैं जिसमें उसके लिए कोई सम्मानजनक स्थान नहीं है। भारतीय धर्म-साधना में पुरुष के लिए स्त्री त्याज्य मानी गयी है। ब्रह्मचर्य की महिमा बहुत पहले से गायी जाती रही है। महावीर, बुद्ध, शंकराचार्य आदि महापुरुषों ने स्त्री का त्याग करके या ब्रह्मचर्य का पालन करके ही ऊँचा पद प्राप्त किया। यह सिलसिला भक्तिकाल में भी जारी रहा। आधुनिक काल में विवेकानन्द, महात्मा गाँधी आदि ने भी ब्रह्मचर्य की महिमा का गान किया है। कबीर आदि निर्गुणपन्थी सन्त भी इसी धारणा के शिकार हैं। दलितों और स्त्रियों के प्रति भारतीय समाज में कभी सम्मानजनक विचार नहीं रहे। दलितों के लिए समय-समय पर आवाजें उठती रहीं, भक्तिकाल में जात-पात के बन्धन ढीले कर दिये गये, लेकिन स्त्री सम्बन्धी सोच में कोई बदलाव नहीं आया। कबीर जैसा तेजस्वी सन्त कवि नारी के बारे में ऐसा विचार क्यों रखता है? इसका कोई माकूल उत्तर कबीर के प्रशंसक हजारीप्रसाद द्विवेदी, मुक्तिबोध, इरफान हबीब, नामवर सिंह आदि के लेखन में नहीं है। भक्तिकाल में नारी की सामाजिक स्थिति अत्यन्त शोचनीय थी। सभी भक्त कवियों समेत कबीर भी उस पुरुष-प्रधान सोच के कायल हैं। जिसमें स्त्री माया है। यह अजीब है कि

स्त्री को माया और बन्धन समझने वाले भक्त कवियों ने स्त्री-विरह के अनूठे प्रसंग रचे हैं। समूचा भक्तिकाव्य अनूठे नारी-विरह से भरा पड़ा है। खुद कबीर के काव्य में नारी-विरह का बड़ा ही मार्मिक-चित्रण है। यह नारी-विरह उनका रहस्य भाव भी है और प्रचंड सम्वेदना-शक्ति भी। यह कार्य सम्वेदना के स्तर पर हुआ है। सोच के स्तर पर स्त्री माया ही है। उस काल में सामन्ती सोच के तहत सामाजिक स्तर पर स्त्री भोग्या और लूट का माल है तो धार्मिक स्तर पर माया। कबीर कभी इस माया से बचने की गुहार लगाते हैं और कभी बताते हैं कि माया उनके हाथ बिक चुकी है। नारी सम्बन्धी कबीर के ये विचार उनकी सीमा तो हैं ही, यह सम्पूर्ण भक्ति आन्दोलन की भी सीमा है। अपनी आधी आबादी के प्रति भक्त कवियों का रवैया भक्ति आन्दोलन के लिए आत्मघाती सिद्ध होता है।

हिन्दी आलोचना में यदि कबीर के रहस्यवाद को 'अभारतीय' और लोकधर्म-विरोधी कहने वाले हैं तो ऐसे लोग भी हैं जिन्होंने उनके रहस्यवाद समेत उनकी उलटबाँसियों तक का सम्बन्ध-सूत्र उपनिषदों से जोड़ दिया है। पहला प्रयास कबीर के काव्य को लोक-चिन्ता के दायरे से बाहर धकेलकर खारिज करने का है तो दूसरा उन्हें शास्त्रसम्मत बनाने का। कबीर के प्रति विरोध और प्रेम का यह ढंग अनोखा है : ये दोनों ही ढंग उनके वास्तविक महत्त्व पर पर्दा डालते हैं। यह छोटा-सा लेख कबीर के निर्गुण और उनके रहस्यवाद के सामाजिक आधार की प्रस्तावना प्रस्तुत करने का एक विनम्र प्रयास-भर है। रहस्यवाद के शास्त्रीय और अकादमिक विवेचन के रूप में कबीर की संगति बिठाने से ज्यादा जरूरी है, उसके सामाजिक आशय की खोज और उसी खोज की प्रक्रिया को समझना प्रस्तुत लेख का मुख्य अभिप्रेत है।

(1998)

कबीर : कल, आज और कल

...आज जब मैं दिल्ली से रोहतक आ रहा था- कबीर पर बोलने के लिए तो अचानक तुलसीदास याद आये। हुआ यह कि रास्ते के दोनों ओर बड़ी संख्या में खिले हुए कास देर तक दिखते रहे। तुलसीदास उन्हीं खिले हुए कासों के कारण याद आये–'फूले कास सकल मही छाई, जनु बरखाकृत प्रकट बुढ़ाई'। तुलसी की इस चौपाई में वर्षा ऋतु के खत्म होने का खिले हुए कासों के जरिए जो कलात्मक वर्णन है, उससे उस कवि की काव्य-शक्ति का अनुभव हुआ। यहाँ कोई सगुण-निर्गुण विवाद नहीं, गहन जीवन-बोध है। फिर दूसरे प्रसंग में कबीर की भी पंक्तियाँ याद आयीं और जीवन के गहन-गम्भीर प्रश्नों से साक्षात्कार करने की निर्भय शैली की याद आयी–

वेद कहे सरगुन के आगे निरगुन का बिसराम।
सरगुन-निरगुन तजहु सोहागिन, देख सबहि निज धाम॥

यह कबीर का सूफियाना राग है जिसमें सगुण-निर्गुण से परे सच्ची आध्यात्मिकता पर जोर है। और उसी के साथ यह भी याद आया कि हिन्दी आलोचना में कबीर और तुलसी को आपस में भिड़ाने का जो सिलसिला चल निकला है, वह एक तरह से रक्तरंजित विवाद में बदल चुका है। सगुण-निर्गुण, ज्ञानमार्गी-प्रेममार्गी नाम से जो बँटवारे आलोचकों ने कर रखे हैं, उनके जरिए इन दोनों कवियों के केन्द्रीय भावों को समझने की बजाय दोनों को एक-दूसरे के विपरीत साबित करने पर ही जोर ज्यादा है। आज हमारे लिए वे केन्द्रीय भाव ज्यादा जरूरी हैं, बनिस्बत भेद के। बहरहाल, कबीर और तुलसी को आपस में लड़ाने का जो आलोचनात्मक सिलसिला है, यहाँ उससे अपने को अलग रखते हुए मैं कबीर पर कुछ बातें निवेदित करूँगा।

कुछ दिनों पहले मुझे इस संगोष्ठी में व्याख्यान देने के लिए आमन्त्रित किया गया और विषय बताया गया–'कबीर–कल, आज और कल' तो मुझे अपने छात्र जीवन की एक फिल्म याद आयी। फिल्म राजकपूर की थी। नाम था 'कल, आज और कल'। फिल्म में पृथ्वीराज कपूर दादा की भूमिका में हैं, राजकपूर पुत्र की भूमिका में और रधणीर कपूर, उनकी यह पहली फिल्म थी, पोते की भूमिका में हैं। जहाँ तक याद है, 1970-72 में यह फिल्म बनी थी। इसमें राजकपूर ने तीन पीढ़ियों

का संघर्ष दिखाया है। दादा अपनी मान्यताओं और अपने मूल्यों से बँधा हुआ है। वह मानता है कि हम जो कर रहे हैं, हमारा जो समय है, वह सही है। पोता अपने ढंग से जीना चाहता है, दादाजी सुबह चार बजे उठते हैं और भजन गाते हैं, पोता देर तक सोता है और उठकर जोर-जोर से पश्चिमी संगीत बजाता है। इसके कारण दादा और पोते के बीच टकराहट होती है। राजकपूर उनमें से एक का पुत्र है तो दूसरे का पिता। वह पिता को सम्मान देता चाहता है और बेटे को प्यार, लेकिन उसके लाख प्रयत्न के बाद भी दादा और पोते में मेल-मिलाप नहीं होता। पिता उसे अपनी ओर खींच रहा है और पुत्र अपनी ओर। दादा और पोते की इस खींचतान में पिता यानी राजकपूर की चिन्ता किसी को नहीं है। दोनों की आपसी खींचतान में वह सैंडविच बना हुआ है। अन्त में जो निष्कर्ष हाथ आता है, जहाँ तक मुझे याद है, वह यह कि राजकपूर अन्त में कहता है कि एक को अपने बीते हुए कल की चिन्ता है, दूसरे को आने वाले कल की; मैं जो आज हूँ, मुझ आज की चिन्ता किसी को नहीं। उस फिल्म में जो तनाव है, अतीत, वर्तमान और भविष्य का, वह तीन पीढ़ियों का है। वह राजकपूर के समय में भी था और हमारे समय में भी है। आज यहाँ संगोष्ठी का जो विषय है, उसमें भी यह तनाव है। जहाँ तक मैं समझ रहा हूँ आयोजकों की चिन्ता यह है कि कबीर कैसे थे कल, कैसे हैं आज, और कैसे होंगे भविष्य में?

मेरी एक सहज जिज्ञासा है कि क्या किसी कवि की इतने लम्बे कालखण्ड में प्रासंगिकता ढूँढ़ना ठीक है? वह कल भी प्रासंगिक था, आज भी है और भविष्य में भी बना रहेगा—मुझे लगता है कि किसी कवि से ऐसी अपेक्षा रखना उसके साथ न्याय नहीं है। हर रचनाकार को अपने समय में फिट कर देने की इस प्रवृत्ति को कभी नामवर सिंह ने 'प्रासंगिकता का प्रमाद' कहा था। उन्होंने लिखा है, "प्रासंगिक क्या वही है जो हमारे विचारों का अनुमोदन करता है और आज के अनुकूल है? जो आज से भिन्न है और हमें चुनौती देता है, वह प्रासंगिक क्यों नहीं? आज यह सवाल उठाना इसलिए जरूरी है कि प्रासंगिकता की चिन्ता प्रमाद की सीमा तक बढ़ गयी है। अतीत के हर बड़े लेखक को किसी-न-किसी तरह समकालीन बनाने की ऐसी कोशिश हो रही है कि अतीत की अतीतता तो सुरक्षित रही नहीं, वर्तमान की अपनी विशिष्टता भी लुप्त हो रही है—यहाँ तक कि अतीत और वर्तमान का अन्तर मिटता जा रहा है और इस तरह आज की ज्वलंत समस्याओं से बच निकलने का बहाना मिल रहा है।" मैं भी यह समझता हूँ कि इतने लम्बे कालखण्ड में महान से महान आदमी प्रासंगिक ही बना रहे, यह जरूरी नहीं। मेरे पिता जी बहुत अच्छे आदमी थे। मेरी तुलना में कई अर्थों में बहादुर आदमी थे। जिस अर्थों में वे बहादुर थे, उन अर्थों में मैं बहादुर नहीं लेकिन स्त्रियों के बारे में, जातियों के बारे में, उनके जो विचार थे, वे कहे नहीं जा सकते। अपने मुसलमान दोस्तों के लिए जान दे सकते

थे, लेकिन उनके साथ बैठकर खा नहीं सकते थे। हम खाना खा लेते हैं, अपने किसी मुसलमान दोस्त के लिए जान देने की बात आएगी तो सौ बार सोचेंगे। तब क्या मेरे पिता जी मेरे किसी काम के नहीं रहे? अपने उपन्यास–शायद 'ढाई घर' में गिरिराज किशोर ने इस सवाल को उठाते हुए कहा है–कि हमने छोटी समस्या तो हल कर ली, थाली और रोटी की समस्या हल कर ली, साथ खाने लगे लेकिन जो बड़ी समस्या थी, दिल के मिलने की समस्या–वह और बड़ी होती गयी है। जब मेरे और मेरे पिता जी के समय में इतना अन्तर आ गया है, यह समस्या ज्यादा जटिल हो गयी है, तब सोचिए कबीर तो पाँच-छह सौ वर्ष पहले हुऐ थे। उनकी प्रासंगिकता पर आज यदि हम विचार कर रहे हैं तो यह जाहिर है कि सामान्य तौर पर एक भले और अच्छे आदमी से वे लाख गुना अच्छा और आगे के थे। हमारे समय में हिन्दू-मुसलमान की समस्या जितनी भयावह है, वह कबीर के समय से अधिक है। हमारा समय कबीर के समय से अधिक असहिष्णु है। वे आज होते तो उन्हें अपनी साखियाँ कहने में हजार परेशानियाँ उठानी पड़तीं। मैं एक उदाहरण देना चाहूँगा।

मैं 2000 से 2004 तक हैदराबाद के केन्द्रीय विश्वविद्यालय में अध्यापन कार्य कर रहा था। उस बीच वहाँ चन्द्रबाबू नायडू की सरकार थी। आन्ध्रप्रदेश के इंटरमीडिएट हिन्दी पाठ्यक्रम में कबीर की 'साखियाँ' पढ़ाई जाती थीं। उनमें एक साखी थी–'कांकड़-पाथर जोरि के, मसजिद लियो बनाय।' सवाल उठे कि यह मस्जिद का मजाक है। एक खास सम्प्रदाय के लोगों ने कहा कि यह हमारी भावना पर चोट है। आप जानते हैं कि चुनावी राजनीति के कारण सरकारें कितनी छुई-मुई हो गयी हैं। जहाँ तक मुझे याद है कि बिना अर्थ जाने, बिना आशय समझे, असुविधाजनक साखियों को हटा दिया गया। हो सकता है–वेद का, मन्दिर का, तीर्थों का जो मजाक कबीर ने उड़ाया है, उसको देखकर कुछ हिन्दूवादी शक्तियों की भावनाएँ भी आहत होने लगें। क्या आपको नहीं लगता है कि हिन्दू-मुसलमानों के पाखण्डों की आलोचना करते हुए कबीर आज की तुलना में अपने समय में अधिक सुविधाजनक स्थिति में थे? आज हम जरा वेद, कुरान, मन्दिर-मस्जिद पर टिप्पणी करके तो देखें। कबीर आज भी प्रासंगिक हैं, लेकिन ज्यादा चुनौतीपूर्ण अर्थों में। आज जैसी चुनौती कबीर के सामने है, उनके समय में शायद नहीं थी! कबीर के समय में उनका कोई साम्प्रदाय नहीं था कि उनके लिए–उनके पक्ष में उठ खड़ा होता और उनके समर्थन में लाठियाँ भाँजता। कबीरपन्थी मठ तो बाद में बने, ऐसा इतिहासकारों का कहना है और मठ भी कैसे? उन मठों में आप जाएँ तो पाएँगे कि कबीर जिन चीजों का विरोध करते आये थे, वही चीजें वहाँ प्रतिष्ठित हैं, मसलन–अवतारवाद, मूर्तिपूजा, कर्मकाण्ड आदि। कबीर आज हमारे समय, समाज, राजनीति और अकादमिक जगत के लिए अपने समय से अधिक बड़ी चुनौती हैं।

कबीर के जो विचार उनकी कविताओं में व्यक्त हैं, उन सबके साथ सम्पूर्णता

में आपकी सहमति नहीं होगी। स्त्रियों के बारे में जो उनके विचार हैं उनसे आज किसी भी विचारवान आदमी की सहमति नहीं होगी। स्त्रियों के बारे में उनके विचार तुलसीदास से भी भयंकर हैं। निर्गुणपन्थियों में कबीर हों या दादू, स्त्रियों के प्रति वे काफी अनुदार हैं। निर्गुणपन्थियों में नानक ही हैं, जिनके यहाँ, स्त्रियों के लिए सम्मान भाव है। कबीर ने तो स्त्री को साँप से भी अधिक जहरीला बताया है–'नारी की झाईं परत, अन्धा होत भुजंग'। दादू तो यहाँ तक कहते हैं कि अस्सी साल की बुढ़िया तक पर भरोसा न करो। इस अर्थ में कबीर हों या दादू, कैसे प्रासंगिक माने जाएँगे? वैसे समय में निर्गुणपन्थियों में नानक जैसा कवि मिलता है, जो स्त्रियों के प्रति अनुदार नहीं है–

भंडि जंमीऐ भंडि निंमीऐ भंडि मंगण बीआहु॥
भंडहु होवै दोसती भंडहु चलै राहु॥
भंडु मुआ भंडु भालीऐ भंडि होवै बंधानु॥
सो फिउ मंदा आखीऐ जितु जंमहि राजान॥

'गुरु ग्रन्थ साहिब' में संगृहीत यह गुरु नानक देव की वाणी है। इसका भाव यह है कि स्त्री के जरिए ही यह सृष्टि चलती है। सारा संसार उसी से जन्म लेता है। वह राजाओं-महाराजाओं की जननी है। उसे 'मंदा' यानी बुरा क्यों कहा जाये? उसे सबसे ऊपर का दर्जा देते हुए नानक ने कहा कि उसके ऊपर केवल 'वाहिगुरु' यानी भगवान है।

सगुणपन्थियों में सूरदास जैसा कवि मिलता है, जिसके यहाँ स्त्री के लिए सम्मान और समता का भाव मिलता है। इसीलिए तो सूरदास के कृष्ण पर लिखते हुए समाजवादी चिन्तक डॉ. राममनोहर लोहिया ने कहा है कि स्त्रियाँ कहीं अगर पुरुष के बराबर दिखती हैं तो वृन्दावन में और कान्हा के साथ। मध्यकालीन साहित्य में इस घटना को डॉ. लोहिया स्त्री-पुरुष समानता के पक्ष में विलक्षण घटना मानते हैं। इस अर्थ में हम कबीर को नहीं देख पाते। हालाँकि आलोचकों ने कहा है कि प्रत्यक्ष रूप में कबीर ने स्त्री-निन्दा जरूर की है, लेकिन स्वयं को स्त्री-रूप में रखकर विरह के जो गीत उन्होंने लिखे हैं, उसमें स्त्री के दर्द को महसूस किया है, मसलन-'तड़पन बिन बालम मोर जिया', जैसे पदों में मध्यकाल में स्त्री की जो घरेलू जिन्दगी थी, उसकी जो विरह दशा थी, उसका मार्मिक चित्र मिलता है, लेकिन यह तो व्याख्या का भाव हुआ। जो प्रत्यक्ष अर्थ कबीर का हमारे सामने खुलता है वह वही है जो मध्यकालीन समाज का है। वे मध्यकालीन सीमा का अतिक्रमण करते हुए नहीं दिखायी पड़ते जैसे कि वे अन्य प्रसंगों में दिखते हैं। आज हमें उनका वह रूप ठीक नहीं लगता, भविष्य में भी नहीं लगेगा। वे जब कुंडलिनी जगाने की बात करते हैं, तब भी हमें ठीक नहीं लगता। वह सब आज अव्यावहारिक लगता है।

वे प्रासंगिक वहाँ लगते हैं, जहाँ वे जाति निरपेक्ष और धर्मनिरपेक्ष समाज की

बात करते हैं, जहाँ वे धार्मिक बाह्याडम्बरों से मुक्त सच्ची मानवता की बात करते हैं, मन्दिर-मस्जिद से मुक्त होकर एक ऐसे ईश्वर को अपने में ही उतार लेने की बात करते हैं जो हर कण में हर जगह है। इस रूप में मुझे लगता है कि यह भारतीय समाज और धर्म साधना के इतिहास में धर्म की नयी प्रस्तावना है। कबीर ने कहा—'कबीरा सोई पीर है, जो जाने पर पीर'। वही पीर है, वही फकीर है, वही संन्यासी है जो दूसरों की पीर जानता है। वह नहीं जो मन्दिरों-मठों में रहता है, तरह-तरह के कर्मकाण्ड करता है और मस्जिद में रोजा-नमाज पढ़ता है। इस भावधारा को देखें। यही बात तुलसीदास कहते हैं—'परहित सरिस धरम नहीं भाई, परपीड़ा सम नहीं अधमाई।' नरसी मेहता भी यही बात कहते हैं—'वैष्णव जन तो तेने रे कहिये जे, जिन पीर पराई जाणी रे।' मध्यकाल में सम्पूर्ण भारत में, वे चाहे कबीर हों, तुलसी हों, नरसी मेहता हों, वसवन्ना हों, शंकरदेव हों, उनके काव्य में धर्म की नयी अवस्था, धर्म की नयी प्रस्तावना, धर्म की एक नयी जमीन तैयार होती हुई आपको दिखायी देगी। वह जमीन क्या है? वह जमीन है—सच्ची मनुष्यता की जमीन। वह जमीन है—भाईचारे और ईमानदारी की जमीन। हमारा स्वतन्त्रता संग्राम गाँधी के नेतृत्व में मनुष्यता की इसी जमीन पर लड़ा गया। कबीर ने छोटे-बड़े का, हिन्दू-मुस्लिम का, मन्दिर-मस्जिद का जो सवाल उठाया था, उस सवाल की रोशनी में स्वतन्त्रता आन्दोलन लड़ा गया। भारतीय जनता को सोचने और तर्क करने की आजादी पर लड़ा गया—हमारा स्वतन्त्रता आन्दोलन। उसके भीतर आध्यात्मिक, सामाजिक, राजनीतिक और आर्थिक हर तरह की समता का स्वप्न था। उस स्वप्न में निश्चित रूप में कबीर का भी स्वप्न शामिल था और दूसरे भक्त कवियों का भी। कबीर ने हमें तर्क का हथियार दिया था। यह तर्क ही है जो सभी तरह की गैरबराबरी पर सवाल करता है। वह तर्क ही है जो पूछता है कि ये मन्दिर और मस्जिद क्यों? ये ब्राह्मण और शूद्र क्यों? यह कर्मकाण्ड क्यों? यह 'क्यों' हमारे लिए और हमारे समाज के लिए जरूरी है।

हमारे समय में मठों की, बाबाओं की, मन्दिरों की संख्या जितनी तेजी से बढ़ी है, हमारे भीतर की सच्ची मनुष्यता की शिक्षा उतनी ही तेजी से घटी है। कबीर आदि सन्त कवियों ने जिस सादगी, ईमानदारी, अपरिग्रह आदि की बात की, आज वह हमारे जीवन और समाज में कहीं नहीं है। यह अजब विडम्बना है कि हमारे समय में कबीर की चर्चा जितनी तेजी से बढ़ी है, उतनी ही तेजी से धार्मिक कर्मकाण्ड बढ़ा है, उतनी ही तेजी से नकली बाबाओं की संख्या बढ़ी है, भोग और संग्रह की प्रवृत्ति बढ़ी है। एक तरफ हम वैज्ञानिक उपकरणों का अधिक से अधिक इस्तेमाल करते हैं, दूसरी तरफ हम अन्धविश्वास की भी गिरफ्त में हैं। स्वतन्त्रता आन्दोलन के दौरान जो देशी भाषाओं की भारतीय पत्रकारिता थी उसमें राशिफल की ऐसी भरमार नहीं थी, जैसी आज है, उसमें तर्कशीलता और वैज्ञानिक चेतना पर जोर

था। उस पत्रकारिता को संचालित करने वाला और पसन्द करने वाला भारत का वह मध्यवर्ग था जो भारतीय नवजागरण की पैदाइश था, जिसके खून में स्वतन्त्रता आन्दोलन के तराने थे। वह मध्यवर्ग अब समाप्त हो चुका है। उसकी जगह छठे वेतनमान से अघाया हुआ मध्यवर्ग है, वह लालची मध्यवर्ग है, जिसके लालच का कोई अन्त नहीं। इसी मध्यवर्ग के कारण हमारे समय में नकली और पाँच सितारा बाबाओं की भरमार है। कबीर का साहित्य इस मध्यवर्ग के सामने चुनौती भी है और आदर्श भी।...कबीर ने जब कहा था कि 'बागों न जा रे न जा, तेरी काया में गुलजार'—तब उसका आशय यह था कि बाहर कहीं भटकने की जरूरत नहीं, तुम्हारा शरीर ही वह मन्दिर है, जिसके भीतर तुम्हारा साईं बसता है 'तेरा साईं तुझ में, जाग सके तो जाग'। मैंने जैसा कहा कि धर्म की एक नयी प्रस्तावना, एक नयी जमीन तैयार कर रहे थे कबीर। आप याद करें कबीर के पूर्ववर्ती कवि हैं—वसवन्ना। कन्नड़ में 12वीं शताब्दी के हैं वसवन्ना, कबीर तो 15वीं शताब्दी के हैं। तीन सौ साल पहले वसवन्ना ने यही प्रस्तावना दी थी—

धनी लोग तुम्हारे मन्दिर बनाएँगे प्रभु,
मैं क्या बनाऊँगा, मैं एक गरीब आदमी...

वसवन्ना हों या कबीर, दक्षिण भारत हो या उत्तर भारत, इन सन्तों ने लगभग 12वीं सदी से लेकर 15वीं, 16वीं सदी तक भारतीय धार्मिक जीवन की, भारतीय सामाजिक जीवन की, आध्यात्मिक जीवन की एक ऐसी प्रस्तावना तैयार की, जिसके आधार पर आधुनिक भारत का निर्माण होना चाहिए था। आधुनिक युग के महानायक महात्मा गाँधी ने उस प्रस्तावना को ठीक से समझा था। तभी उनके जीवन में इन सन्त भक्त कवियों की सादगी-सच्चाई थी, तभी उनके सपनों में उन सन्त-भक्त कवियों के आदर्श थे। तुलसीदास उनके प्रिय कवियों में थे। नरसी मेहता का भजन—'वैष्णव जन तो तेने कहिए...' उनका प्रिय भजन था। उन्होंने कबीर का चरखा लिया था और उसके जरिए स्वावलम्बन की सीख दी। चरखा जो कबीर की रोजी-रोटी का जरिया भी था और चरखा जो उनके आध्यात्मिक अर्थ का सबसे बड़ा रूपक भी था। कबीर कहते हैं कि यह सृष्टि चरखा है और ब्रह्म रूपी जुलाहा उसे चला रहा है। यदि कबीर के लिए चरखा रोजी-रोटी कमाने का और स्वावलम्बन का जरिया है तो उसका आध्यात्मिक अर्थ भी है। गाँधी के लिए भी चरखा यही अर्थ रखता है। वे कबीर के इस चरखे के जरिए स्वावलम्बी और आध्यात्मिक भारत का सपना देख रहे थे। गाँधी कबीर के चरखा और रामचरितमानस के रामराज्य का प्रतीकार्थ लेते हुए एक ऐसे भारत का सपना देख रहे थे जिसमें कोई दुःखी और दीन न हो।

गाँधी के लिए कबीर, तुलसी, नरसी मेहता और दूसरे मध्यकालीन सन्त-भक्त कवि यदि प्रासंगिक थे तो हमारे लिए क्यों नहीं हो सकते थे? आज उपभोक्तावाद और समाज में विषमता जिस कदर बढ़ी है, वंचित वर्ग और सुविधा सम्पन्न वर्ग का

फर्क जितना बढ़ा है, उतना पहले नहीं था। हम ऐसे समाज में आ गये हैं, जिसके लालच का कोई अन्त नहीं है। आज हमारे समय में इतने बाबाओं का उदय क्यों हुआ है? इसलिए कि हमारे लालच का कोई अन्त नहीं है, हम और ज़्यादा पाना चाहते हैं। एक कहावत है कि लालचियों के गाँव में कोई ठग भूखा नहीं रहता। इसीलिए हम लालची लोगों के बीच इन बाबाओं का कारोबार बहुत तेजी से बढ़ रहा है। कबीर की प्रासंगिकता पर यह गोष्ठी हो रही है तो इस बात को याद करने की जरूरत है।

जैसा कि मैंने कहा कि कबीर धर्म और अध्यात्म की नयी जमीन तैयार करते हैं। उनके साथ एक विलक्षण और अभूतपूर्व सिलसिले की शुरुआत होती है। वे संन्यास का अर्थ बदल देते हैं। कबीर के पहले संन्यास का अर्थ था—घर-द्वार छोड़कर, पत्नी वगैरह से मुक्त होकर अकेला जीवन जीना। बुद्ध पत्नी छोड़कर भागे थे। मतलब यह कि पत्नी संन्यास मार्ग में बाधक है, संन्यास के लिए घर छोड़ना जरूरी है। शंकराचार्य ने तो विवाह ही नहीं किया था। यह हमारे यहाँ संन्यास की परम्परा थी। कबीर ने घर में रहते हुए संन्यास को नया अर्थ दिया। उन्होंने बताया कि बाल-बच्चों के साथ रहते हुए, रोजी-रोटी कमाते हुए, चरखा चलाते हुए और कपड़ा बेचकर, पैसा कमाकर भी संन्यासी हुआ जा सकता है। यह संन्यास का नया अर्थ था, जिसकी घोषणा कबीर ने डंके की चोट पर की। अगर यह सब करते हुए कबीर सन्त-महात्मा थे तो आज के युग में महात्मा और सन्त वे नहीं हैं जो धर्म का कारोबार कर रहे हैं, सन्त-महात्मा वे हैं जो बड़े-बड़े वैज्ञानिक हैं, चिन्तक हैं, पर्यावरणविद् हैं। कबीर को आज पढ़ने का मतलब यह है कि हम सच्ची धार्मिकता और दिखावे की धार्मिकता में फर्क करना सीखें।

कबीर को याद करने का एक अर्थ यह भी है जो अर्थ कबीर से गाँधी तक आता है। बड़े बाँधों और बड़े उद्योगों के जरिए विकास की जो राह हमने चुनी है, उस पर कबीर का चरखा प्रश्नचिह्न लगाता है। चरखा प्रतीक है—श्रम का, स्वावलम्बन का और हर हाथ में काम की गारन्टी का। गाँधी यही चाहते थे ताकि विषमता न फैले और हर हाथ को काम मिले। कबीर ने इसी के साथ संन्यास की एक दूसरी परिभाषा भी दी कि संन्यास का मतलब दूसरों के भरोसे खाना नहीं, दूसरों को ठगकर, चमत्कार दिखाकर, मठों, मन्दिरों में बैठकर चढ़ावे का माल उड़ाना तथा हलवा-पूड़ी खाना नहीं। संन्यास का अर्थ है खुद कमाकर खाना। इस तरह कबीर दो विलक्षण काम करते हैं—एक तो गार्हस्थ संन्यास की नींव डालते हैं, दूसरा श्रमशील संन्यास की।

यह सब कैसे सम्भव हुआ? कबीर जैसी शक्ति, उन जैसी मेधा, उन जैसी धर्म की नयी प्रस्तावना कैसे सम्भव हुई? यह प्रश्न जिज्ञासु लोगों को परेशान करता है। इसका कोई उत्तर रामचन्द्र शुक्ल और हजारी प्रसाद द्विवेदी के इतिहास में नहीं मिलता। इसका उत्तर हमें उन इतिहासकारों से मिलता है जिन्होंने मध्यकालीन भारत के आर्थिक इतिहास की खोजबीन की है। ऐसे इतिहासकारों में प्रमुख हैं—इरफान

हबीब, जिन्होंने बताया कि कबीर आदि सन्तों का उद्भव इसलिए सम्भव हुआ कि दस्तकारी के बहुत सारे औजार उसी काल में आये, चरखा उसी काल में आया। रहट भी उसी काल की देन है। तो ये जो छोटे-छोटे उत्पादन के औजार आये, इनसे दबी-पिछड़ी जातियों को ऊपर आने का मौका मिला। हम जानते हैं कि जब नयी टेक्नोलॉजी आती है, तब नये मानवीय सम्बन्धों का जन्म होता है। नयी तकनीक के ही कारण मध्यकाल में धुनिया, जुलाहा, चमार, नाई आदि दस्तकार जातियों का आर्थिक स्वावलम्बन सम्भव हुआ। आर्थिक आधार अगर कमजोर है तो आप सिर नहीं उठा सकते। प्रेमचन्द के 'गोदान' में धनिया होरी को डाँटती है कि क्या राय साहब के यहाँ दौड़ते रहते हो, वे कुछ लेते-देते तो हैं नहीं; होरी धनिया को जवाब देते हुए कहता है कि भाग्यवान! जिस पाँव के नीचे अपनी गरदन दबी हो उसको सहलाते रहने में ही भलाई है। कबीर ब्राह्मणवाद और पुरातनवाद के गढ़ काशी में रहते हैं और उसी की आलोचना करते हैं। जाहिर है, इसका आधार उनका आर्थिक स्वावलम्बन है, जिसे उन्होंने चरखा के जरिए प्राप्त किया है। इरफान हबीब ने जाट जाति का उदाहरण दिया है। उन्होंने बताया है कि जाट 12वीं शताब्दी तक सिंधु नदी के किनारे रहते थे, उनकी सामाजिक स्थिति अत्यन्त नीची थी। 12वीं शताब्दी में रहट उनके हाथ लगी। उन्होंने उसके जरिये उन्नत खेती की कला सीखी और मालदार हो गये। जब मालदार हुए तो उन्हें धर्म की जरूरत महसूस हुई। वे नानक के एकेश्वरवाद में शामिल हो गये। बाकी हिन्दू-धर्म में ही अच्छी सामाजिक हैसियत के हकदार हो गये।

कबीर चरखा के जरिये, जिस स्वाभिमान और आर्थिक स्वावलम्बन का सन्देश दे रहे थे, उसके आशय को गाँधी ने ग्रहण किया था। उसके जरिए उन्होंने दुनिया के सबसे बड़े साम्राज्यवाद से लोहा लिया और उसे घुटने टेकने पर मजबूर कर दिया, लेकिन आजादी के बाद हमारे राष्ट्र निर्माताओं ने गाँधी के आशय को धीरे-धीरे छोड़ दिया। आप इलाहाबाद आनन्द भवन में जाएँगे तो वहाँ इन्दिरा गाँधी की शादी की तस्वीर मिलेगी। वहाँ लिखा है कि जवाहरलाल नेहरू ने जेल में रहते हुए जो सूत काता, उससे बनी हुई साड़ी इन्दिराजी ने शादी के समय पहनी। कोई आभूषण नहीं पहना। उन्हें फूलों से सजाया गया था। गाँधी का प्रभाव उस युग के लोगों पर पड़ा। जवाहरलाल जैसे राजकुमार पर भी पड़ा। आगे चलकर उसी नेहरू ने आजादी के बाद चरखा मार्का उद्योग-धन्धों का रास्ता छोड़कर बड़े बाँधों और बड़े उद्योगों का रास्ता पकड़ा। परिणाम हम सबके सामने है।

एक बात और मित्रों, वह यह कि भक्तिकाव्य पूरी दुनिया में विलक्षण कविता है। वह चाहे जिस भाषा में लिखी गयी हो, ब्रज में हो, अवधी में हो, पंजाबी में हो, कन्नड़ में हो, बंगाली में हो, असमिया में हो, वह सिर्फ कविता नहीं, वह वो नैतिकता है, जो हमें और हमारी आत्मा को हिला कर रख देती है। वह हमारे

अन्तर्जगत को बदल देने वाली कविता है। यह काम दुनिया के बड़े से बड़े कवि की कविता नहीं करती। आप दुनिया के बड़े से बड़े कवि को पढ़ जाएँ। आप उसकी कविता को सराहेंगे, उसकी कहानी को सराहेंगे, रूपक और मेटाफर को सराहेंगे, आप अपने देश के कालिदास को पढ़ जाएँ, जो कवि कुलगुरु माने जाते हैं, वे हमारी नैतिकता को उस तरह से हिलाकर नहीं रखते जिस तरह से मध्यकालीन भारत में पैदा हुए भक्त-सन्त कवि। कबीर, तुलसी, वसवन्ना, शंकरदेव को आप पढ़ें, आप एकबारगी हिल जाएँगे। वह कविता आपकी आत्मा को झकझोरेगी। वह सिर्फ आपकी सौन्दर्य-चेतना को जाग्रत भर करने का काम नहीं करेगी। आप एक बार मन से भक्ति कविता को पढ़कर देखें, आपकी आत्मा के भीतर की कालिमा उज्ज्वलता में बदलती जायेगी।

मुझे उम्मीद थी कि जब कबीर पर गोष्ठी हो रही है तो आप कुमार गन्धर्व का गाया हुआ कबीर का भजन जरूर सुनवाएँगे। कारण यह है कि भाषण का उतना असर नहीं होता, जितना गायकी का होता है। कुमार गन्धर्व जब गाते हैं—उड़ जायेगा हंस अकेला...उड़ जायेगा। इसे कुमार गर्न्धव भी गा रहे हैं और आधुनिक युग के कथाकार मार्कण्डेय इस शीर्षक से कहानी लिख रहे हैं—'हंसा जाई अकेला'। मार्कण्डेय की कहानी कबीर पर नहीं है, न आत्मा-परमात्मा पर, वह हमारे समय की सच्चाई पर है। लेकिन कबीर का जो सूफियाना राग है, कहीं-न-कहीं उसमें गूँजता है। यही सूफियाना राग कुमार की गायकी में गूँजता है कि उड़ना है तो इतना संचय किसलिए? यह तन एक दिन लकड़ी की तरह जल जायेगा—देह जरै जिन लाकड़ी, केस जरै जिन घास। इसे जाना ही है तो इतना हाय-तौबा क्यों? कबीर अगर कुमार और मार्कण्डेय के लिए प्रासंगिक हैं तो हमारे लिए क्यों नहीं?

इसी के साथ यह भी याद करने की जरूरत है कि आज के लेखकों-गायकों के लिए कबीर क्यों जरूरी हैं? भीष्म साहनी जब अपना नाटक—'कबिरा खड़ा बाजार में' लिखते हैं, 'इकतारे की आँख' जब मणि मधुकर लिखते हैं, प्रह्लाद टिपानिया जब कबीर को गाते हैं, हिन्दुस्तान-पाकिस्तान के दर्जनों गायक जब कबीर को गाते हैं, तब उनको वे क्यों जरूरी लगते हैं? यहाँ थोड़े उदाहरण दिये जा रहे हैं। दर्जनों रचनाएँ हैं—आधुनिक काल की, जिनकी पृष्ठभूमि में कबीर हैं। आप विजयदेव नारायण साही के काव्य-संग्रह 'साखी' को याद कीजिए। आप देखेंगे कि उसमें जो कविताएँ हैं, उनमें वही फक्कड़ाना अन्दाज, सूफियाना मस्ती और निर्भीक शैली है जो कबीर से विरासत में आज के कवि को मिली है। 'साखी' की कविताएँ पढ़िये और अपने भीतर के कबीर के कबीरपन को महसूस कीजिए। 'साखी' की एक कविता 'प्रार्थना : गुरु कबीर दास के लिए' को याद कीजिए :

परम गुरु
दो तो ऐसी विनम्रता दो

कि अन्तहीन सहानुभूति की वाणी बोल सकूँ
और अन्तहीन सहानुभूति
पाखण्ड न लगे।

दो तो ऐसा कलेजा दो
कि अपमान, महत्त्वाकांक्षा और भूख
की गाँठों को मरोड़े हुए
उन लोगों का माथा सहला सकूँ
और इसका डर न लगे
कि कोई हाथ ही काट खायेगा
दो तो ऐसी निरीहता दो
कि इस दहाड़ते आतंक के बीच
फटकार कर सच बोल सकूँ
और इसकी चिन्ता न हो
कि इस बहुमुखी युद्ध में
मेरे सच का इस्तेमाल
कौन अपने पक्ष में करेगा।

इस कविता की भाषा पर ध्यान दीजिए, इसमें व्यक्त वाणी पर ध्यान दीजिए, कवि-आकांक्षा को देखिए—कबीर की आत्मा समकालीन कविता की शिराओं में दौड़ती हुई दिखायी देगी।

मित्रो, कबीर को मैं जिन अर्थों में लेता हूँ, वह अर्थ यही है मेरे लिए। वे कल यानी अतीत में जैसे थे, आज जैसे हैं और कल यानी भविष्य में जैसे होंगे, उसकी एक हल्की बानगी, मैंने आपके सामने पेश की। उनके कुछ विचार आज हमें प्रासंगिक नहीं लगते, मसलन—कुंडलिनी जगाने और स्त्रियों के प्रति उच्चरित उनके विचार। मगर कबीर का जो व्यापक परिप्रेक्ष्य है, वह मुझे आकर्षित करता है। वह व्यापक परिप्रेक्ष्य है—नयी आधुनिक चेतना का, नये श्रमशील और स्वावलम्बी भारत के निर्माण का और ऐसे समाज के निर्माण का जिसकी आकांक्षा हाय-हाय की नहीं, सन्तोष की हो—साईं इतना दीजिए...हम लोग रोज कहते रहते हैं कि 'साईं इतना दीजिए' और हाय-हाय करते रहते हैं कि हे लक्ष्मी! आ जाओ, आ जाओ। हम लोग कहते हैं कि हमारा देश आध्यात्मिक और धार्मिक देश है लेकिन हम इतने भोगी, विलासी और लालची हैं, जितने पश्चिम वाले भी नहीं, जिन्हें हम भौतिकवादी कहते हैं। कबीर मुझे प्रासंगिक लगते हैं तो इस अर्थ में कि वे हमारे लालच पर प्रश्नचिह्न लगाते हैं। वे हमारे जीव : के पंख को नयी आध्यात्मिक उड़ान देते हैं। यही काम गाँधी भी करते हैं। गाँधी कहते हैं कि यह धरती सम्पूर्ण मनुष्य जाति का पेट भरने

और जरूरतों को पूरा करने के लिए काफी है, लेकिन यह धरती एक आदमी के लालच को पूरा करने के लिए काफी नहीं। आप कबीर से, कबीर के निस्पृह भाव से, गाँधी के इस भाव को, राजनीतिक चिन्तन को जोड़ें, तब आपको लगेगा कि कबीर हमारे समय के लिए कितने जरूरी हैं।

अन्त में मैं फिर याद दिलाऊँ, कबीर कहते हैं और कुमार गन्धर्व गाते हैं कि 'उड़ जायेगा हंस अकेला'। इस उड़ते हुए हंस के खेल को पहचानने वाले कबीर की याद का, यह जो उपक्रम आपने किया है, उसमें शामिल होकर मुझे अच्छा लगा। मेरे लिए यह साहित्यिक विमर्श भर नहीं, जीवन-मरण के प्रश्न की तरह सामाजिक और आध्यात्मिक यात्रा है...

(24 अक्टूबर 2013 को महर्षि दयानन्द विश्वविद्यालय, रोहतक के हिन्दी विभाग द्वारा आयोजित कबीर विषयक संगोष्ठी में दिये गये बीच वक्तव्य का लिखित एवं किंचित परिवर्धित सम्पादित रूप)

प्रस्तुति : रुपेश कुमार शुक्ल

कबीर के बारे में : एवेलिन अंडरहिल

(प्रस्तुत लेख रवीन्द्रनाथ ठाकुर की पुस्तक 'पोएम्स ऑफ कबीर' की श्रीमती एवेलिन अंडरहिल लिखित भूमिका है। रवि बाबू को कबीर बहुत प्रिय थे। उनका रहस्यभाव उन्हें विशेष रूप से आकर्षित करता था। उन्होंने कबीर की सौ कविताओं का अंग्रेजी में अनुवाद किया। वे कविताएँ 'पोएम्स ऑफ कबीर' नाम से 1915 में लंदन से प्रकाशित हुईं। इस पुस्तक की लम्बी भूमिका 'इंट्रोडक्शन' नाम से अंडरहिल ने लिखी। उस पुस्तक के प्रकाशन में उन्होंने भी विशेष दिलचस्पी दिखायी। 'पोएम्स ऑफ कबीर' के अनुवाद और प्रकाशन का मूल उद्देश्य था—कबीर की प्रतिभा से यूरोपीय पाठकों को परिचित कराना।

एवेलिन अंडरहिल (1875-1941) इंग्लैंड निवासी थीं। वे अंगेजी की लेखिका और कवयित्री थीं। लेकिन उन्हें विशेष प्रसिद्धि रहस्यवाद की विशेषज्ञ के रूप में मिली। यूरोपीय रहस्यवाद की तो वे अधिकारी विदुषी मानी जाती हैं। अपने समकालीन बौद्धिकों के बीच रहस्यात्मक ब्रह्म विज्ञान को एक प्रतिष्ठित अनुशासन बनाने में उन्होंने ऐतिहासिक भूमिका निभाई। कविता संग्रहों के अतिरिक्त उनकी प्रसिद्ध पुस्तकें हैं—'मिस्टिसिज्म', 'दि मिस्टिक वे', 'वरशिप', 'मैन एण्ड दि सुपरनेचुरल', 'दि मिस्ट्री ऑफ सेक्रिफायस' आदि। 'मिस्टिसिज्म' (1911) उनकी सर्वाधिक चर्चित और विश्वप्रसिद्ध पुस्तक है।

'पोएम्स ऑफ कबीर' में प्रायः वे कविताएँ हैं, जिनका सम्बन्ध कबीर की रहस्य-भावना से है। विषय की माँग और रहस्यवाद में अपनी विशेष दिलचस्पी के कारण अंडरहिल ने कबीर की रहस्य-भावना के गहन विवेचन के साथ उसकी बहुत-सी ऐसी विशेषताएँ खोज निकाली हैं, जिनको हिन्दी आलोचकों ने प्रायः नहीं देखा है। सामाजिक सन्दर्भों से जुड़ी कबीर की कविताओं की बड़ी चर्चा होती है। लेकिन सामाजिकता के आग्रही आलोचकों के लिए भी कबीर की रहस्य-भावना का कोई

सुसंगत सामाजिक आधार खोजना प्रायः मुश्किल होता है। बहुत-से लोगों का आज भी यह विचार है कि रवीन्द्रनाथ और एवेलिन अंडरहिल ने 'पोएम्स ऑफ कबीर' के जरिए कबीर की रहस्यवादी मूर्ति गढ़ने की कोशिश की। अंडरहिल का प्रस्तुत लेख इस दृष्टि से ऐतिहासिक महत्त्व का है कि इसमें सम्भवतः पहली बार कबीर के रहस्यवाद के सामाजिक सन्दर्भों को बहुत हद तक समझने की कोशिश दिखायी पड़ती है। कबीर के रहस्यवाद के इस विश्लेषण से हिन्दी के विद्वान तो परिचित हैं, लेकिन पुस्तक की हिन्दी में अनुपलब्धता के कारण अब आम पाठकों के लिए यह आसानी से सुलभ नहीं। प्रस्तुत अनुवाद का उद्देश्य कबीर की छह सौवीं जयन्ती के अवसर पर कबीर सम्बन्धी इस दुर्लभ चर्चा की याद को ताजा करना है।

रहस्य-भावना प्रत्यक्ष सच्चाई नहीं, बल्कि व्यक्तिगत भाव और अनुभूति है। व्यक्तिगत भाव और अनुभूति भी सामान्य स्तर की नहीं, विशेष स्तर की। कबीर की गहन रहस्य-भावना का रहस्यवाद की एक विदुषी लेखिका द्वारा अंग्रेजी भाषा में किया गया यह गहन अध्ययन अपने अनुवाद कार्य के लिए जिस गहन धैर्य, योग्यता और सहानुभूति की माँग करता है, वह मुझमें नहीं है। फिर भी कबीर के प्रति प्रेम के कारण इस कार्य को पूरा करना पड़ा। कबीर की साधना और उनके प्रतीकों को समझना जितना कठिन है उतना ही कठिन है किसी विदेशी व्यक्ति द्वारा किये गये अध्ययन को हिन्दी पाठकों के लायक बनाना। श्रीमती अंडरहिल ने यह भूमिका यूरोप के पाठकों को ध्यान में रखकर लिखी थी। उन्होंने सूफी और ईसाई रहस्यवादियों से तुलना करते हुए कबीर की जो व्याख्या की है, उसे निर्विवाद नहीं कहा जा सकता। जिस देश-काल की वे उपज थे, उससे भिन्न देश-काल और भाषा में किया गया अध्ययन निर्विवाद हो भी नहीं सकता। अंडरहिल ने रहस्य-भावना की व्याख्या के लिए अंग्रेजी भाषा में जिस संश्लिष्ट शैली का प्रयोग किया है, वह हिन्दी भाषा की प्रकृति के मेल में नहीं। अनुवाद में मूल वाक्य को बार-बार तोड़ना पड़ा है। कुछ शब्द अंग्रेजी में जो अर्थ देते हैं, हिन्दी में वह अर्थ नहीं होता। इन सारी कठिनाइयों के साथ मैंने यह अनुवाद कार्य किया। कहीं-कहीं मूल शब्द को कोष्ठक में रख दिया गया है। कुछ जगह अधिक स्पष्टता के लिए कोष्ठक में अपनी ओर से हिन्दी शब्द दे दिये गये हैं **—गोपेश्वर सिंह**)

कबीर भारतीय रहस्यवाद के इतिहास में सर्वाधिक दिलचस्प व्यक्तित्वों में से एक हैं। उनके गीतों का यह संग्रह अंग्रेजी पाठकों के लिए प्रस्तुत किया जा रहा है। बनारस में या उसके आस-पास मुसलमान माता-पिता के घर 1440 ई. के लगभग पैदा होने वाले कबीर जीवन के प्रारम्भ में ही प्रख्यात हिन्दू सन्त रामानन्द के शिष्य हो गये थे। जिस धार्मिक नवजागरण की शुरुआत 12वीं शताब्दी के महान ब्राह्मणवादी सुधारक रामानुज ने दक्षिण (भारत) में की थी, उत्तर भारत में उसे रामानन्द ले आये। यह नवजागरण अंशतः सनातनी पूजा पद्धति के रीतिवाद के फैलाव के विरुद्ध एक प्रतिक्रिया था। यह (नवजागरण) अंशतः वेदान्त-दर्शन के तीव्र बुद्धिवाद के विरुद्ध हृदय की पुकार पर जोर दे रहा था। वेदान्त दर्शन के तीव्र बुद्धिवाद का दावा अतिरंजना के साथ अद्वैत दर्शन में था। रामानुज के उपदेशों में भगवान विष्णु के प्रति तीव्र भक्तिभाव ईश्वरीय सृष्टि (डिवाइन नेचर) की निजी अवधारणा के रूप में प्रकट हो रहा था। वह रहस्यात्मक 'प्रेम का धर्म' आध्यात्मिक संस्कृति के निश्चित सतह पर फैला है। उसके सिद्धान्त और दर्शन अहिंसक हैं।

यद्यपि हिन्दू धर्म में ऐसी भक्ति-भावना पहले से है और इसकी अभिव्यक्ति 'भगवत्गीता' के बहुत से अनुच्छेदों में मिलती है, तथापि मध्यकालीन नवजागरण में इसके समन्वय का बड़ा तत्त्व मौजूद था। कहा जाता है कि रामानन्द के माध्यम से भक्ति की भावधारा कबीर तक आयी। रामानन्द व्यापक धार्मिक संस्कृति और मिशनरी उत्साह के व्यक्ति थे। जब महान फारसी रहस्यवादी अतर, सादी, जलालुद्दीन और हाफिज की भाववेगपूर्ण कविता और गम्भीर दर्शन भारतीय धार्मिक चिन्तन को जोरदार ढंग से प्रभावित कर रहा था, रामानन्द ने ब्राह्मणवाद के परम्परित ब्रह्म विज्ञान के साथ इस तीव्र और व्यक्तिगत मुसलमानी रहस्यवाद के मेल-मिलाप का सपना देखा। कुछ लोगों का मानना है कि ये दोनों धार्मिक नेता (फारसी रहस्यवादी और रामानन्द) ईसाई चिन्तन और जीवन से भी प्रभावित हैं। लेकिन इस मुद्दे पर सक्षम विद्वानों में व्यापक मतभेद हैं। इसलिए इस विवाद को यहाँ नहीं उठाया जा रहा है। फिर भी हम दावा कर सकते हैं कि उनकी शिक्षाओं में दो या तीन स्पष्टतः प्रतिकूल तीव्र आध्यात्मिक सांस्कृतिक धाराएँ मिलती हैं, जैसे यहूदी और यूनानी चिन्तन का ईसाई गिरजाघरों में मेल हुआ था। कबीर की प्रतिभा की उत्कृष्ट विशिष्टताओं में से एक यह है कि वे अपनी कविता में उन सबका समन्वय करने में समर्थ हुए।

कबीर एक महान धार्मिक सुधारक और एक पन्थ के संस्थापक थे, जिससे लाखों उत्तर भारतीय हिन्दू आज भी जुड़े हैं। कबीर अब भी एक गहरे रहस्यवादी कवि के रूप में हमारे सामने हैं। 'सत्य' को अभिव्यक्त करने वाले, धार्मिक एकान्तवाद से घृणा करने वाले और मनुष्य को भगवान की सन्तान मानकर उसे समता की प्रतीति कराने वाले इस व्यक्ति की नियति यह है कि जिन बन्धनों को तोड़ने का उन्होंने जीवन-भर कठोर यत्न किया, उन्हीं बन्धनों में उन्हें बाँधकर उनके अनुयायियों ने

उन्हें सम्मानित किया है। लेकिन उनके अद्भुत गीत, उनकी दृष्टि और प्रेम के अबाध प्रवाह के कारण, न कि उनके नाम पर चलने वाले शिक्षात्मक उपदेशों के कारण आज भी जीवित हैं। उनकी अमर वाणी दिल को छूती है। उनकी कविताओं में रहस्य-भावना की व्यापक अभिव्यक्ति हुई है। उनकी अक्खड़ तन्मयता, असीम के प्रति अन्यतम लौकिक आवेग और ईश्वर की अत्यन्त आत्मीय निजी अनुभूति हिन्दू एवं मुसलमानी आस्था से प्राप्त घरेलू रूपकों एवं धार्मिक प्रतीकों में व्यक्त हुई है। उन कविताओं के रचयिता के बारे में यह कहना मुश्किल है कि वह ब्राह्मण थे या सूफी, वेदान्ती थे या वैष्णव; क्योंकि उन्होंने खुद अपने बारे में कहा है कि "वे एक साथ अल्लाह और राम की सन्तान हैं।" वह 'परम सत्ता' जिसे वे जानते थे और जिसकी आराधना करते थे तथा जिसकी आनन्दपूर्ण मैत्री (छवि) दूसरों की आत्मा में देखते थे, अनुभवातीत है। 'उसमें' सभी आध्यात्मिक कोटियाँ तथा सारी धार्मिक परिभाषाएँ समाहित हैं। फिर भी प्रत्येक व्यक्ति ने उस असीम और अनलंकृत समष्टि को कुछ हद तक उपलब्ध किया है। 'जो' उनके मापदण्डों के अनुसार अपने आपको धर्ममतों के श्रद्धालु प्रेमियों के लिए प्रकट करता है।

कबीर का जीवन परस्पर विरोधी किंवदन्तियों से भरा हुआ है, जिनमें से किसी पर भी भरोसा नहीं किया जा सकता। इसमें से कुछ हिन्दू स्रोतों और कुछ मुसलमानी स्रोतों से निकली हैं। वे किंवदन्तियाँ कबीर को कभी सूफी तो कभी ब्राह्मण सन्त बताती हैं। फिर भी उनका नाम अन्तिम-रूप से व्यावहारिक रूप में उनके मुसलमान होने का अन्तिम प्रमाण है। सर्वाधिक प्रचलित कहानी उन्हें बनारस के मुसलमान बुनकर की असली या गोद ली गयी सन्तान के रूप में प्रस्तुत करती है। बनारस शहर में ही उनके जीवन की प्रमुख घटनाएँ घटित हुईं।

पन्द्रहवीं शताब्दी तक बनारस में भक्ति धर्म की समन्वयवादी प्रवृतियाँ पूरे उत्कर्ष पर थीं। सूफी और ब्राह्मण शास्त्रार्थ करते हुए दिखते हैं। दोनों धर्ममतों के सर्वाधिक धार्मिक लोग रामानन्द की शिक्षाओं के निरन्तर सम्पर्क में हैं। उस समय रामानन्द की प्रसिद्धि अपने शिखर पर थी। कबीर में धार्मिक भाव जन्मजात था। बालक कबीर ने रामानन्द को भगवान द्वारा नियत गुरु के रूप में देखा। लेकिन एक हिन्दू गुरु एक मुसलमान को शिष्य के रूप में स्वीकार करेगा, इसके संयोग बहुत कम थे। यह बात उन्हें मालूम भी थी, इसलिए वे गंगा नदी की सीढ़ियों पर छिप गये। रामानन्द वहाँ स्नान करने के अभ्यस्त थे। पानी की ओर नीचे आते समय स्वामीजी का कबीर से अप्रत्याशित ढंग से स्पर्श हुआ। वे विस्मय से चिल्ला उठे—'राम! राम!' रामानन्द राम की पूजा भगवान के अवतार के रूप में करते थे। उसके बाद कबीर ने घोषणा की कि रामानन्द के मुँह से उन्हें दीक्षा का मन्त्र मिल गया है और उन्होंने रामानन्द का शिष्यत्व ग्रहण कर लिया है। कट्टरपन्थी ब्राह्मण और मुसलमान दोनों समान रूप से कबीर के ईश्वरीय मीमांसा सम्बन्धी काम को

अवज्ञा मानते थे। उनके विरोध के बावजूद कबीर अपनी बात पर डटे रहे। इस तरह उन्होंने क्रिया रूप में नये धर्म (रिलेजियस-सिंथेसिस) के उस सिद्धान्त का प्रचार किया, जिसे रामानन्द ने अपने चिन्तन में स्थापित किया था। रामानन्द उनके गुरु के रूप में दिखते हैं, यद्यपि मुसलमानी किंवदन्ती झाँसी के प्रसिद्ध सूफी पीर तकी को उनके जीवन के उत्तरार्द्ध का उस्ताद मानती है। लेकिन हिन्दू सन्त ही मानव रूप में उनके गुरु दिखते हैं, जिनके प्रति अपने गीतों में उन्होंने श्रद्धा व्यक्त की है।

कबीर के बारे में हमें जो थोड़ी-सी जानकारी है, वह उस प्राच्य रहस्यवादी से सम्बन्धित तत्कालीन बहुत-सी धारणाओं का खण्डन करती है। साधना (डिसिप्लिन) के वे सोपान जिनसे वे गुजरे, वे तौर-तरीके जिनमें उनकी धार्मिक प्रतिभा विकसित हुई, उनसे हम पूरी तरह अनभिज्ञ हैं। वे वर्षों रामानन्द के शिष्य रहे। रामानन्द अपने समय के सभी महान मुल्लाओं और ब्राह्मणों से ब्रह्म विज्ञानी और दार्शनिक शास्त्रार्थ करते थे। इस आधार पर शायद हम कबीर की हिन्दू और सूफी दर्शन से सम्बन्ध की जानकारी पा सकते हैं। हो सकता है कि हिन्दू या सूफी ध्यान-मनन की परम्परागत शिक्षा उन्हें मिली भी हो और नहीं भी। लेकिन यह स्पष्ट है कि उन्होंने पेशेवर संन्यासी का जीवन ग्रहण नहीं किया था या ध्यानशीलता, तप एवं विशिष्ट खोज में अपने आपको समर्पित करके वे संसार से विरक्त हुए थे। वे कुशल संगीतज्ञ और कवि थे। उनकी आराधना के अन्तरंग जीवन की कलात्मक अभिव्यक्ति उनके संगीत और कविता में हुई है। वे स्वस्थ चित्त और मिहनती स्वभाव के पूरबिया दस्तकार थे। सभी किंदवन्तियाँ इस बात पर एक मत हैं कि कबीर बुनकर थे। वे अपनी जीविका करघा से चलाते थे। वे एक निरक्षर आदमी थे। टेंट निर्माता पॉल, मोची, बोह्मे , ठठेरे बनियन, रीबन-निर्माता टर्स्टीजेन की तरह वे जानते थे कि विजन और उद्योग का मिलान कैसे किया जाता है। ध्यान के भाव में विघ्न डालने की अपेक्षा उनका हस्तशिल्प इसमें मदद करता था। शरीर मात्र को कष्ट देने वाले तप से उन्हें घृणा थी। वे संन्यासी नहीं, एक शादीशुदा आदमी थे। वे एक परिवार के पिता थे। तपोमय जीवन पर जोर देने वाली हिन्दू किंवदन्तियाँ इस तथ्य की अनदेखी करती हैं। उन्होंने अलौकिक प्रेम के अपने हर्षोन्मत्त गीतों में जो कुछ गाया, वह सामान्य लोगों की समझ से परे है। उनका कर्म उनके जीवन की परम्परित कथा की पुष्टि करता है। प्रेम और त्याग के अवसरों के लिए घरेलू जीवन की तथा दैनिक अस्तित्व के महत्त्व और यर्थाथ की वे बार-बार प्रशंसा करते हैं। पेशेवर योगी की पवित्रता की अवहेलना करते हुए वे कहते हैं–"योगी ने लम्बी दाढ़ी बढ़ा रखी है और उसकी जटाएँ उलझी हुई हैं। इस कारण वह बकरे की तरह दिखता है।" वह योगी इससे भी आगे बढ़कर प्रेम, खुशी और सुन्दरता से बने संसार से पलायन कर जाना चाहता है। उस संसार से, जो आदमी की खोज की सबसे उपयुक्त जगह है। उस 'सत्य' को यहीं पाया जा सकता है। इस सम्पूर्ण संसार में उनके प्रेम की जोत फैली हुई है।

वैसे देश-काल में उस निडर और मौलिक मनोवृत्ति की पहचान के लिए सन्त साहित्य के अधिक ज्ञान की जरूरत नहीं है। हिन्दू या मुसलमान दोनों तरह की कट्टरपन्थी पवित्रता के लिहाज से कबीर विशुद्ध विधर्मी थे। सभी सांस्थानिक धर्मों और ब्राह्याचारों को वे उसी तीव्रता और सम्पूर्णता में नकारते थे, जैसे क्वैकर्स नकारते थे। जहाँ तक इनके धार्मिक विचारों का सवाल है, उनकी छवि एक खतरनाक आदमी की थी। 'अलौकिक सत्य' के साथ 'सहज समाधि' का उन्होंने निरन्तर गुणगान किया है। वह 'अलौकिक सत्य' प्रत्येक आत्मा की खुशी और कर्त्तव्य में है। वह कर्मकाण्ड और शारीरिक तप दोनों से परे है। उनका भगवान न तो काबा में है, न कैलाश में। जिन्हें उसकी खोज है, उन्हें दूर जाने की जरूरत नहीं। वह हर कहीं है। एक स्वयंसिद्ध पवित्र आदमी की तुलना में 'एक धोबी और एक बढ़ई' में उसे ढूँढ़ना अधिक आसान है। इसलिए हिन्दू और मुसलमान दोनों धर्मपरायणता के सारे उपकरणों—मन्दिर और मस्जिद, मूर्ति और पवित्र जल तथा धर्मग्रन्थ और पुजारी—का समान रूप से इस विद्रोही कवि ने खण्डन किया। उन्होंने आत्मा और प्रेम के मध्य आने वाली सभी मृत चीजों का तिरस्कार किया है—

सारे बिम्ब जीवनहीन हैं, वे बोल नहीं सकते,
मैं जानता हूँ, उनके लिए मैं बहुत रोया,
पुराण और कुरान शब्द मात्र हैं,
परदा उठाकर मैंने सब देखा है।

इस तरह की बात किसी संगठित मठ के द्वारा बर्दाश्त नहीं की जा सकती। यह कोई आश्चर्य की बात नहीं कि पुजारी प्रभावित अपने कर्म-क्षेत्र बनारस में कबीर उत्पीड़ित किये गये हों। एक बहुज्ञात किंवदन्ती के अनुसार ब्राह्मणों ने एक सुन्दर गणिका को उनके पास उन्हें लुभाने और परिवर्तित करने के लिए भेजा था—मैगडाले की तरह। उच्च प्रेम के स्रष्टा से उस गणिका का अचानक मिलन इस बात का प्रमाण है कि तत्कालीन धार्मिक शक्तियाँ कितने भय और अनादर से कबीर को देखती थीं। कम से कम एक बार किसी को स्वस्थ कर देने के काल्पनिक चमत्कार की उपलब्धि के बाद उन्हें बादशाह सिंकन्दर लोदी के पास लाया गया और दैवीय शक्ति के वाहक का दावा करने वाले के रूप में आरोपित किया गया। लेकिन सिकन्दर लोदी एक महत्त्वपूर्ण संस्कृति का राजा था। अपनी निजी आस्था से सम्बन्धित मौजी प्रकृति के सन्त लोगों के प्रति उदार था। जन्मना मुसलमान कबीर ब्राह्मण धर्माधिकारियों के लिए बाहरी और सूफियों के वर्ग के थे, जिन्हें महान ब्रह्मविज्ञानी स्वातन्त्र्य प्राप्त था। यद्यपि शान्ति कायम रखने के लिए उन्हें बनारस से निर्वासित कर दिया गया था, फिर भी वे अपने काम में लगे रहे। यह घटना 1495 ई. की लगती है, जब वे साठ के करीब थे। उनके जीवन की यह अन्तिम घटना है, जिसकी हमें निश्चित जानकारी है। तत्पश्चात् वे उत्तर भारत के नगरों में घूमते हुए दिखाई देते हैं। वे

नगर उनके शिष्यों के केन्द्र-स्थल हैं। प्रेम के प्रचारक और कवि के रूप में उन्होंने अपना निर्वासित जीवन व्यतीत किया। प्रेम, जिसके बारे में अपने एक गीत में वे कहते हैं, 'काल के प्रारम्भ से' वह नियत है। अब वे बूढ़े और कमजोर हो गये थे। उनके हाथ इतने दुर्बल हो गये थे कि वे अपना प्रिय वाद्य भी नहीं बजा सकते थे। 1518 ई. में गोरखपुर के नजदीक मगहर में उनकी मृत्यु हो गयी।

एक बहुत खूबसूरत किंवदन्ती है कि उनकी मृत्य के बाद उनके हिन्दू और मुसलमान शिष्यों में उनके शव के स्वामित्व को लेकर विवाद उठ खड़ा हुआ। मुसलमान शिष्य दफनाना चाहते थे तो हिन्दू शिष्य जलाना। वे जब आपस में बहस कर रहे थे, जब कबीर उनके सामने प्रकट हुए और उनसे कहा कि वे कफन उठाएँ और नीचे देखें कि क्या कुछ पड़ा है। उन्होंने ऐसा ही किया और पाया कि वहाँ फूलों का ढेर है। उसमें से आधा मुसलमानों ने मगहर में दफनाया और आधा हिन्दू बनारस जलाने के लिए ले आये। दो महान धर्मों के सर्वाधिक सुन्दर सिद्धान्तों को सुगन्धित बनाने वाले व्यक्ति के कर्मरत जीवन का यह उपसंहार था।

(2)

एक तरह से रहस्यवादी कविता 'सत्य दर्शन' के प्रति स्वाभाविक प्रतिक्रिया के रूप में परिभाषित की जा सकती है, दूसरी ओर यह भविष्यवाणी का एक रूप है। दो बिन्दुओं को मिलाने वाली रहस्यवादी चेतना की यह विशेष खासियत है। ऊपरी तौर पर यह ईश्वर की आराधना है, लेकिन आन्तरिक रूप में पारलौकिक जीवन के रहस्यों पर दूसरे लोगों के लिए अभिव्यक्ति है। इसलिए इस चेतना की कलात्मक अभिव्यक्ति दोहरे चरित्र की है। यह प्रेम-कविता है, लेकिन ऐसी प्रेम-कविता, जो प्रायः मिशनरी उद्देश्य से लिखी जाती है।

कबीर के गीत हर्षातिरेक और प्रेम से भरे हैं। वे साहित्यिक भाषा में नहीं, लोकप्रिय हिन्दी में लिखे गये हैं। जाको पॉल दा तोदी और रिचार्ड रॉल की देसी भाषा में लिखी कविताओं की तरह कबीर ने अपने गीत जानबूझकर जनता को सम्बोधित करके लिखे। उन्होंने पेशेवर धार्मिक वर्ग को सम्बोधित करके नहीं लिखा। सामान्य जीवन से लिए गये बिम्बों से वे प्रभावित हैं। वे गीत सार्वदेशिक अनुभवों से भरे हैं। अत्यन्त ईमानदार अपील से भरे ये गीत सरलतम रूपकों में हैं। ऐसे आवेग और सम्बन्ध से भरे रूपक, जिन्हें हर कोई जानता है, जैसे दूल्हा-दुल्हन, गुरु-शिष्य, तीर्थयात्री, किसान तथा प्रवासी पक्षी यानी आत्मा (हंसा)। आत्मा और परमात्मा का संयोग अनुभवातीत है। यह हंसा सच्चे और तीव्र विश्वास के साथ हमें घर (ईश्वर के) जाने के लिए प्रेरित करता है। उसकी दुनिया में 'लोक' और 'लोकोत्तर' के बीच कोई दीवार नहीं है। प्रत्येक वस्तु ईश्वर की लीला है, इसलिए हर वस्तु यहाँ तक कि विनम्रतम प्रार्थना भी सृष्टिकर्त्ता के मन के रहस्य को व्यक्त करने में सक्षम है।

महानतम रहस्यवादियों की यह सामान्य विशेषता है कि अलौकिक सच्चाइयों को प्रस्तुत करने के लिए वे भौतिक साधनों का प्रयोग करते हैं। जब वे अन्ततः सच्ची समाधि प्राप्त कर लेते हैं, तब उनके लिए सृष्टि की सारी चीजें समान अधिकार से युक्त हो जाती हैं। समान अधिकार यानी भगवान की उपस्थिति की सांस्कारिक घोषणाएँ। घरेलू एवं शारीरिक प्रतीकों का उनका निर्भय नियोजन तथा प्रायः आश्चर्यजनक और अनभ्यस्त स्वाद के प्रति विद्रोह भी उनके आध्यात्मिक जीवन के आनन्दातिरेक के प्रत्यक्ष हिस्से हैं। महान सूफियों और जाको पॉल दा तोदी, रुजब्रोक बोह्मे जैसे ईसाइयों के साहित्य इस तरह के चित्रों से भरे हुए हैं। इसलिए हमें कबीर के गीतों में उनकी भाव समाधि की अभिव्यक्ति के दुःसाहसी प्रयास को देखकर आश्चर्यचकित नहीं होना चाहिए। ठोस एवं आध्यात्मिक भाषा के निरन्तर सान्निध्य के जरिए वे दूसरों को भी इस अनुभव के लिए राजी करते हैं। इस एकान्तरण के लिए स्वाभाविक तौर पर मन को बदलना जरूरी है, जिससे आदमी काम लेता है। मन में ही पुराने बोध जड़ जमाए हुए हैं। इसे हम ठीक से समझने का प्रयास करें तो उनकी कविता हमारी समझ से दूर नहीं होगी।

कबीर सर्वोच्च रहस्यवादियों के उस छोटे से समूह में परिगणित हैं, जिनमें सन्त अगस्थिन, रुजब्रोक और सूफी शायर जलालुद्दीन रूमी आदि प्रमुख हैं। उन्होंने वह उपलब्ध किया है, जिसे ईश्वर का संश्लिष्ट विजन कहा जा सकता है। उन्होंने ईश्वर की वैयक्तिक और अवैयक्तिक, अनुभवातीत और अंतस्थ, स्थिर और गतिशील अवधारणाओं तथा दर्शन की 'परम सत्ता' एवं भक्ति धर्म के 'सच्चे मित्र' के मध्य निरन्तर विरोध देखा है। एक के बाद दूसरी असंगत अवधारणाओं को स्पष्टतया अपनाकर उन्होंने यह नहीं किया है, बल्कि एक आध्यात्मिक लोक, जिसके वे वासी हैं, की उच्चता का आरोहण करके ऐसा किया है। रुजब्रोक ने जैसा कहा है—एक सत्ता में मिलना और समाहित होना, पूर्ण समग्रता के विरोधों को आत्मसात् करते हुए महसूस करना है, यह काम दोनों के लिए अपरिहार्य है। कबीर और रुजब्रोक इसके प्रति श्रद्धा प्रकट करते हैं। उनके अनुसार सृष्टि के तीन क्रम हैं—'जो हो रहा है', 'जो है', और—उनसे 'अधिक जो होने वाला है'। यह तीनों क्रम ईश्वर हैं। भगवान जो अनुभूत होता है, वह कोई अन्तिम कल्पना नहीं, बल्कि एक वास्तविकता है। वह प्रेरित करता है, वह सहारा देता है और वह राचगुच में है। अस्तित्व ग्रहण करता हुआ असीम संसार और अस्तित्वमान् असीम संसार दोनों अपनी वास्तविकताओं के बावजूद अनुभवातीत हैं। वह सर्वव्यापी 'परम सत्य है' जिसमें 'सब कुछ व्याप्त' है। उसमें दुनिया माया की तरह है। उनकी व्यक्तिगत अवधारणा में 'वह' प्रियतम है जो प्रत्येक आत्मा को शिक्षित करने वाला और जोड़ने वाला साथी है। अन्तर्यामी शक्ति के रूप में मान्य वह 'योगियों का योगी' है। लेकिन ये सभी उनकी प्रकृति के श्रेष्ठ आंशिक रूप हैं, जो परस्पर दोष निवारक हैं। त्रिकू के ईसाई सिद्धान्तों से

यह ब्रह्म विज्ञानी रेखालेख (डायग्राम) अद्भुत सादृश्य रखता है। ईसाई सिद्धान्त के ये लोग 'शाश्वत एकता' के ऐसे भिन्न और पूर्ण अनुभवों के रूप में व्यक्त करते हैं, जिसमें वे समाहित हैं। जैसे रुजब्रोक यथार्थ का एक धरातल देखता है, जिस पर हम 'पिता, पुत्र और पवित्र आत्मा' के बारे में अधिक कुछ नहीं कह सकते हैं। हम अधिक से अधिक उस 'एक अस्तित्व' को अनुभव करते हैं। उन अमर लोगों का सार यह है कि वह एक अस्तित्व है। इसलिए कबीर कहते हैं कि असीम और ससीम दोनों के परे शुद्ध यथार्थ 'वही' है।

ब्रह्म एक अनिर्वचनीय तथ्य है, जिसकी तुलना 'प्रतिअनुकूलित से अनुकूलित भिन्नता से की गयी है। वह मात्र एक शब्द है।' एक नज़र में वह पूर्ण अनुभवातीत एवं भाववादी दर्शन है। वह हमारी आत्मा का प्रेमी है। वह सबके प्रति समान और प्रत्येक के प्रति विशेष है, जैसा कि एक ईसाई रहस्यवादी के लिए होता है। यथार्थ वर्णन के लिए इन दोनों रास्तों की आवश्यकता का कबीर द्वारा महसूस किया जाना उनके आध्यात्मिक अनुभव की समृद्धि और सन्तुलन का प्रमाण है, जिसे न तो दैवीय और न मानवतारोपी प्रतीक अकेले व्यक्त कर सकते हैं। अतः ब्रह्म दर्शन की सभी अवधारणाओं और सभी भावपूर्ण अन्तर्ज्ञानों से युक्त हो जाने पर वह पूर्ण से अधिक पूर्ण और मानव मस्तिष्क से अधिक अपना है। वह एक महान शब्द का केन्द्र जीवन और प्रेम का माध्यम तथा इच्छा की अद्भुत तुष्टि है। उसका रचनात्मक शब्द 'ओम' या 'अनन्त हाँ' है।

दैवीय प्रकृति से निकलने वाले नकारात्मक दर्शन के सारे गुण ईश्वर को उस रूप में वर्णित करते हैं जो वह नहीं है। वे उसे 'रिक्तता' के स्तर तक घटा देते हैं। यह बात इस महान कवि के लिए घृणित वस्तु है। कबीर कहते हैं—"ब्रह्म निराकार में कभी नहीं पाया जा सकता।" उसके प्रेम की ज्योति संसार में व्याप्त है। उसकी पूर्णता को सिर्फ प्रेम की आँखों से देखा जा सकता है। उसे जानने वाले इसी रूप में उससे तादात्म्य स्थापित करते हैं, यद्यपि वे उसे व्यक्त नहीं करते। वह आनन्दपूर्ण एवं अनिर्वचनीय रहस्य है।

कबीर दैवीय प्रकृति की निजी और ब्रह्मांडीय अवधारणा के बीच संश्लेषण करके उन तीन खतरों से बच निकलते हैं, जो रहस्यात्मक धर्म के लिए अहितकर हैं।

प्रथम, वे अतिशय भावुकता से बचते हैं। भावुकता एक विशेष मानवतारोपी समर्पण की प्रवृत्ति है, जो दैवीय व्यक्तित्व के अनियन्त्रित रूप का परिणाम है—विशेष रूप से अवतारी रूप के अन्तर्गत, जो भारतवर्ष में कृष्ण आराधना की अतिशयोक्ति में तथा यूरोप में कुछ विशेष ईसाई सन्तों की भावुकतापूर्ण उच्छृंखलताओं में दिखता है।

दूसरे, वे शुद्ध अद्वैत के आत्महन्ता निष्कर्षों से बचते हैं। यद्यपि आत्यन्तिक रूप से तार्किक अद्वैत का आशय एकता पर बल देता है। यह आत्मा और परमात्मा के बीच एकता का तत्व है। आध्यात्मिक जीवन के उद्देश्य के रूप में एक पूर्ण

अद्वैतवादी के लिए आत्मा सत्य है और तत्वतः ईश्वर से अभिन्न है। मनुष्य का सच्चा ध्येय अव्यक्त पहचान का प्रत्यक्षीकरण है। वह प्रत्यक्षीकरण ही अद्वैतवादी सिद्धान्त सूत्र की अभिव्यक्त अनुभूति है। उस अनुभूति की कला ही ईश्वर है। लेकिन कबीर कहते हैं—ब्रह्म और जीव "सदा पृथक हैं और अंततोगत्वा सदा संयुक्त हैं।" आदमी के लिए आध्यात्मिक और साथ ही साथ भौतिक जगत की पहचान ईश्वर की पाद पीठ से अधिक नहीं है। ईश्वर के साथ आत्मा का संयोग प्रेम का संयोग है। दोनों का परस्पर निवास आवश्यक है। द्वैत सम्बन्ध जिसे सभी रहस्यात्मक धर्म व्यक्त करते हैं, ऐसा आत्म विर्सजन नहीं, जिसमें व्यक्तित्व के लिए कोई स्थान नहीं है। शाश्वत पृथकता तथा ईश्वर और आत्मा के पृथकत्व में रहस्यात्मक मेल सन्तुलित रहस्यवाद का आवश्यक सिद्धान्त है। जो आस्था इस पृथकता और संयोग के रहस्य को नहीं मानती, वह आत्मा के आध्यात्मिक संसार में विलय का अंश मात्र भी नहीं व्यक्त कर सकती। इसका अभिकथन (समर्थन) रामानुज द्वारा उपदेशित वैष्णवी सुधार का विशिष्ट गुण है, जिसकी नीतियाँ रामानन्द के जरिए कबीर तक पहुँचीं। अन्तिम प्रेम की सर्वोच्च सत्ता के रूप में ईश्वर का प्रत्यक्ष एवं उष्मित मानवीय बोध तथा आत्मा के साथी, शिक्षक और दूलहा के रूप में उसका बोध कबीर की कविता में आवेगपूर्ण ढंग से निरन्तर अभिव्यक्त हुआ है। ये भाववादी प्रवृत्तियाँ उनकी यथार्थ दृष्टि के आध्यात्मिक पक्ष का जन्मजात गुण हैं, जो उसे बौद्धिक सूत्र की निष्प्राण पूजा में विकृत होने से रोकती हैं। निष्प्राण पूजा वेदान्ती स्कूल का अभिशाप हो गयी थी। निरी बौद्धिकता और निरी भक्तिमूलता का कबीर कम समर्थन करते हैं। प्रेम उनका 'एकमात्र पूर्ण स्वामी' है। वह अधिक स्वच्छन्द जीवन का अद्‌भुत स्रोत है, जिसका वे आनन्द लेते हैं। वह असीम और ससीम संसार को मिलाने का सामान्य कारक तत्त्व है। सब कुछ उसके प्रेम में सराबोर है। प्रेम जिसका वर्णन जोहानिन की भाषा में प्रायः ईश्वर के रूप में किया गया है। सारी सृष्टि शाश्वत प्रेमी की लीला है। जीवित होना, परिवर्तित होना तथा विकसित होना सब ब्रह्म के प्रेम और आनन्द की अभिव्यक्ति है। मानव-जीवन की उत्पत्ति को ये दोनों (प्रेम और आनन्द) आवेग संचालित करते हैं, इसलिए सुख और दुःख के कुहासे के परे कबीर उन्हें (प्रेम और आनन्द को) ईश्वर की रचनात्मक क्रीड़ा को संचालित करते हुए पाते हैं। प्रेम ही उसका प्रकट रूप है, आनन्द उसकी अभिव्यक्ति है स्वीकार की प्रसन्न क्रीड़ा—अनन्त हाँ (ओम)—से सृष्टि बनती है, वह दैवीय प्रकृति के गर्भ में निरन्तर प्रकाशित है। यह बात हिन्दू धार्मिक विचारों के सामान्य कोष से गृहीत बहुत से अभिप्रायों में से एक है, जो उनकी कवि-प्रतिभा से ज्योतित हुई है। स्पन्दन, लय और निरन्तर परिवर्तन कबीर के यथार्थ बोध के अभिन्न अंग हैं। यद्यपि अनन्त और पूर्ण उनकी चेतना में बने रहते हैं, फिर भी ईश्वरीय प्रकृति की उनकी अवधारणा निश्चित रूप से गतिशील है। गति के ही प्रतीकों के जरिए,

वे हम तक 'उसे' सम्प्रेषित करने की प्रायः कोशिश करते हैं, जैसे नृत्य के अपने सुस्थिर सन्दर्भ में या प्रेम के रज्जु से झूलने वाले सृष्टि के शाश्वत झूले के विलक्षण आधुनिक चित्र के रूप में।

यह रहस्यात्मक साहित्य का चिह्नित किया जाने वाला गुण है कि महान धर्म संघ अतीन्द्रीय भाईचारे की अपनी प्रकृति को सम्प्रेषित करने के प्रयास में अनिवार्यतः ऐसे एन्द्रिय बिम्बों को रचते हैं, जो अश्लील और गलत भी होते हैं। हमारी सामान्य मानवीय चेतना इस तरह स्वातन्त्र्य-प्रेमी है कि अन्तर्ज्ञान का फल अपने आप सहज ज्ञान से उन बिम्बों से सन्दर्भित हो जाता है। अन्तर्ज्ञान में रहस्यवादियों को सभी धुँधली लालसाओं और आंशिक इन्द्रिय आकांक्षाओं की पूर्ण परिपूर्ति होती लगती है। तब वे अटल घोषणा करते हैं कि वे अविद्यमान ज्योति के 'दर्शन' करते हैं, वे दिव्य संगीत का श्रवण करते हैं, वे प्रभु के माधुर्य का आनन्द लेते हैं, वे अनिर्वचनीय सुवास को जानते हैं और वे प्रेम के संयोग को महसूस करते हैं। वस्तुतः 'उसके' दर्शन करना और 'उसे' पूरी तरह महसूस करना, 'उसका' आध्यात्मिक श्रवण, 'उसकी' प्रीतिकर सुरभि और प्यास बुझाने वाली घूँट नौरविच के जुलियन-सी है, जिनकी मनोसंवेदी स्वचलताएँ तीक्ष्ण हैं, वे इन्द्रिय और आत्मा की बराबरी को अपनी चेतना में भ्रमों के रूप में महसूस करते हैं। 'वह' सुसो द्वारा देखी गयी ज्योति की तरह, रॉल द्वारा सुने गये दिव्य संगीत की तरह, सेना सेल के सेंट कैथरीन ने जिसे आत्मसात् किया, उस दिव्य सुरभि की तरह तथा सेंट फ्रान्सिस एवं सेंट टेरेसा द्वारा अनुभूत शारीरिक घाव की तरह है। प्रतीकवाद की ये अतिनाटकीयताएँ हैं, जिसके अन्तर्गत रहस्यवादी सतह की चेतना के प्रति सहज ज्ञान से अपने आध्यात्मिक अन्तर्ज्ञान को प्रस्तुत करने के लिए अभिमुख होता है। वह विशेष ज्ञान, जिसका वे (कबीर) अनुभव करते हैं, अधिक व्यंजक यथार्थ है, जो समन्वय के रूप में व्यक्त होता है।

कबीर से जैसी उम्मीद की जा सकती है—उनकी आध्यात्मिक कोटि की प्रतिक्रिया अनुभूतिजन्य प्रतीकों के कारण बहुत व्यापक और विभिन्नता युक्त है। वे कहते हैं कि उन्होंने ब्रह्म की दीप्ति बिना दृश्य के देखी है, ब्रह्म की शाश्वत सुधा चखी है, परम के साथ आह्लाद से भरे संयोग का अनुभव किया है और स्वर्गिक फूलों के सुवास को सूँघा है। लेकिन वे आत्यन्तिक रूप से एक कवि और संगीतज्ञ थे। लय और संगीत उनके पोशाक की शोभा और सच्चाई थे। इसलिए रिचार्ड रॉल की तरह अपने गीतों में वे अपने आपको व्यक्त करते हैं। वे सबसे पहले एक संगीतिक रहस्यवादी थे। वे बार-बार कहते हैं कि सृष्टि संगीत (अनहदनाद) से भरी हुई है, यह संगीतमय है। सृष्टि के हृदय पर 'उज्ज्वल संगीत बज रहा है।' प्रेम राग बुनता है, जबकि संन्यास काल को मारता है। इसे घर और स्वर्ग कहीं भी सुना जा सकता है। इसे सामान्य जन वैसे ही कानों से सुन सकता है, जैसे एक तपोनिष्ठ संन्यासी अपनी अनुभूतियों से। इसके अतिरिक्त प्रत्येक मनुष्य का शरीर एक वीणा है, जिसे

ब्रह्म बजाता है। ब्रह्म हर तरह के संगीत का स्रोत है। हर जगह कबीर असीम के संगीत को सुनते हैं। वैसा दिव्य संगीत, जिसे देवदूत सेंट फ्रान्सिस के लिए बजाते हैं तथा वैसी आध्यात्मिक सिम्फनी जो रॉल की आत्मा को उल्लसित आन्नद से भर देती है। एक चित्र जिसे उन्होंने हिन्दू देवकुल से लिया है और जिसका वे निरन्तर प्रयोग करते हैं, वे अमर बाँसुरी वादक कृष्ण हैं। लयात्मक स्पन्दन ब्रह्म के सम्मुख सृष्टि का रहस्यमय नृत्य है, जो एक ही साथ पूजा की क्रिया और सर्वव्यापी ईश्वर के असीम हर्षोल्लास की अभिव्यक्ति है। इस लयात्मक स्पन्दन के दृश्यात्मक मूर्तमान रूप में कबीर दिव्य संगीत (अनहद नाद) सुनते हैं।

सृष्टि के इस व्यापक और हर्षमिश्रित विजन के बावजूद कबीर दैनिक अस्तित्व और सामान्य जीवन को कभी नहीं भूलते। उनके पाँव दृढ़तापूर्वक धरती पर जमे हैं। उनका अक्खड़ अैर आवेगमय बोध सन्तुलित और तेजस्वी बुद्धि से निरन्तर नियन्त्रित है। यह नियन्त्रण ऐसे सतर्क कॉमनसेंस के द्वारा सम्भव होता है, जो प्रायः वास्तविक रहस्यात्मक प्रतिभा में पैदा होता है। सादगी और दो टूकपन का निरन्तर आग्रह, हर तरह की अर्मूतता, दार्शनिकता तथा बाह्माचार की निष्ठुर आलोचना उनकी चिह्नित की जाने वाली विशेषताएँ हैं। सभी तरह के प्रत्यक्षीकरण का मूल उद्गम ईश्वर है, जो भौतिक और आध्यात्मिक दोनों ही रूपों में एक समान है। ईश्वर आदमी की एकमात्र आवश्यकता है–“जब तुम मूल में जाओगे सारी खुशियाँ तुम्हारी होंगी।” अतः वे अपनी आँख ‘एकमात्र आवश्यकता’ पर रखते हैं। उनके लिए सम्प्रदाय, धर्ममत, धार्मिक समारोह, दर्शन के निचोड़ तथा संन्यासी के अनुशासन तुलनात्मक रूप से व्यर्थ की बातें हैं। कबीर ऐसा भिन्न दृष्टिकोण प्रस्तुत करते हैं, जिससे आत्मा ब्रह्म से सहज संयोग कर सकती है। यही आत्मा का ध्येय है। ब्रह्म के साथ आत्मा का सहवास ही इसकी उपलब्धि है। इसलिए कबीर की यह कट्टर उदारता है कि कभी वे वेदान्ती लगते हैं और कभी वैष्णव, कभी सर्वेश्वरवादी हैं तो कभी अनुभवातीतवादी और कभी ब्राह्मण हैं तो कभी सूफी। ब्रह्म उनके जीवन का नियन्ता है। वह अति विस्तृत है और एकदम पास भी। उस अनिर्वचनीय भाव बोध के बारे में सत्य कहने के प्रयास में वे उस गुत्थी को एक साथ समझ लेते हैं, जैसे वे अपने करघे पर परस्पर विरोधी धागों को बुनते हैं। वह करघा जो उनके सर्वाधिक उग्र और परस्पर विरोधी दर्शनों और आस्थाओं से निकले प्रतीकों और विचारों का प्रतिरूप है। सभी आस्थाएँ एवं दर्शन ‘उसे’ समझने में सहायक हैं। उपनिषद ने ‘उसे’ सूर्य-सा ज्योतित बतलाया है। वह अन्धकार से परे है। उज्ज्वल प्रकाश की प्रचुरता को दर्शाने के लिए सभी रंगों के वर्णक्रम को देखना ज़रूरी है। इस तरह अपने इस्तेमाल के लिए वे पारम्परिक तरीकों को अनुकूल बनाते हुए रहस्यवादियों में सामान्य रूप में प्रचलित एक तरीके का अनुसरण करते हैं। वे रूप की मौलिकता के लिए किसी तरह का विशेष प्रेम बिरले ही प्रदर्शित करते हैं। वे अपनी (प्रेम की)

मदिरा प्रायः उसी बर्तन में रखते थे जो हाथ में आता हो। वे आमतौर पर उन्हें प्राथमिकता देते हैं, जो सौन्दर्य तथा अर्थवत्ता के धरातल को उन्नत करते हैं तथा जो अपने समय के प्रचलित धार्मिक या दार्शनिक सूत्र हैं। इस तरह हम पाते हैं कि कबीर की कुछ श्रेष्ठतम कविताएँ विषयवस्तु के रूप में हिन्दू दर्शन और धर्म की घिसी-पिटी बातों की हैं, जैसे—ईश्वर की लीला, परमानन्द का सागर, आत्मा का पक्षी (हंसा), माया, सहस्रदल कमल और रूपहीन रूप। फिर बहुत-सी कविताएँ सूफी बिम्बों और भावों से सराबोर हैं। दूसरी विशेषता है उनकी रचना में भारतीय जीवन की सामान्य परिस्थिति और प्रसंग, जैसे मन्दिर की घंटियाँ, दीपक का समारोह, विवाह, सती और मौसम की विशेषताएँ। उनके द्वारा अनुभूत सारी चीजें अपने रहस्यात्मक रूप में बह्म से आत्मा के सम्बन्ध की प्रतीक-सी हैं। इनमें से कई में विशेष रूप से सुन्दर और भारतीय भाव प्रकृति के प्रति प्रकट हुए हैं।

यहाँ अनूदित गीतों के संग्रह में ऐसे उदाहरण मिलेंगे जो कबीर के चिन्तन के करीब सभी पक्षों को उद्घाटित करते हैं। सभी पक्ष यानी एक रहस्यवादी के मनोभाव से सभी उतार-चढ़ाव, जैसे समाधि, निराशा, नीरव परमानन्द, उग्र आत्म-समर्पण, विस्तृत ज्योति की चमक और आत्म-विभोर प्रेम के क्षण। संसार का उनका व्यापक और गहरा ज्ञान, सृष्टि का शाश्वत खेल, ईश्वर के अस्तित्व में संसार का 'मनकों की तरह होना' यहाँ दिखता है। शाश्वत प्रेमी के साथ आत्मीय घनिष्ठता के उनके प्यारे और सुकुमार भाव तथा सबके ऊपर उनकी सुन्दर कविता भी यहाँ है। सत्ता के ये स्पष्ट विरोधाभासी विचार ब्रह्म में नियोजित हैं, इसलिए दूसरे सभी प्रतिमुख—दासता और मुक्ति, प्रेम और त्याग तथा आनन्द और पीड़ा—ब्रह्म में मिल जाते हैं। ब्रह्म के साथ संयोग आत्मा के लिए महत्त्वपूर्ण है। यदि हम उसे अपनावें तो उसकी आवश्यकता संयोग और ईश्वर की खोज सब कुछ सरल और अत्यन्त स्वाभाविक है। संयोग प्रेम से उत्पन्न होता है—ज्ञान या औपचारिक रीति-रिवाजों से नहीं। और ज्ञान से संयोग होता है। वह अकथनीय है। वह 'न तो यह है, न वह', जैसा रुजब्रोक कहता है। वास्तविक पूजा और सहभागिता 'आत्मा' में और सत्य में है, इसलिए मर्तिपूजा 'शाश्वत प्रेमी' का अपमान है। दिखावटी (प्रोफेसनल) पवित्रता के साधन व्यर्थ हैं। आत्मा की उदारता और शुद्धता से अलग कुछ भी महत्त्वपूर्ण नहीं। सभी चीजों में और विशेष रूप से मनुष्य के हृदय में ब्रह्म निवास करता है, सब कुछ ब्रह्म आविष्ट है। 'वह' कहीं भी पाया जा सकता है—सामान्य मानवीय एवं दैहिक अस्तित्व में भी तथा भौतिक जीवन के पंक में भी। हम बिना पथ पार किये ध्येय तक पहुँच सकते हैं। घर आदमी की साधना की सबसे उपयुक्त जगह है, मठ नहीं। और यदि वह वहाँ ईश्वर को नहीं पाता है तो उसे बाहर आशा नहीं करनी चाहिए। 'घर सच्चाई है।' वहाँ प्रेम और विमुखता, दासता और स्वतन्त्रता तथा खुशी और दुःख आत्मा के ऊपर बारी-बारी से खेलते हैं; और वह उनका द्वन्द्व है जो असीम

के अनहद संगीत से उपजता है। कबीर कहते हैं, "ब्रह्म के सिवा इस लय को कोई दूसरा नहीं उत्पन्न कर सकता है।"

(3)

कबीर के गीतों का यह अनुवाद मुख्य रूप से रवीन्द्रनाथ टैगोर ने किया है। कबीर की रहस्यात्मक प्रतिभा की प्रवृत्ति उनमें भी मिलती है। वे सभी, जो इन कविताओं को देखेंगे, टैगोर को कबीर की दृष्टि और विचार का विशेष सहृदय व्याख्याकार पाएँगे। यह संग्रह मुद्रित हिन्दी टेक्स्ट के साथ श्री क्षितिमोहन सेन के बांग्ला अनुवाद पर आधारित है, जिन्होंने कबीर की कविताओं को विभिन्न स्रोतों से इकट्ठा किया है। उन्होंने कभी पुस्तकों और पांडुलिपियों से, कभी घुमन्तू साधुओं और गायकों के मुख से गाये जाने वाले भजनों और कविताओं के विशाल संग्रह से, जिनसे कबीर का नाम जोड़ दिया गया है, अपना संग्रह तैयार किया है। उन्होंने प्रामाणिक गीतों को सावधानीपूर्वक, कबीर के नाम पर प्रचलित अप्रामाणिक साहित्य से, अलग किया है। उनके उन श्रम साध्य कार्यों से ही यह वर्तमान दायित्व सम्भव हो पाया है।

श्री क्षितिमोहन सेन के टेक्स्ट से पहले हमने श्री अजीत कुमार चक्रवर्ती द्वारा 116 गीतों के अंग्रेजी अनुवाद की पांडुलिपि का भी अवलोकन किया। उसमें कबीर पर लिखा उनका एक निबन्ध भी है। उससे हमने काफी मदद ली है। अनुवाद से यथेष्ट पाठ यहाँ हमने लिए हैं। निबन्ध में उल्लिखित बहुत से तथ्यों को इस परिचय में मिला लिया गया है। श्री अजीत कुमार चक्रवर्ती अत्यन्त उदार और निःस्वार्थ स्वभाव के व्यक्ति हैं। हमारे काम के लिए उन्होंने अपनी पांडुलिपि हमें सौंप दी। वे कृतज्ञता से भरे हमारे धन्यवाद के पात्र हैं।

(1999)

सूर की कविता का समाज

क्या हिन्दी साहित्य का आधुनिक काल भक्तिकाल के ज्यादा करीब है? भक्तिकाव्य के भीतर सक्रिय सामन्तवाद विरोधी प्रवृतियों को देखते हुए डॉ. रामविलास शर्मा ने यहाँ तक प्रस्तावित किया है कि आधुनिक काल का प्रारम्भ वहीं से माना जाना चाहिए, क्योंकि सामन्तवाद विरोध का अर्थ है पूँजीवाद का उदय, जिसके साथ आधुनिकता पैदा होती है। वैसे तो डॉ. शर्मा का यह प्रस्ताव मौलिक है, मगर कई कठिनाइयों के चलते यह मान्य नहीं हुआ। लेकिन आधुनिक हिन्दी साहित्य के निर्माण में भक्तिकाव्य के महत्त्व से किसी को इनकार नहीं। आधुनिक काल के बड़े आलोचकों की आलोचना दृष्टि के विकास में भक्ति साहित्य द्वारा निर्मित सामाजिक-साहित्यिक मूल्यों की बड़ी भूमिका है। यह स्पष्ट-सी बात है कि जिसने भक्तिकाव्य का स्वाद नहीं चखा, वह हिन्दी साहित्य का अध्येता तो दूर, ठीक से पाठक कहलाने लायक भी नहीं है। रामचन्द्र शुक्ल, हजारीप्रसाद द्विवेदी, नन्द दुलारे वाजपेयी, रामविलास शर्मा, विजयदेव नारायण साही, नामवर सिंह आदि आलोचकों ने हिन्दी आलोचना के मूल्य-निर्धारण में भक्तिकाव्य से बड़ी मदद ली है। आधुनिक साहित्य को देखने-समझने के क्रम में वे बार-बार भक्ति साहित्य की ओर जाते रहे हैं। यह सिलसिला अब भी रुका नहीं है। हमारे समय के एक महत्त्वपूर्ण आलोचक मैनेजर पांडेय का भी प्रिय विषय भक्तिकाव्य है। 'भक्ति आन्दोलन और सूरदास का काव्य' नामक पुस्तक भक्ति आन्दोलन और उनके साहित्य के अध्ययन का महत्त्वपूर्ण पड़ाव है, जिसमें भक्तिकाव्य की समझ को विकसित करने वाले कई नये निष्कर्ष हैं। छात्रों-अध्यापकों के बीच यह पुस्तक काफी लोकप्रिय हुई है, लेकिन दुर्भाग्य से आलोचकों के बीच इसको लेकर जैसी चर्चा होनी चाहिए थी, नहीं हुई। इससे हिन्दी आलोचना में फैली अबूझ उदासीनता का पता चलता है।

प्रस्तुत पुस्तक भक्ति आन्दोलन के वास्तविक प्रभाव और प्रकृति की छानबीन के साथ उसके मध्य सूरदास के काव्य की सामाजिकता की खोज करती है। वैसे तो सूरदास पर दर्जनों किताबें उपलब्ध हैं, पर उनके काव्य का मर्म उद्घाटित करने वाली किताबें कम हैं। इस पुस्तक के लेखक का कहना है और सही कहना है कि

''हिन्दी साहित्य की व्याख्या करने वाला आलोचनात्मक विवेक विरल ही है।'' यह आलोचनात्मक विवेक रामचन्द्र शुक्ल और हजारीप्रदास द्विवेदी की सूर-सम्बन्धी आलोचना में है। लेकिन बाद की आलोचना में सूर-काव्य की दार्शनिकता-धार्मिकता का अकादमिक अध्ययन के रूप में आधिक्य है। ऐसी आलोचना को ठीक ही डॉ. पांडेय ने 'सत्संगी आलोचना' कहा है। इस 'सत्संगी आलोचना' का सूर-काव्य के सन्दर्भ में वही महत्त्व है, जो 'तुलसी-साहित्य के प्रसंग में कथावाचकों' की व्याख्या का है। ऐसी आलोचना सूर को कवि की जगह महात्मा बना देती है। आचार्य शुक्ल और आचार्य द्विवेदी ने सूर-सम्बन्धी आलोचनात्मक विमर्श को जहाँ पहुँचाया था, उसे आगे ले जाने वाली कोई आलोचनात्मक कृति शायद ही मिले। प्रस्तुत कृति न सिर्फ सूर-सम्बन्धी आलोचना का विकास करती है, बल्कि अलक्षित सूर को सर्वथा नये रूप में लक्षित करने का गम्भीर दायित्व भी पूरा करती है।

मैनेजर पांडेय मानते हैं कि ''भक्ति आन्दोलन के साथ भारतीय समाज, संस्कृति और साहित्य के विकास की नयी अवस्था का आरम्भ होता है...वास्तव में यह सामन्ती संस्कृति के विरुद्ध जनसंस्कृति के उत्थान का अखिल भारतीय आन्दोलन है।'' भक्ति आन्दोलन के चरित्र की यह व्याख्या रामचन्द्र शुक्ल, हजारी प्रसाद द्विवेदी, रामविलास शर्मा आदि हिन्दी आलोचकों के साथ के. दामोदरन, इरफान हबीब, सतीश चन्द्र और हरबंस मुखिया प्रभृति इतिहासकारों की व्याख्या का विकास है। लेकिन भक्ति आन्दोलन के उद्‌भव के मूल में कौन-से कारण थे, इस सम्बन्ध में डॉ. पांडेय भिन्न राय रखते हैं। उनका कहना है कि यह आन्दोलन संस्कृत से भारतीय भाषाओं की मुक्ति के कारण सम्भव हो पाता है। अगर लोकभाषाओं की मुक्ति सम्भव नहीं होती, तब न तो शिक्षा से वंचित दलित और पिछड़ी जातियों की रचनात्मक प्रतिभा के विकास का अवसर मिलता और न स्त्रियों की भागीदारी सुनिश्चित होती। 'देशी भाषाओं का यह विकास समाज, संस्कृति और साहित्य के नये युग के आरम्भ का सूचक है।' इस नये युग के आरम्भ का कारण देशी भाषाओं का साहित्य की भाषा के रूप में विकास तो है ही, सामान्य जनता के जीवन, व्यवहार की भाषा और कविता की भाषा के बीच कायम वह एकता भी है जो 'भारतीय साहित्य के इतिहास में पहली बार भक्तिकालीन कविता में दिखायी देती है।'

भक्ति आन्दोलन विराट जनवादी सांस्कृतिक आन्दोलन है। यह बहुस्तरीय, बहुआयामी और बहुभाषी आन्दोलन है। यह सिर्फ साहित्यिक आन्दोलन नहीं है, बल्कि सामाजिक आन्दोलन भी है, जिसका प्रभाव विचार-दर्शन के अलावा सभी कला रूपों पर पड़ा। स्वभावतः इसमें भिन्नता भी है। लेकिन भिन्नता से एकता के सूत्र अधिक हैं। एकता का एक बड़ा आधार है प्रेम। शुक्लजी, द्विवेदीजी, रामविलासजी, नामवर सिंह आदि का मानना है कि प्रेम भक्ति आन्दोलन का केन्द्रीय भाव है। द्वि वेदीजी ने 'प्रेमापुमर्थो महान' को आधार बनाते हुए न सिर्फ सूर के काव्य में, बल्कि

सम्पूर्ण भक्ति-काव्य में प्रेम की केन्द्रीयता स्वीकार की है। रामविलास शर्मा कबीर को ज्ञानमार्गी कवि नहीं, प्रेममार्गी कवि कहते हैं। एकता के इस सूत्र को मैनेजर पांडेय भी स्वीकार करते हैं। लेकिन वे एकता के नाम पर भक्ति आन्दोलन की विविधता और अन्तर्विरोधों को नजरअन्दाज करने के पक्ष में नहीं हैं। असल में, ''भारतीय समाज के इतिहास, उसकी सांस्कृतिक प्रक्रिया और उसके भीतर उठे भक्ति आन्दोलन से कबीर, जायसी, सूर, तुलसी और मीरा का सम्बन्ध एक जैसा नहीं है। इसलिए सामाजिक अन्तर्विरोधों और भावात्मक वैचारिक द्वन्द्वों के बारे में उनकी चिन्ताओं में भी अन्तर है। भक्ति आन्दोलन और उसके काव्य की यह जटिल समग्रता उस व्याख्याकार को भटकाती है जो किसी एक कवि की सामाजिक-संस्कृति को केन्द्रीय दृष्टि मानकर उसकी सापेक्षता में अन्य कवियों का मूल्यांकन करता है या एक कवि के भावबोध को दूसरे कवि के भावबोध की कसौटी बनाता है।

भक्ति आन्दोलन के उद्‌भव के मूल में इस्लाम और मुसलमानी शासन की कोई भूमिका है या नहीं इस पर पर्याप्त मतभेद है। कुछ लोग भक्ति आन्दोलन को इस्लाम की प्रतिक्रिया मानते हैं और कुछ लोग उसका सीमित प्रभाव स्वीकार करते हैं। लेकिन भक्तिकाव्य पर इस देश में मुसलमानों की मौजूदगी से क्या असर पड़ा, इसकी प्रायः उपेक्षा होती है। मैनेजर पांडेय मानते हैं कि मुसलमानी शासन की ऐतिहासिक वास्तविकता का प्रभाव भक्तिकाव्य पर पड़ा। मीरा पर यह प्रभाव न के बराबर है। सूर और तुलसी के काव्य में यह प्रभाव है। शब्द और संगीत के रूप में यह प्रभाव उनके काव्य में देखा जा सकता है। ''लेकिन भारतीय जीवन में उस वास्तविकता के व्यापक प्रसार और गहरे प्रभाव की समग्रता का जैसा बोध कबीर और जायसी के काव्य में है, वैसा और कवियों के यहाँ नहीं। कबीर और जायसी की कविता में उस वास्तविकता के बोध के साथ-साथ धार्मिक रूढ़िवाद से उपजे भेदभाव को हटाकर मानवीय स्तर पर व्यापक एकता की पहचान और प्रतिष्ठा का प्रयत्न भी है।'' कहना न होगा कि यह 'प्रयत्न' भारतीय काव्य में नया है, साथ ही भारतीय समाज में इस्लाम की मौजूदगी से पैदा हुई समस्याओं से मुठभेड़ का प्रतिफल है। यहाँ यह कहना जरूरी है कि इस 'प्रयत्न' की व्याख्या करने वाली दृष्टि भी हिन्दी आलोचना में नयी है, जो भक्ति सम्बन्धी समझ का विकास करती है।

भक्तिकाव्य में एकता के सूत्र ढूँढ़कर उसके अन्तर्विरोधों की लीपापोती करने वाले आलोचकों से भिन्न मैनेजर पांडेय उसे समग्रता में देखने की कोशिश करते हैं। उनके लिए सगुण-निर्गुण का फर्क भक्ति आन्दोलन की वास्तविकता है। दोनों के सामाजिक उद्‌देश्य अलग हैं। कबीर का मूर्ति-पूजा और अवतारवाद का विरोध जिस वर्ग-जाति के पक्ष में है, तुलसी का निर्गुण विरोध उसके विरोध में है। इस तथ्य की अनदेखी शुक्लजी ने भी की है और डॉ. शर्मा ने भी। हिन्दी आलोचना में जो 'महाभारत' मचा है, डॉ. पांडेय के अनुसार उसका 'कुरुक्षेत्र' भक्तिकाव्य है। इसमें

एक ओर आचार्य शुक्ल और रामविलास शर्मा आदि हैं, तो दूसरी ओर हजारीप्रसाद द्विवेदी, नामवर सिंह आदि। डॉ. पांडेय इन दोनों छोरों से भिन्न बीच का रास्ता अख्तियार करते हैं। निर्गुण विरोधी सूरदास भी हैं। निर्गुण विरोध के आधार पर डॉ. पांडेय ठीक कहते हैं कि "सूरदास अपने युग के वैचारिक द्वन्द्वों से अलग और अनभिज्ञ कवि नहीं हैं।" लेकिन सूर और तुलसी के निर्गुण विरोध में एक फर्क है जिसे स्पष्ट किये बिना डॉ. पांडेय आगे बढ़ जाते हैं। असल में सूर का निर्गुण-सगुण विवाद ज्ञान और भक्ति तथा बुद्धि और हृदय का विवाद है, जिसमें सूर भक्ति या हृदय का सम्बन्ध सगुण भक्ति से स्थापित करते हैं। यह सगुण भक्ति अवतारवाद से पोषित तो है, लेकिन जाति निरपेक्ष है। वह शुद्ध प्रेम का पर्याय है। वहाँ न ब्राह्मणवाद की रक्षा का प्रश्न है और न नीच जातियों के उत्थान से वेद-पुराण की निन्दा की चिन्ता। जिस तरह तुलसी के राम गौ-ब्राह्मण के रक्षक हैं, क्या सूर के कृष्ण भी हैं? राम और कृष्ण का यह फर्क तुलसी और सूर की सगुण सम्बन्धी अवधारणा का फर्क है। तुलसी के राम में एक मर्यादा है जो वर्णाश्रम व्यवस्था की देन है, सूर के कृष्ण में सहृदयता है जो प्रेम की उपज है। सगुण और सगुण में भी फर्क है, भक्तिकाव्य में निहित एक वैविध्य यह भी है। यह सिर्फ दो कवियों के स्वर की ही भिन्नता नहीं, उनकी दृष्टियों की भी भिन्नता है।

दृष्टि की यही भिन्नता कृष्ण भक्ति के समान धरातल पर खड़े होने के बावजूद सूर और मीरा को अलग करती है। सम्प्रदाय विशेष में दीक्षित होने के कारण सूर कुछ हद तक एक सम्प्रदाय विशेष के कवि हैं, लेकिन उसी कृष्ण की भक्ति करते हुए मीरा सम्प्रदाय निरपेक्ष है। डॉ. पांडेय मीरा का उचित मूल्यांकन करते हैं, और मीरा के विद्रोह को स्त्री-मुक्ति से जोड़ते हैं। "मीरा की कविता में सामन्ती समाज और संस्कृति की जकड़न से बेचैन स्त्री-स्वर की मुखर अभिव्यकित है। उनकी स्वतन्त्रता की आकांक्षा जितनी आध्यात्मिक है, उतनी ही सामाजिक भी।" लेकिन सवाल है कि मीरा के यहाँ निर्गुण विरोध क्यों नहीं है? इसका ठीक-ठीक उत्तर प्रस्तुत पुस्तक नहीं देती। विरोध तो दूर मीरा के कई पदों में कृष्ण खुद योगी के रूप में हैं, या योगी की अभ्यर्थना है, जो निर्गुण ब्रह्म का उपासक होता है। क्या ऐसा नहीं लगता कि एक स्त्री के लिए उस युग में निर्गुण-सगुण विवाद ही व्यर्थ है, क्योंकि दोनों ही पन्थों में उसके लिए रास्ता बन्द है, दोनों ही जगहों के लिए वह माया है। इसलिए उसकी राह पन्थ निरपेक्षता की है, जो भक्तिकाल की इस दृष्टि से अकेली और विलक्षण राह है। इस सीमा के बावजूद यहाँ डॉ. पांडेय का यह कथन सही है कि "मीरा का जीवन और काव्य उस काल के अन्य भक्त कवियों की स्त्री मान्यताओं का प्रतिकार है और प्रत्युत्तर भी।"

आचार्य हजारीप्रसाद द्विवेदी की भक्तिकाव्य सम्बन्धी विचारों की व्याख्या के क्रम में नामवर सिंह मध्यकाल में मुख्य अन्तर्विरोध शास्त्र और लोक के बीच के

द्वन्द्व में देखते हैं। मैनेजर पांडेय शास्त्र और लोक की द्वन्द्व वाली स्थापना को कुछ सीमा तक ही स्वीकार करते हैं। वे भी मानते हैं कि ''भक्ति आन्दोलन शास्त्रीय धर्म का विरोध करने वाले लोकधर्म का आन्दोलन है।'' लेकिन वे लोकधर्म के नाम पर अन्धविश्वासों, टोना-टोटका, तन्त्र-मन्त्र आदि का द्विवेदीजी और नामवरजी की तरह समर्थन नहीं करते, बल्कि कड़े शब्दों में निन्दा करते हैं और उसे अपधर्म की श्रेणी में रखते हैं, जिससे सन्तों का और विशेष रूप से कबीर का गहरा विरोध है। कबीर शास्त्र के विराधी तो हैं ही, लोकाचार के रूप में फैले भ्रमजाल के भी विरोधी हैं। भक्त कवि लोकधर्म के पक्ष में तो हैं, लेकिन हर कवि का अपना लोकधर्म है। ''भक्ति आन्दोलन के प्रत्येक कवि के लोक धर्म का रूप उसकी विश्वदृष्टि के अनुरूप है और कवि की विश्वदृष्टि पर उस वर्ग या समुदाय की जिन्दगी की वास्तविकताओं और आकांक्षाओं की छाप है, जिसका वह सदस्य है। वही विश्वदृष्टि प्रत्येक कवि की भक्ति-भावना, सामाजिक-चेतना और काव्य रचना के विशिष्ट स्वरूप का निर्माण करती है।'' यही कारण है कि कबीर शास्त्र के साथ लोकमत से भी लड़ते हैं—काशी में न मरकर मगहर में मरते हैं। जायसी की कविता का आधार भी लोक है। जिनमें 'बैकुंठी प्रेम' की जगह प्रेम करने वाले मनुष्य को ही बैकुंठी बना देने की चाह है। सूर का प्रेम भी शास्त्र और लोक दोनों की रूढ़ियों से मुक्त है। 'ऐसा प्रेम किसी रूढ़िबद्ध समाज में सम्भव नहीं है।' मीरा शास्त्र की चिन्ता किये बिना लोकमत का उग्र विरोध करती हैं और प्रेम की घोषणा करती हैं। उनकी कविता शास्त्र और लोक दोनों के 'आकर्षण, भय और भ्रम से पूरी तरह मुक्त है।' तुलसी शास्त्र के समर्थक तो हैं, लेकिन उनके काव्य का दूसरा वह पक्ष है, "जिसके आगे-पीछे कोई शास्त्र नहीं है। वहाँ लोक-जीवन का व्यापक अनुभव है, उनका अपना चिन्तन है और गहरी सहृदयता है।" इसलिए शास्त्र और लोक के आधार पर भक्ति-काव्य के दो पक्ष बनाना ठीक नहीं है। एक ही कवि में शास्त्र और लोक दोनों हैं। एक ही कवि में शास्त्र विरोध और लोक विरोध भी है। डॉ. पांडेय की मान्यता है कि "भक्तिकाल के लोकधर्म को लेकर आलोचना में जो धर्म-युद्ध चला है, उसमें शास्त्रीय धर्म से लोकधर्म के द्वन्द्व की पहचान हुई है, लोक धर्म के आन्तरिक द्वन्द्व की आलोचना हुई है। कबीर और दूसरे सन्त कवि शास्त्रमत (जिसे वे प्रायः वेदमत कहते हैं) और उससे प्रभावित लोकमत की आलोचना करते हुए एक नयी नैतिक चेतना और विश्वदृष्टि विकसित करते हैं, जिसे वे प्रायः साधुमत कहते हैं।" इसके आगे डॉ. पांडेय अंतोनियो ग्राम्सी का सहारा लेते हुए कहते हैं कि "प्रायः जिसे लोकमत कहा जाता है उसमें शास्त्रीय धर्म का प्रभाव होता है और वह नवीनता का विरोधी होता है। इसलिए लोकमत को हू-ब-हू स्वीकार करना ठीक नहीं। कई दफा लोकमत शास्त्रमत से अधिक निष्ठुर और प्रचंड होता है जो मानव विरोधी हो जाता है।"

शास्त्र और लोक की इस समझ के साथ मैनेजर पांडेय कबीर, जायसी, सूर,

तुलसी और मीरा की कविता पर विचार करते हैं। कबीर की चर्चा समाज-सुधारक, कर्मकाण्ड के विरोधी, हिन्दू-मुस्लिम एकता के मसीहा आदि रूपों में होती है। कवि रूप में उनको याद करते हुए डॉ. पांडेय उनकी कविता को प्रश्न पैदा करने वाली कविता कहते हैं, जबकि उनके अनुसार तुलसीदास की कविता उत्तर देने वाली कविता है। लेकिन सिर्फ प्रश्न करने और व्यंग्य करने में कबीर की महानता नहीं है। उनकी महानता इससे आगे मनुष्य को सर्वोत्तम मानवीय गुणों से व्युक्त करने में है। ये गुण हैं—प्रेम, करुणा, दया, उदारता, अपरिग्रह, अहिंसा, समता आदि। इन गुणों के मेल से वे अपना लोकधर्म बनाते हैं। डॉ. पांडेय के अनुसार उनका चरखा जीवन-यापन का जरिया भी है और पूजा की वस्तु भी। उनका कर्म और धर्म एक है। कारीगर कबीर के जीने की कला ही उनकी कविता की कला बन गयी। एवेलिन अंडरहिल ने भी चरखा को कबीर काव्य का प्रमुख प्रतीक बताते हुए कहा है कि उन्होंने कवि-दृष्टि और उद्योग को जोड़ने का काम किया। डॉ. पांडेय ने जितनी प्रखरता से कबीर काव्य की नयी व्याख्या की है, उतनी ही बेबाकी से कबीरपन्थी कर्मकाण्ड पर प्रहार भी किया है। कबीर जिस मूर्ति-पूजा, कर्मकाण्ड, ब्राह्माचार आदि के विरोधी थे; आज उन्हें उन्हीं सबके भीतर दफनाने का काम उनके अनुयायियों द्वारा किया जा रहा है। ''कबीर पन्थ में कबीर के विचारों की दुर्गति के इतिहास से साबित होता है कि कोई क्रान्तिकारी विचारधारा विरोधियों की आलोचनाओं से नहीं मरती; वह इतिहास प्रक्रिया से बेखबर अनुयायियों की अन्धश्रद्धा, कट्टरवादिता और महत्त्वाकांक्षा से मरती है।''

भक्ति आन्दोलन और काव्य सम्बन्धी अब तक चली बहसों से गुजरने तथा विशेषताओं एवं सीमाओं को समझने के बाद डॉ. पांडेय हिन्दी आलोचना में चल रहे उस 'महाभारत' पर आते हैं, जिसका 'कुरुक्षेत्र' भक्तिकाव्य है। इस महाभारत में एक ओर तुलसी का पक्ष है तो दूसरी ओर कबीर का। इसमें सूरदास कहीं नहीं हैं। डॉ. पांडेय को आश्चर्य है कि ऐसा क्यों? इस 'क्यों' का उत्तर भी वे स्वयं देते हैं। इसका कारण यह है कि कबीर और तुलसी का अपनाव और उपयोग आसान है। 'सतह पर तैरती विचारधारा और सामाजिक यथार्थ के प्रत्यक्ष वर्णन की खोज' करने वाली आलोचना-दृष्टि के लिए कबीर और तुलसी आसान हैं। ऐसी आलोचना 'सूर की कविता की विशिष्ट बनावट के भीतर समाविष्ट समाज अनन्त अनुभवों के अनुपम शब्द शिल्पी' होने के कारण 'सूर की कविता में विचारधारात्मक बयान देने वाली बातूनी कविता नहीं है।' वे वल्लभ सम्प्रदाय में दीक्षित जरूर हैं, लेकिन वे सिद्धान्त के प्रवक्ता कवि भी नहीं है। उनकी कविता में सामाजिक चिन्ताएँ काव्यनुभूति का अंग बन गयी हैं। वे 'सामाजिक यथार्थ का सीधे वर्णन करने के बदले उसके अनुभव का अभिव्यक्ति के उपकरण के रूप में उपयोग करते हैं।' यों तो भक्तिकाव्य के हर कवि के पास अपना कल्पनालोक है, लेकिन सूर का वृदांवन ऐसा काल्पना

लोक है जो शास्त्र और लोक दोनों के बन्धनों से मुक्त है। ऐसी कल्पना की सृष्टि ही सामन्ती बन्धनों का अस्वीकार है। यह जायसी के 'सिंहल द्वीप' और तुलसी के 'रामराज्य' से अधिक मुक्त और 'सामन्ती समाज की सीमाओं से अधिक स्वतन्त्र है।' वह हमारे भीतरी भावों और सौन्दर्यचेतना को जाग्रत करने वाला है। नाभादास ने 'भक्तमाल' में लिखा है कि सूर की कविता सुनकर ऐसा कौन है, जो सिर नहीं हिलाता। इस आधार पर डॉ. पांडेय सूर को 'कवियों का कवि' कहते हैं। 'कवियों का कवि' कहने का एक कारण यह भी है कि सूर ने 'ब्रजभाषा-काव्य की जो परम्परा निर्मित की, वह बाद के लगभग चार सौ वर्षों तक चलती रही। 'वे तुलसी की तरह अपनी परम्परा के अन्तिम कवि नहीं हैं, एक विशाल परम्परा के प्रवर्तक कवि हैं।' इससे पता चलता है कि सूर की कविता में समाहित समाज के अन्तर्द्वन्द्व की पहचान करने में हिन्दी आलोचना अब तक असमर्थ रही है।

डॉ. रामविलास शर्मा भक्ति आन्दोलन को सामन्तवाद विरोधी मानते हैं। भक्ति-काव्य के मूल्यांकन में उनकी कसौटी तुलसी की कविता है। तुलसीदास उनके अनुसार किसान जीवन के प्रतिनिधि कवि हैं। वे मानते हैं कि "कबीर शहरी कारीगरों के, सूर पशु-पालकों के, तुलसी किसानों के जीवन से जुड़े हुए हैं। दार्शनिक मतवाद की छानबीन में विवेचक इनके भौतिक परिवेश की विशेषताएँ भूल जाते हैं। किसान जीवन के चित्र कबीर और सूर के काव्य में नहीं हैं, वे तुलसी के काव्य की विशेषताएँ हैं।" थोड़े परिवर्तन के साथ कुछ बाद का उनका दूसरा कथन है—"किसान जीवन के चित्र कबीर और सूर के काव्य में नहीं हैं—मेरी यह बात केवल सापेक्ष रूप में सही है। कबीर और सूर किसान-जीवन से परिचित हैं। पर इस जीवन की समग्रता तुलसी के काव्य में है... ।" मैनेजर पांडेय ने डॉ. शर्मा के इस आरोप का कड़ा प्रतिवाद किया है और यह सवाल उठाया है कि किसान-जीवन की कौन-सी बात है जो तुलसी के काव्य में है और अन्य किसी कवि में नहीं? तुलसी ही किसान-जीवन के प्रतिनिधि कवि क्यों हैं? कबीर कारीगर थे। लेकिन सूर पशुपालक नहीं हैं। तुलसीदास किसान थे, ऐसी बात भी नहीं है। इस प्रतिवाद के साथ डॉ. पाण्डेय ने सूर के काव्य का गहरा तादात्म्य किसान जीवन से दिखलाया है। इस विवेचन से जो तथ्य उभरते हैं, उससे सूरदास ही किसान जीवन के प्रतिनिधि कवि ठहरते हैं। डॉ. पांडेय का यह प्रत्यत्न सूर सम्बन्धी आलोचना का सही अर्थों में विकास भी है और कवि सूर की सामाजिकता की खोज भी। उन्होंने कवि सूर को नये अर्थ में आविष्कृत किया है। इसके बाद सूर वही सूर नहीं रह जाते, जैसा बताये जाते रहे हैं।

मैनेजर पांडेय इस प्रसंग में सबसे पहली बात यह बताते हैं कि सूर सोलहवीं सदी के भारतीय समाज के कवि हैं, वे प्रागैतिहासिक गोचारण के कवि नहीं हैं। सूर ने जिस समाज से अपने काव्य-उपकरण लिए हैं, वह किसानों का है। पशुपालन और गोचारण उसी का हिस्सा है। सूर के गोचारण प्रसंग में अपने समय के गोचारण

सम्बन्धी अनुभवों के साथ पुरानी स्मृतियाँ भी हैं। 'सूर का काव्य अपने समय और समाज से जुड़ा हुआ काव्य है।' इस प्रसंग को आगे बढ़ाते हुए यह भी जोड़ा जा सकता है कि भारत जैसे कृषि प्रधान देश में पशु आज भी किसान का सहयोगी है। नयी सदी की आज की तारीख में भी किसान का गाय, भैंस, बकरी और भेड़ चराना आम बात है। ऐसी स्थिति में सोलहवीं सदी के कवि सूर को चारागाह संस्कृति का कवि कहना ठीक नहीं।

मैनेजर पांडेय के विवेचन से स्पष्ट है कि सूर के काव्य में किसान जीवन की वास्तविकता प्रत्यक्ष और परोक्ष दोनों रूपों में है। प्रस्तुत पुस्तक में दोनों तरह की कविताओं की प्रस्तुति और व्याख्या के जरिए किसान-जीवन से सूर का गहरा तारतम्य दिखलाया गया है। 'प्रभु जू यौं किन्हीं हम खेती' जैसे पद में खेती की पूरी प्रक्रिया का चित्र है। कृष्ण के मथुरा चले जाने पर गोपियों की हालत धान के उस पौधे-सी हो गयी है, जो पानी के अभाव में मुरझा जाता है—'सूखत सूर धान अंकुर-सी, बिन बरसा ज्यों मुल तुई।' किसान जीवन का बारीक से बारीक अनुभव सूर के काव्य में विद्यमान है और प्रस्तुत पुस्तक में उसके यथेष्ट उदारहरण भी हैं। यहाँ चूँकि किसान के प्रतिनिधि कवि के चुनाव का प्रश्न है, इसलिए तुलसीदास का प्रसंग आना स्वाभाविक है। प्रश्न उठाया गया है कि तुलसीदास में किसान-जीवन कहाँ है? पांडेय जी के अनुसार 'कृषि निरावहि चतुर किसाना' के अलावा दूसरी पंक्ति खोजना मुश्किल है। इसलिए तुलसीदास को किसान जीवन का प्रतिनिधि कवि कहने वाले आलोचकों, सम्भवतः रामविलास शर्मा, पर व्यंग्य करते हुए डॉ. पांडेय ने कहा है कि ''लगता है भक्तिकाव्य में ज्ञान से भक्ति का स्थायी विरोध भले न हो, लेकिन भक्तिकाव्य की हिन्दी आलोचना में भक्ति का ज्ञान से स्थायी विरोध जरूर है।''

कृषि-कर्म के अतिरिक्त किसान-जीवन का एक पक्ष पशुपालन भी है। सूर के काव्य में गोचारण का 'मनोरम हृदय' तो है ही, पशु-प्रकृति का गहरा ज्ञान भी है। गायों के रूप, रंग और उनके स्वभाव का न सिर्फ ज्ञान, बल्कि विशद वर्णन भी 'सूरसागर' में भरा पड़ा है। 'माधौ जू, यह मेरी एक गाई' जैसे पद में हरही गाय के स्वभाव का वर्णन है तो 'अपनी-अपनी गाई ग्वाल सब आनि करौ इक ढौरी' में गायों के नाम और स्वभाव का बड़ा ही जीवन्त वर्णन है।

निस्सन्देह सूर के काव्य की यह नयी व्याख्या है। तुलसीदास की कसौटी पर सूर तथा अन्य कवियों की विशेषताओं को नकारना आलोचकीय नैतिकता पर प्रश्नचिह्न है। लेकिन डॉ. शर्मा जब तुलसी को किसान-जीवन का प्रतिनिधि कवि कहते हैं, तब यह बात किसान-जीवन से जुड़ी हुई कुछ पंक्तियों तक ही सीमित न रहकर 'मानस' की कथा में आये चरित्रों में अन्तर्निहित गुणों तक जाती है। डॉ. शर्मा के कहने का मतलब यह है कि रामकथा में जो पारिवारिक-सामाजिक वातावरण है, उसमें किसान-जीवन की जो छाया है, उसमें किसान-जीवन के हर्ष-उल्लास तथा उसकी

मनःस्थिति का समावेश है। रामकथा में जो पारिवारिकता और सामाजिकता है, वह किसान जीवन के भव्य और क्लासिकल चित्र से भरी पड़ी है, जबकि सूर रचित कृष्ण कथा में वह अविकसित अवस्था में है। दोनों कथाओं में जो पारिवारिकता है, उस पर किसान-जीवन का कितना प्रत्यक्ष या परोक्ष प्रभाव है, इसकी छानबीन आवश्यक है। कहने की जरूरत नहीं है कि डॉ. पांडेय गहराई में जाकर छानबीन करने की बजाय तुलसी-साहित्य में किसान-जीवन से सम्बन्धित कुछ पंक्तियाँ ढूँढ़ते हैं और तुलसी की किसान-चेतना को रिड्यूस करके देखते हैं। बहरहाल, सूर के काव्य में चित्रित किसान जीवन सामन्ती व्यवस्था के सन्दर्भ में है। सामन्ती व्यवस्था में किसान की लूट-खसोट से भरी जिन्दगी का एक पद में रूपक के सहारे बड़ा ही जीवन्त वर्णन है—'अधिकारी जम लेखा माँगे, तातैं हौं आधीनों।' सूदखोरी की प्रथा से तबाह किसान के सन्दर्भ में ऋण-प्रथा की क्रूरता का पता सूर यह कहते हुए देते हैं—'सबै कूर मोसों ऋण चाहत, कहौ कहा तिन दीजै।' उद्धव जब कृष्ण को भूलकर निर्गुण ब्रह्म की उपासना की सलाह देते हैं तब गोपियों को लगता है कि जो मूल धन था, उसे अक्रूर ले गये और 'ब्याज निबेरत ऊधौ।' ऋण- प्रथा की क्रूरता के साथ सूर सामन्ती व्यवस्था की अमानवीयता और उसके लुटेरे चरित्र का भी परिचय देते हैं। उस व्यवस्था में "ठाकुर लुटेरा है, कोतवाल दगाबाज और पटवारी कपटी, जो झूठी बही लिखता है।" विनय के पदों में शासन-व्यवस्था से जुड़े हुए जो वर्णन हुए हैं, उनमें अरबी फारसी के शब्द भी हैं। ये शब्द मुगलकालीन शासन-व्यवस्था के प्रचलित शब्द हैं। इन सारी चीजों से सूर की सामाजिक जागरूकता का पता चलता है।

भ्रमरगीत प्रसंग में किसान-जीवन का अनुभव वस्तुपरक वर्णन की जगह अभिव्यक्ति के साधनों के रूप में व्यक्त हुआ है। कविता में जो भी बिम्ब, प्रतीक, अलंकार आदि होते हैं, उनका कवि के जीवन से गहरा सम्बन्ध होता है। सूर के काव्य में किसान-जीवन के मुहावरों, कहावतों और लोकोक्तियों की जो बहुतायत है, उसमें उनके अपने रचे हुये भी हो सकते हैं किसान-जीवन से लिए हुये भी। सूर ने प्रेम काव्य तो लिखा है, लेकिन उन्होंने "परम्परा से पाई भाषा में कविता लिखने के बदले किसान-जीवन की वास्तविक भाषा से अपनी कविता बनायी है, इसलिए उनकी काव्य-भाषा में अनेक स्तरों पर ग्राम-समाज और किसान जीवन प्रतिबिम्बित है। वे ही यौवन को 'हरिया खेत' और प्रिय को 'हारिल की लकड़ी' कह सकते हैं। वास्तव में सूर की भाषिक संवेदनशीलता में उनकी सामाजिक संवेदनशीलता प्रकट हुई है।"

किसान-जीवन स्वाभाविक रूप से प्रकृति से जुड़ा होता है। प्रकृति किसान के सुख-दुःख में शामिल रहती है। 'सूरसागर' में वर्णित सारी कृष्णकथा प्रकृति के गहरे साहचर्य में घटित होती है। प्रकृति का अत्यन्त मनोहारी रूप 'सूरसागर' में है। कृष्ण और गोपियों के प्रेम में लोकबन्धनों के अस्वीकार का कारण प्रकृति का खुला और स्वच्छन्द वातावरण है। इसके साथ उनके काव्य की एक और बड़ी विशेषता है।

उनके काव्य में गाँव और शहर के द्वन्द्व की अभिव्यक्ति है। उनके लिए सगुण गाँव का प्रतीक है तो निर्गुण शहर का। सूर की कविता से यह भी पता चलता है कि निर्गुण भक्ति का ज्यादा प्रचार शहरों में था और काशी उसका केन्द्र थी–'जे गाहक निरगुन के ऊधौ, ते सब बसत ईसपुर कासी।' उनके काव्य में 'शहर और गाँव के बीच नैतिक द्वन्द्व भी है।' भ्रमर गीत प्रसंग में ब्रज नामक गाँव सच्चाई, ईमानदारी और सहजता का प्रतिरूप है तो मथुरा शहर छल-प्रपंच, अत्याचार और शोषण का। यह मथुरा मायानगरी है, जो गोपियों का सर्वस्व हर लेती है। 'नागर मथुरा निरमोही' कहने वाली गोपियाँ नगर की तुलना में गाँव के सहज प्रेम पर जोर देती हैं। डॉ. पांडेय इस प्रसंग में अन्तिम रूप से टिप्पणी करते हुए कहते हैं कि "शहर और गाँव के बीच द्वन्द्व की जो चेतना सूर के काव्य में है, वह उस युग के किसी अन्य कवि के यहाँ शायद ही मिले। इस द्वन्द्व में सूर की सहानुभूति गाँव के साथ है।"

प्रस्तुत पुस्तक की एक बड़ी विशेषता सूरदार के काव्य में अन्तर्निहित राजनीतिक अभिप्रायों की खोज है। अगर सूर अपने समय और समाज के प्रति सजग हैं, तो उन्हें अपने समय की राजनीति का भी अता-पता होना चाहिए। यहाँ सूर की कविता का राजनीतिक महत्त्व खोजने की जगह उनकी कविता में 'उस युग की राजनीति के अर्थ और अभिप्राय की पहचान' का प्रयत्न है, जो हिन्दी आलोचना में नयी बात है। कविता की राजनीति का अर्थ यहाँ राजसत्ता के विरोध या समर्थन में लिखी गयी कविता नहीं, बल्कि कविता में राजनीति के अर्थ और अभिप्राय की पहचान है। यह सूर जैसे सजग कवि की विशिष्टता है। गोपियों के लिए 'राजगति लीला' रहस्य और अबूझ पहेली है। सूर के समय की राजनीति की लीला यह है कि 'चरत बारिचर खेत'–बादल खेत चर जाता है। जीवन देने के बदले बादल खेतों को चर जाये इससे बड़ी विडम्बना क्या होगी! 'लेकिन शासक वर्ग की राजनीति की यही रीति-नीति है। सूर के समय के शासक वर्ग की और आज के शासक वर्ग की भी।' सूरदास दुराचारी शासन-व्यवस्था को 'अन्ध धुन्ध सरकार' कहते हैं। सामन्ती अहंकार के चलते लड़ते रहने वाले राजाओं के कारण प्रजा की तबाही का ज्ञान सूर को है। वे प्रश्न पूछते हैं–सूर कौन यह नीति।' आज छल-कपट और झूठ राजनीति का पर्याय हो गया है। सूर के समय भी कामोबेश यही अर्थ था। गोपियाँ राजनीति का जिस अर्थ में प्रयोग करती हैं, आज भी जनता झूठ, फरेब बतियाने वालों को उसी तरह सम्बोधित करती है। गोपियाँ कहती हैं–'हरि हैं राजनीति पढ़ि आए।' डॉ. पांडेय के अनुसार, "हिन्दी कविता में 'राजनीति' का ऐसा सार्थक अभिप्राय प्रयोग सूर से पहने और बाद में भी शायद की कहीं मिले।" जब सूरदास कहते हैं कि 'राजधर्म सब भए सूर जहँ प्रजा न जायँ सताए', तब वे अनीति और अत्याचार से मुक्त राजनीति की माँग करते हैं और साथ ही 'सामन्त युग में प्रजातन्त्र की आकांक्षा की अभिव्यक्ति' करते हैं। इस प्रसंग को सामप्त करते हुए डॉ. पांडेय यह प्रश्न करते हैं–"क्या ऐसे

कवि को अपने आसपास की दुनिया से विरक्त, अपने भाव में मगन रहने वाला कहना उचित है?'' यह प्रश्न सम्भवतः रामचन्द्र शुक्ल को ध्यान में रखकर किया गया है, लेकिन विस्तार में उन सभी से है जो सूर को अपने समय-समाज से निरपेक्ष और अपने भाव में मगन रहने वाला कवि समझते हैं। पीढ़ी-दर-पीढ़ी चली आती इस बद्धमूल धारणा का अन्त कर सूर को 'कवियों का कवि' और समाज सापेक्ष कवि घोषित करने वाली यह पुस्तक सही अर्थों में सूर साहित्य सम्बन्धी आलोचना का विकास है। जिनकी भी रुचि भक्तिकाल और सूर में है, उनका अध्ययन अब प्रस्तुत पुस्तक से गुजरे बिना अधूरा होगा।

(2001)

मीरा के काव्य का सामाजिक पहलू

सभी भक्ति कवियों की तरह मीरा की भी कविता भक्ति का माध्यम है। मीरा सर्वप्रथम एक भक्त थीं, एक प्रेम-साधिका थीं, उसके बाद ही कुछ और। प्रेम-साधना के क्रम में ही उन्होंने कविता को अपनाया। कविता करना उनका उद्‌देश्य नहीं था। उनका उद्‌देश्य था अपने प्रियतम कृष्ण के प्रति अपनी अटूट निष्ठा की—अपनी समर्पण भावना की—पूरी तरह अभिव्यक्ति। उस अभिव्यक्ति का माध्यम बनती है कविता।

प्रियतम की स्मृति मीरा को इस तरह बेचैन बना देती है कि वह पैरों में घुँघरू बाँधकर, हाथों में करताल लेकर साधु-सन्तों की उपस्थिति में कृष्ण की मूर्ति के समक्ष नाचने लगती हैं। ऐसे ही भाव-विभोर क्षणों में मीरा की प्रेम-निष्ठा कविता के रूप में फूटी होगी। यही कारण है कि उनकी कविता काव्य-कला की दृष्टि से सूर-तुलसी की तरह बहुत ऊँची न होने पर भी प्रेम की दीवानगी से भरी होने के कारण जनता के बीच उन्हीं की तरह लोकप्रिय है। उनकी कविता में जो दर्द है, दीवानगी है और उसमें जो तीव्रता है, वह अद्‌भुत है। यह तीव्रता ही मीरा की कविता की आत्मा है।

कबीर, जायसी, सूर और तुलसी भक्तिकाल के चार प्रमुख और विशिष्ट कवि हैं। अपनी अलग-अलग विशेषताओं के कारण ये चारों कवि जनता के बीच बेहद लोकप्रिय हैं। मीरा उसी धरातल की एक बेहद लोकप्रिय भक्त-कवयित्री हैं, जिनकी विशिष्ट भंगिमा और शैली सबसे अलग और निराली है। दर्द में पोर-पोर उनका डूबा है। उस दर्द दीवानी के भीतर विद्रोही की एक ऐसी अग्नि जल रही है, जो कभी बुझती नहीं—

करक कलेजे मारी ओखद न लागे थाँरी।
तुम घरि जावो बैद मेरे पीर भारी है॥

अपने अन्तर में 'भारी पीर' लिए दर्द के मारे दर-दर डोलने वाली (दर्द का मारयाँ दर-दर डोल्याँ) इस भाव-प्रवण भक्त कवयित्री के पास वेदना की जो थाती है, वह उसके समकालीनों में किसी के पास नहीं। अपूर्व दर्द, अपूर्व साहस और अपूर्व विद्रोह से भरी इस प्रेम-साधिका ने 'राणा' को जो चुनौती दी है, वैसी प्रत्यक्ष चुनौती दुर्जनों को शायद ही उस जमाने में किसी ने दी हो—

(1) *राणा जी! अब न रहूँगी तोरी हटकी।*
साध संग मोंहि प्यारा लागै, लाज गयी घूँघट की।

(2) *काहू की मैं बरजी नाहीं रहूँ।*
जो कोई मोकूँ एक कहै मैं एक की लाख कहूँ।

(3) *राणा जी थे क्याने राखों म्हासूँ बैर।*
थे तो राणा जी म्हाने इसड़ा लागो ज्यों ब्रच्छल में कैर।

मीरा को समझना कठिन है। उसका जीवन अनेक जटिलताओं से भरा है। राजपरिवार की बहू मन्दिरों में सामान्य जन की तरह नाचती है! प्रेम में उन्मत्त होकर उनका वह नृत्य करना राजमहल के सामने एक चुनौती खड़ी कर देता है। मीरा को तरह-तरह की सजा दी जाती है। वह सजा को भी अपने प्रियतम का प्रसाद मानकर स्वीकार करती हैं। मीरा की कविता को देखने पर उनकी घनघोर व्यथा का अनुमान भर किया जा सकता है। मीरा को जितनी पीड़ा मिली है, उसका बहुत कम अंश उन्होंने सुनाया है।

मीरा को जीवन-भर संघर्ष में जीना पड़ा। बचपन में माँ की ममता से वे वंचित हो गयीं। किशोरावस्था में शादी हुई और कुछ दिनों बाद वे विधवा हो गयीं। पिता रत्नसिंह युद्ध में वीरगति को प्राप्त हुए। चचेरे भाई जयमल मीरा को बहुत मानते थे। वे भी युद्ध में मारे गये। पिता, पति, श्वसुर, भाई आदि जो स्नेह-प्रेम देने वाले आत्मीय जन थे, सब-के-सब मीरा के ठीक से युवती होने के पूर्व स्वर्ग सिधार गये। रह गये विष का प्याला देने वाले राणा, कुलनाशिनी कहने वाली सास और तरह-तरह से प्रताड़ित करने वाली ननद और रह गया वह समाज, जिसकी नजरों में मीरा जैसी युवती और रूवपती का भक्त होना, मन्दिरों में घूमना, साधु-सन्तों के साथ सत्संग करना उसका अनैतिक आचरण था, उसका 'बावलापन' था।

चौदह-पन्द्रह की अवस्था में मीरा विधवा हुईं। उस समय की प्रथा के अनुसार मीरा को पति की चिता पर सती हो जाना चाहिए था। लेकिन सती न होकर उन्होंने भक्ति का मार्ग चुना। उस भक्ति का, जिसका दरवाजा नारी के लिए बन्द था। उस बन्द दरवाजे को खोल कर भीतर प्रवेश करना आसान नहीं था। इसके लिए नारी को कठिन संघर्ष करना पड़ता था। मीरा को भी उस कठिन संघर्ष से गुजरना पड़ा। उनके मार्ग की सबसे बड़ी बाधा तो पहले उनका परिवार था, स्वजन थे, जो उन्हें घर की चारदीवारी से बाहर नहीं होने देना चाहते थे; फिर समाज था, जो लोकापवाद का भय दिखाकर तरह-तरह से सताया करता था। पं. परशुराम चतुर्वेदी जब मीरा के पदों का संग्रह कर रहे थे, तो उनकी मुलाकात राजस्थान में ऐसे लोगों से हुई,

जो आज भी मीरा के आचरण को अच्छा नहीं मानते। सोचिए, आज से चार सौ वर्ष पहले के सामज की प्रतिक्रिया कितनी कड़वी रही होगी!

इन सभी विघ्न-बाधाओं को पार करते हुए लोकापवाद का विष पीते हुए मीरा जब घर से निकल गयीं, भक्त हो गयीं, तब उनका संघर्ष भक्ति-क्षेत्र में फैली उस पुरुष-दृष्टि से शुरू हुआ, जिसकी नजर में नारी माया थी, मात्र माया। कंचन और कामिनी से बचने की सलाह भक्तगण भी दिया करते थे। साधु-सन्तों के बीच प्रवेश को लेकर स्वयं उनके बीच मीरा के प्रति जो उपेक्षा-भाव रहा होगा, उसका अनुमान भर किया जा सकता है। जहाँ कोई भी नारी माया थी, वहाँ यौवन, रूप और वैधव्य, तीनों की एकाकार प्रतिमा मीरा के साथ क्या सलूक होता होगा? कहा जाता है कि जब वे वृंदावन में स्वामी जीवगोस्वामी से मिलने गयीं तो स्वामीजी ने यह कहकर मिलने से इनकार कर दिया कि 'मैं स्त्रियों से नहीं मिलता!' मीरा ने जो उत्तर दिया, उससे भक्ति की पुरुष-प्रधान दृष्टि का पता चलता है और उससे उनके संघर्ष का भी संकेत मिलता है। मीरा ने कहला भेजा–''वृंदावन में पुरुष तो सिर्फ कृष्ण हैं, बाकी सब तो स्त्री-रूप हैं। स्वामी जी जैसा भक्त अपने को पुरुष कैसे मानता है!'' कहा जाता है कि स्वामीजी निरुत्तर हो गये और स्वयं मिलने आये। यह भी चर्चा मिलती है कि एक बार एक कपटी साधु मीरा से मिला। उसने कहा कि मुझे श्रीकृष्ण ने अपना प्रतिनिधि बनाकर भेजा है, आपके संग विहार करने के लिए। मीरा ने उसका स्वागत करते हुए कहा कि पहले भोजन कीजिए, फिर सेज लगाती हूँ। सन्तों के बीच निःशंक होकर रस में भीजिए–

''असमनि समाज में बिछाय सेजि बोलि लियो,
संक अब कौन की निसंक रस भीजिए॥''

इस प्रसंग से स्पष्ट है कि सास-ननद तथा समाज के दूसरे लोगों के अतिरिक्त साधु समाज में भी ऐसे दुर्जन थे, जो मीरा को दुःख दिया करते थे। ये घटनाएँ बताती हैं कि मीरा का संघर्ष कई स्तरों पर था। ऐसा संघर्ष शायद ही किसी अन्य भक्त कवि को करना पड़ा हो!

यों तो मीरा को बहुतों ने कष्ट दिया, लेकिन उनको कष्ट देने वालों में सिरमौर थे–राणा। राणा, जिनका हवाला मीरा ने बार-बार दिया है। यह राणा उनके पति नहीं थे। उनके ससुर भी नहीं थे। यह राणा थे उनके देवर विक्रमादित्य सिंह। इतिहास बताता है कि जिस समय विक्रमादित्य सिंह गद्दी पर बैठे, मीरा विधवा हो चुकी थीं। पिता भी मर चुके थे। स्नेह देने वाले ससुर राणा संग्राम सिंह भी। निःसन्तान मीरा भरे यौवन में विधवा हो गयीं। विक्रमादित्य अत्यन्त अयोग्य शासक था। वह पूरी तरह पतनशील सामन्ती मूल्यों का संवाहक था। मीरा ने अपने पदों में जिस राणा को बार-बार याद किया है, कोसा है, वह यही राणा विक्रमादित्य है। इसी राणा ने मीरा को तरह-तरह की यातनाएँ दीं, विष का प्याला भेजा और उनके

भक्ति-मार्ग में इतनी बाधाएँ डालीं कि मीरा को मेवाड़ छोड़ने के लिए बाध्य होना पड़ा। वे अपनी सखी ललिता के साथ वृंदावन चली गयीं। कुछ दिन वहाँ रहने के उपरान्त द्वारका में रहने लगीं। वहीं रणछोड़ राय जी के मन्दिर में उनका शेष जीवन बीता। घरवालों के बुलाने पर भी वे मेवाड़ नहीं लौटीं। वहीं सत्तर-पचहत्तर की उम्र में उन्होंने जल-समाधि ले ली। भक्तों का विश्वास है कि वे रणछोड़ राय जी की मूर्ति में समाहित हो गयीं।

इस तरह मीरा का जीवन अत्यन्त विषम और विषादयुक्त है। उनके जीवन का यह विषाद उनकी कविता के मूल में विद्यमान है। इस विषाद का गहरा सम्बन्ध उनकी कविता से है। यह विषाद सामाजिक बन्धनों और प्रताड़नाओं से उपजा है। यह विषाद मीरा का निजी तो है ही, मध्यकाल की नारी मात्र का भी है, क्योंकि यह विषाद इतना व्यापक और गहरा है कि मध्यकाल की हर नारी का मालूम पड़ता है।

मीरा भक्ति आन्दोलन की सामन्तवाद-विरोधी लहर के साथ आयी मध्यकाल की एक अमूल्य नारी-रत्न हैं। उनका जीवन और काव्य भक्ति आन्दोलन और भक्ति-साहित्य को एक नया आयाम देता है। एक ओर जहाँ वे भक्ति पर छाई पुरुष-प्रधान नारी-विरोधी सामन्ती दृष्टि से संघर्ष करती हैं और सफल होती हैं, वहीं सम्प्रदाय-निरपेक्ष प्रेम-भक्ति का मार्ग प्रशस्त कर भक्ति को साम्प्रदायिक संकीर्णताओं से ऊपर उठाकर व्यापकता प्रदान करती हैं। मध्यकाल का हर सन्त किसी-न-किसी सम्प्रदाय का या तो शिष्य है या गुरु है। मीरा न तो किसी सम्प्रदाय में दीक्षित होती हैं और न अपना कोई सम्प्रदाय निर्मित करती हैं। उनके बारे में यह उक्ति प्रसिद्ध है—

"नाम रहोगे नाम से सुनो सयाने लोग।
मीरा सुत जायो नहीं शिष्य न मुड़्यो कोय॥

मध्यकाल में एक नारी का सम्प्रदाय-निरपेक्ष होकर अकेले भक्ति-मार्ग पर चलना अद्भुत साहस का काम है। इस सम्प्रदाय-निरपेक्षता के चलते मीरा साम्प्रदायिक संकीर्णता से मुक्त हैं, जबकि उसी काल के सूर हों या तुलसी, जायसी हों या कबीर, सबके अपने 'गुरु' हैं, सम्प्रदाय हैं, आग्रह हैं, दुराग्रह हैं। किसी से प्यार हैं तो किसी से नफरत भी। उनके यहाँ किसी की प्रशंसा है तो किसी की निन्दा भी। मीरा ही हैं जो किसी सम्प्रदाय की सीमा में नहीं बँधतीं, किसी सम्प्रदाय विशेष के प्रति असहिष्णु भी नहीं होतीं। वैसे तो हितहरिवंश, वल्लभ आदि सम्प्रदायों के अनेक लोग उनके सम्पर्क में आये। अनेक साधु-सन्तों से भी उनका मिलना-जुलना हुआ। लेकिन वे किसी सम्प्रदाय की सीमा में न बँधीं और न किसी दार्शनिक मतवाद के पीछे पागल हुईं। वे अगर किसी के पीछे पागल हुईं तो वह थे कृष्ण। कृष्ण का भी वह रूप उन्होंने नहीं अपनाया, जो खंडित होती मर्यादा, ध्वस्त होते मूल्यों और युगधर्म को साकार करने की प्रतिज्ञा से बँधा है। उनके प्रेम में वह इतनी तल्लीन हुईं कि उनका सम्पूर्ण जीवन ही कृष्णमय हो गया। लोकापवाद का भय उन्हें नहीं

था। कोई क्या कहता है—निन्दा करता है या प्रशंसा, उसकी चिन्ता उन्होंने नहीं की। कोई उनकी बात सुनता है या नहीं, उनके पद गाता है या नहीं, उनके पथ का कोई अनुसरण करता है या नहीं, इससे मीरा को कोई मतलब नहीं था। भक्ति-भावना के आवेश में वे नृत्य करती थीं और अपने पद गाती थीं। सम्प्रदाय का प्रवर्तन करने वाले अन्य आचार्यों की तरह उन्होंने दूसरों को प्रभावित करने का सायास उपक्रम न किया। भक्ति पर पुरुष-प्रधान दृष्टि के कारण नारी को ही जब साधना की दुर्गम घाटी मान लिया गया हो, ब्रह्मचर्य के गर्व में धर्माचार्यों ने 'नारी का मुँह तक न देखने' की प्रतिज्ञा कर किसी नारी को शिष्य बनाने से इनकार कर दिया हो, तब किसी नारी का अनुयायी कोई पुरुष कैसे हो सकता था भला! इसीलिए इस नारी को कोई गुरु न मिला। शिष्य की तो बात ही भिन्न है। सम्भव है, यह कथन सही हो कि मीरा किसी रैदासी सन्त की शिष्य थीं। जब ब्राह्मण धर्माचार्यों ने नारी को मान-दीक्षा न दी, तब एक अछूत सन्त की शरण में वे गयी हों और उसी ने उन्हें दीक्षित करने का पुण्य कार्य किया हो—समाज के एक अंत्यज ने दूसरे 'अंत्यज' का उद्धार किया हो। जो भी हो, मीरा का किसी पन्थ-विशेष से सम्बन्ध नहीं दिखायी पड़ता। बड़े-बड़े दार्शनिक आचार्यों और सन्त-कवियों के युग में पन्थ-निरपेक्ष होकर अपनी राह अकेले चलने का ऐसा दूसरा उदाहरण शायद ही मिले!

मीरा की कविता का अध्ययन नवधा भक्ति, मधुरा भक्ति आदि दृष्टियों से तो अब तक हुआ है, लेकिन उसका कोई सामाजिक मूल्य भी है, इसकी प्रायः उपेक्षा हुई है। सच कहा जाये तो इस अत्यन्त महत्त्वपूर्ण भक्त कवयित्री के सम्बन्ध में प्रायः सभी बड़े आलोचक चुप हैं। कबीर, जायसी, सूर, तुलसी आदि कवियों के महत्त्व को जिस तरह हिन्दी के बड़े आलोचकों द्वारा स्वीकार किया गया है, उसी तरह मीरा के महत्त्व को नहीं। जनता के बीच अत्यन्त लोकप्रिय होते हुए भी मीरा साहित्य में वह स्थान नहीं प्राप्त कर सकीं, जो कबीर आदि को मिला। मीरा एक महान भक्त कवयित्री हैं। उन्हें अपने जमाने का विष सबसे अधिक पीना पड़ा। प्रसिद्ध सन्त कवियों में शायद ही किसी का जीवन इतना विषम और विषादयुक्त रहा हो! अपने युग के समक्ष जिस तरह वे एक ललकारती चुनौती बनकर खड़ी दिखायी देती हैं, उस तरह न तुलसी दीखते हैं और न क्रान्तिकारी कहे जाने वाले कबीर। मीरा को अपनी क्रान्तधर्मिता की कीमत सबसे अधिक चुकानी पड़ी है—अपने किसी भी समकालीन से अधिक विष पीकर और जमाने की मार खाकर!

मीरा के काव्य में बार-बार विष आता है, विषपान की चर्चा मिलती है। उनका विषपान अभिधार्थ भी है और प्रतीकार्थ भी। मीरा की कविता में मध्यकाल की विषपान करती और विषाद से भरी नारी अपने पूरे अस्तित्व के साथ विद्यमान है। मीरा का विषपान मध्यकालीन नारी का विषपान है और विषाद मध्यकालीन नारी का विषाद! मीरा का विद्रोह अपने अस्तित्व की तलाश में भटकती मध्यकालीन नारी

का विद्रोह है। वे इस रूप में एक व्यक्ति न होकर मध्यकालीन नारी की प्रतिनिधि हैं। लेकिन व्यक्ति रूप में उनका संघर्ष अपने समय की आम नारी से अधिक कठिन है। उनका विषाद भी आम नारी से अधिक गहरा है; क्योंकि वे राजरानी हैं, आम नारी से अधिक बन्धनों में रहने वाली नारी। इसीलिए उनका संघर्ष—अपनी अस्मिता और मुक्ति का संघर्ष—आम नारी के संघर्ष से कई गुना कठिन है। उन्हें जिस भक्ति के लिए इतना संघर्ष करना पड़ा, आम नारी को निश्चित रूप से उससे कम करना पड़ता। उनकी कविता इन्हीं स्थितियों की उपज है। उस काव्य का गहरा सम्बन्ध व्यक्ति मीरा से तो है ही, अपने समय और उस काल की नारी से भी है। उनकी कविता में जो तड़प है, विरह की जो अन्तर्दशाएँ हैं, वह उस युग का कठोर यथार्थ है।

मध्यकालीन काव्य में नारियों का अपूर्व विरह-वर्णन मिलता है। उस विरह-वर्णन का आधार मध्यकाल की वह नारी है, जिसकी नियति है पति में ही अपनी सम्पूर्ण इच्छा का समर्पण। पति ही उसके लिए परमेश्वर है। मीरा की कविता नारी की इसी दासता और मजबूरी की व्यथा की कविता है। उनमें विरह की जो घनीभूत रेखाएँ हैं, उसमें मध्यकालीन नारी की विषाद में डूबी हर साँस का स्पन्दन सुनायी देता है। लेकिन मीरा की कविता सिर्फ यही नहीं है। उसमें जहाँ अपने समय का बड़ा सच छिपा है, वहीं उसकी भयावहता से टक्कर लेता विद्रोह भी है। सामन्ती संस्कृति के नियमों के नीचे दबी नारी पति को ही परमेश्वर और अपने को उसके चरणों की दासी मानने को अभिशप्त थी। सामन्ती संस्कृति के मूर्त रूप मेवाड़ के राणाओं के घर की बहू ने इस नियम को मानने से इनकार कर दिया और इस नियम को उलट कर घोषणा कर दी कि परमेश्वर ही मेरा पति है—"मेरो तो गिरिधर गोपाल दूसरो न कोई।" मध्यकालीन नारी की दारुण स्थिति का जहाँ बेजोड़ वर्णन मीरा की कविता में मिलता है, वहीं उससे मुक्ति के संघर्ष से भरा उपक्रम भी है।

मीरा का एक प्रसिद्ध पद है—'जो ऐसा मैं जाड़ती प्रीत कियो दुख होय। नगर ढिंढोरा पीटती प्रीत कर्‌यो मत कोय।' प्रेम के लिए कुल की मरजाद छोड़ने वाली, भाई-बन्धु, स्वजन, सबका परित्याग करने वाली यह भक्त कवयित्री प्रेम करने के भी विरुद्ध क्यों खड़ी हो जाती है? इसलिए कि इस प्रेम से दुःख मिलता है। ऐसा दुःख, जिस दुःख को बहुत कम लोग जानते हैं—'म्हारा दरद न जाणे कोय।' इस अजाने दुःख और दर्द के सामाजिक पहलू का अध्ययन करने पर मीरा के काव्य का नया अर्थ खुलता है।

(1989)

तुलसीदास : अझेल हमलों के बीच

कितने आश्चर्य की बात है कि तुलसीदास जैसे महानतम कवि पर साहित्यिक आलोचना की एक भी अच्छी और सम्पूर्ण पुस्तक नहीं है। वैसे तो श्रद्धापूरित और भक्तिपूरित आलोचना साहित्य की कमी नहीं है—मनों और टनों के हिसाब से विश्वविद्यालयों एवं मठों में तुलसी साहित्य पर विचार का कारोबार हुआ है, लेकिन उस विशाल भंडार में सचमुच की साहित्यिक आलोचना का प्रतिशत अत्यन्त कम है। ले-देकर रामचन्द्र शुक्ल, हजारीप्रसाद द्विवेदी और रामविलास शर्मा का छिटफुट लेखन ही तुलसी साहित्य के वैशिष्ट्य को नया आधार देने में सक्षम है। शुक्ल जी की पुस्तक 'गोस्वामी तुलसीदास' उनकी प्रारम्भिक पुस्तक है। तुलसी सम्बन्धी उनकी परिपक्व आलोचना का वास्तविक रूप इतिहास में दीखता है। तुलसीदास के आधार पर 'लोकमंगल' को साहित्यिक आलोचना की कसौटी बनाकर वे न सिर्फ तुलसीदास का, बल्कि हजार वर्षों के साहित्य के मूल्यांकन का आधार तैयार करते हैं। धार्मिकता और फालतू की रीतिवादी साहित्यिकता से मुक्त करके हिन्दी आलोचना को वे 'लोकमंगल' की जिस सामाजिक भूमि पर प्रतिष्ठित करते हैं, वही आगे चलकर हिन्दी आलोचना की वास्तविक जमीन बनती है। उसके बाद हजारीप्रसाद द्विवेदी की 'समन्वयवादी' व्याख्या कुछ नया कहती प्रतीत होती है कि भारत का लोकनायक वही हो सकता है जो समन्वय करना जानता हो। शुक्ल जी की लोकमंगलवादी आलोचना का नया विस्तार रामविलास शर्मा के कुछेक लेखों से मिलता है, जब वे तुलसीदास को 'किसान चेतना' का कवि बताते हैं। इसके आगे 'माथा खुजलाने' पर भी चौथा नाम नहीं दीखता। शुक्ल जी के ही 'लोक' शब्द को लेकर कुछ प्रगतिशील आलोचकों ने 'लोकवाद' के शोर से ऐसा कुहरिल वातावरण निर्मित किया है, जिसमें तुलसी की अपनी विशेषता कहीं से भी प्रकट नहीं होती। प्रश्न है कि इस लोक की चाशनी में भक्तिकाल का कौन कवि पगा हुआ नहीं है?

निष्कर्ष यह कि रामचन्द्र शुक्ल ही तुलसी के सबसे बड़े और पारखी आलोचक हैं। तुलसी के आधार पर हिन्दी आलोचना को वे सामाजिक भूमि पर प्रतिष्ठित

करते हैं और 'लोकमंगल' को उसके केन्द्र में रखते हैं। लेकिन इसी 'लोकमंगल' और तुलसी सम्बन्धी अपनी आलोचना के कारण आज वे हिन्दी दलित-विमर्श में ब्राह्मणवादी बताये जा रहे हैं। जो ब्राह्मणवाद का ठीक-ठीक अर्थ नहीं जानता और शुक्ल जी के साहित्य को ठीक से जिसने पढ़ा नहीं है, वह भी उन पर कोड़े बरसा रहा है। यह जाने-समझे बिना कि जो ब्राह्मणवाद के आधार स्तम्भ हैं, मसलन– वर्णव्यवस्था, पुनर्जन्म, कर्मकाण्ड, अवतारवाद आदि; शुक्ल जी की आस्था उन सबमें भी थी या नहीं? राम की महिमा को प्रतिष्ठित करने वाले जिस तुलसी को वे महत्त्व देते हैं, वह उनके अवतारी रूप के कारण है, उनके क्षत्रिय राजा होने की वजह से है या उनके अन्याय-अत्याचार से लड़ने वाले एक कर्मवीर के प्रति है? यह देखने का किसी के पास अवकाश नहीं है। तुलसी के लिए अवतार रहे होंगे राम, शुक्ल जी के लिए तो मिथक ही हैं, इस पर लोगों का ध्यान नहीं जाता। यह भी भुला दिया जा रहा है कि शुक्ल जी ने हैकल की पुस्तक का 'विश्व प्रपंच' नाम से अनुवाद किया था और उसकी खासी लम्बी भूमिका लिखी थी। प्रश्न है कि ऐसा करके वे ब्राह्मणवाद के आधार-स्तम्भों को तोड़ रहे थे या मजबूत कर रहे थे? बहुत कुछ है जो शुक्ल जी को आधुनिक और वैज्ञानिक दृष्टि का व्यक्ति और आलोचक बनाता है। लेकिन इन सबको देखने-समझने में श्रम लगता है और अपना उद्देश्य सफल नहीं होता। इसलिए आसान-सा रास्ता है कि जाति से ब्राह्मण होने के कारण उन्हें ब्राह्मणवादी घोषित कर दिया जाये। राष्ट्रीय आन्दोलन, नवजागरण और ज्ञान-विज्ञान की नयी हवाओं के कारण जाति-निरपेक्ष, धर्म-निरपेक्ष और जड़ता के विरुद्ध बनी खुली दृष्टि से जो भारतीय राष्ट्रीय मानस उस दौर में निर्मित हुआ था, हिन्दी आलोचना में उसके प्रतिनिधि स्वर शुक्ल जी थे। जरूर, उनका जन्म ब्राह्मण जाति में हुआ था, लेकिन ब्राह्मण संस्कारों से ज्ञान-विज्ञान की नयी हवाओं ने उन्हें ऊपर उठाकर आधुनिक बनाया था। इन सबको दरकिनार करके जाति के आधार पर उन्हें क्या, किसी को भी ब्राह्मणवादी घोषित कर देना साहित्य में आम होता जा रहा है? यह सरलीकरण राजनीति में तो आ ही गया है, साहित्य में भी आया है। इसकी चपेट में प्रेमचन्द, निराला आदि भी आते गये हैं। यह साहित्य को समाजशास्त्र, इतिहास की तरह ऊपरी तथ्यों के आधार पर देखने का परिणाम है। ऐसा करते हुए प्रायः यह भुला दिया जाता है कि व्यक्ति के अपने अन्तर्विरोध भी होते हैं। शुक्ल जी के भी थे। देखा यह जाना चाहिए कि इन अन्तर्विरोधों के बावजूद इस लेखक की दृष्टि विकासोन्मुख है या नहीं।

रामचन्द्र शुक्ल की आलोचनात्मक कसौटी पर कबीर आदि निर्गुणपन्थी कवि खरे नहीं उतरते। पूरी तरह खरे तो जायसी और सूर भी नहीं उतरे। अपनी सम्पूर्णता में खरे उतरते हैं तुलसीदास। एक कवि से शुक्ल जी की जो अपेक्षाएँ हैं, वह तुलसी से पूरी होती हैं। उनकी कसौटी पर रीतिकाल के भी बहुतेरे धुरन्धर कवि

खरे नहीं उतरते। यद्यपि उनमें से अधिकतर ब्राह्मण हैं, काव्य-कला और काव्य-शास्त्र के पंडित हैं। मतलब यह कि उन्हें यदि शास्त्रज्ञान से हीन निर्गुणपन्थियों की वाणी पसन्द नहीं आती तो शास्त्रज्ञान से भरपूर रीतिवादियों की भी कविताई पसन्द नहीं आती। निर्गुण पन्थियों की ऊबड़-खाबड़ भाषा एवं शास्त्र का उपहास करने की प्रवृत्ति उन्हें पसन्द नहीं तो उनकी रहस्यवादिता भी उन्हें पसन्द नहीं। रहस्यवाद को वे अवैज्ञानिक और अन्धविश्वासों में भटकाने वाली साधना मानते हैं और उसका जबर्दस्त विरोध करते हैं। रीतिकाव्य की अतिशय कलावादी प्रवृत्ति पर भी वे कड़ी चोट करते हैं। इसलिए कि उसमें समाज कि बुनियादी चिन्ताएँ कम हैं और चमत्कारप्रियता अधिक है। संक्षेप में यह कि शुक्ल जी काव्य में चमत्कारप्रियता के विरोधी हैं, चाहे वह रहस्यवाद के रूप में हो या कलावाद के नाम पर।

शुक्ल जी को तुलसीदास का कवि-कर्म भी प्रिय है और उनकी भक्ति भी। उनके अनुसार तुलसी कवि-रूप में भी महान हैं और भक्त-रूप में भी। उनकी कविता में भारतीय कविता की सारी खूबियाँ तो हैं ही, हिन्दी कविता को उत्कर्ष और व्यापकता प्रदान करने वाली रूढ़ि-भंजक प्रतिभा के साथ चरित्रों को युगानुरूप नया आयाम देने की सर्जक प्रतिभा भी है। रामकथा वाल्मीकि ने भी लिखी और दूसरों ने भी। लेकिन आज हमारी चेतना में राम आदि चरित्रों का जो रूप है, वह तुलसीदास का सृजन है। हमारी कल्पना में रामायण के चरित्रों ने अपनी जो जगह बना ली है वह बहुत से रचनाकारों के रचनात्मक प्रयत्न के बावजूद आज भी वैसी ही है। एक दिलचस्प घटना की याद आ रही है। एक गोष्ठी में तुलसीदास पर बोलते हुए मैंने वाल्मीकि रामायण के कुछ प्रसंगों की तुलना 'मानस' के कुछ प्रसंगों से की। लंका-विजय के बाद रावण के महल से सीता राम के सामने लाई जाती हैं। वे पति को देखने के लिए विकल थीं। पति के सिवा उन्होंने किसी दूसरे पुरुष की कल्पना भी कभी नहीं की थी। लेकिन वे पर-पुरुष के घर रहकर आयी थीं। रावण ने अपनी गोद में उठाकर उनका हरण किया था। उनकी पवित्रता राम के लिए सन्दिग्ध थी। राम ने कहा कि सीते, तुम्हारे हरण से मेरे कुल पर कलंक लगा था; मैंने युद्ध रघुकुल की मर्यादा के लिए किया। अब तुम आजाद हो। दसों दिशाएँ तुम्हारे लिए खुली हैं। तुम किसी भी पुरुष के साथ रह सकती हो। भरत, लक्ष्मण, शत्रुघ्न, सुग्रीव, विभीषण किसी का भी चुनाव कर सकती हो। यहाँ सभा में बैठे भालू-बन्दरों में से किसी को भी चुन सकती हो, आदि-आदि। मैं अभी बोल ही रहा था कि एक सज्जन की क्रोध-भरी प्रतिक्रिया उभरी—'आप नास्तिक हैं। आप तोड़-मरोड़कर सुना रहे हैं। जब तुलसीदास ने ऐसा नहीं लिखा है तो वाल्मीकि ने कैसे लिखा होगा? वे ऋषि थे?' जाहिर है, उन्होंने वाल्मीकि रामायण नहीं पढ़ी थी। मैंने कहा—'हो सकता है मैं नास्तिक होऊँ, राम में मेरी श्रद्धा वैसी न हो, जैसी आपकी है। लेकिन वे महान पौराणिक चरित्र हैं और देश की जनता, किसी ऐतिहासिक चरित्र की तुलना में, उनसे अधिक जीवनी

शक्ति पाती है, इस बात में मेरा अगाध विश्वास है।' फिर मैंने नोटबुक से आदत के विपरीत मूल श्लोक सुनाए–

नहि त्वां रावणो दृष्ट्वा दिव्यरूपां मनोरमाम्।
मर्षयेत चिरं सीते स्वगृहे पर्यवस्थिताम्॥

(सीते : तुम जैसी दिव्य रूप-सौन्दर्य से सुशोभित मनोरम नारी को अपने घर में स्थित देखकर रावण चिरकाल तक तुमसे दूर रहने का कष्ट नहीं सह सका होगा।)

तद् गच्छ त्वानुजानेऽद्य यथेष्टं जनकात्मजे।
एता दश दिशो भद्रे कार्यमस्ति न मे त्वया॥

(अतः जनक कुमारी! तुम्हारी जहाँ इच्छा हो, चली जाओ। मैं अपनी ओर से अनुमति देता हूँ। भद्रे! ये दसों दिशाएँ तुम्हारे लिए खुली हैं। अब तुमसे मेरा कोई प्रयोजन नहीं है।)

फिर उन सज्जन ने बुझे स्वर में कहा : 'ऐसा लिखा भी है तो यह मत कहिए। मन को बड़ी चोट लगती हैं।

वह गोष्ठी श्रद्धालु भक्तों की नहीं थी, साहित्यिक जनों की थी। वहीं क्यों, अन्य जगह भी तुलसी रचित राम आदि की जो छवि जन सामान्य में है, उससे भिन्न थोड़ी-सी अलग व्याख्या कीजिए तो लोग असुविधा महसूस करने लगते हैं। इससे तुलसी की कविता का प्रभाव और उसकी लोकप्रियता का पता चलता है। आज की तारीख में जनता के बीच प्रतिष्ठित राम तुलसी के राम हैं। आखिर एक कवि की इस अद्वितीय लोकप्रियता का राज क्या है?

बीसवीं सदी के महान नायक महात्मा गाँधी के प्रिय गन्थों में 'रामचरितमानस' भी था। स्वतन्त्रता-संग्राम और जीवन-संग्राम की लम्बी और बहुआयामी लड़ाई लड़ते हुए 'मानस' उनका बड़ा सम्बल रहा। 'रामराज्य' की अवधारणा उन्हें 'मानस' से ही मिली। यह 'रामराज्य' करपात्री महाराज का हिन्दू 'रामराज्य' नहीं था। यह उनके निर्गुण 'सुराज' का ही सगुण संस्करण था, जिसमें सभी धर्मों-जातियों के लिए समानता का यूटोपिया था। बाबा रामचन्द्र दास ने अवध में किसान आन्दोलन का संचालन करते हुए 'मानस' का ही सहारा लिया। वे लोगों को सचेत बनाने और शोषक-वर्ग का चेहरा उजागर करने के लिए 'मानस' के ही दोहों-चौपाइयों की नयी-नयी व्याख्याएँ करते थे। राममनोहर लोहिया ने चित्रकूट में रामायण मेले का आयोजन किया था और अपने लेखों में तुलसी के राम की आधुनिक व्याख्याएँ भी कीं। फणीश्वरनाथ रेणु ने 1972 में निर्दलीय उम्मीदवार के रूप में विधानसभा का चुनाव लड़ा था। पत्रकारों ने जब पूछा कि जनता से क्या कहेंगे तो उन्होंने कहा था कि मैं तुलसी और दिनकर की कविताएँ सुनाऊँगा और फिर वोट माँगूँगा। मतलब यह कि तुलसी द्वारा वर्ण-व्यवस्था का समर्थन उसका एक पहलू है, उसके दूसरे बड़े आयाम भी हैं; जिनके कारण तुलसी कवि-रूप में महानता की हदें छूते हैं और

साहित्यिक बिरादरी के साथ सामाजिक कार्यकर्ताओं की चेतना को परिवर्तन और संघर्ष की आधारभूमि प्रदान करते हैं।

तुलसी से मेरा प्रथम परिचय अपने गाँव में हुआ। मेरा गाँव अत्यन्त पिछड़ा था। शिक्षित लोग नाममात्र के थे, लेकिन गाँव में गीत-संगीत की परम्परा थी। गीत-संगीत का आयोजन प्रायः हर हफ्ते किसी-न-किसी के दरवाजे पर होता था। होली और चैत के महीनों में लोग प्रायः रोज ही होली गीत और चैती गाते थे। अन्य महीनों में जो गाते थे, उसे 'कीर्तन' कहा जाता था। खेती-बाड़ी के काम से फुर्सत पाकर शाम के वक्त भोजन के बाद लोग बैठते थे। दरी या पुआल पर वृत्ताकार। बीच में लालटेन जलती थी। ढोलक और मंजीरे मुख्य वाद्य-यन्त्र थे। पहले ढोलक और मंजीरे की लयबद्ध संगत होती थी। फिर एक आदमी शुरू करता था—

गाइए गणपति जग वन्दन।
शंकर सुअन भवानी के नन्दन ॥

यह वन्दना थी। उसके बाद तरह-तरह के भजन, लोकगीत, कभी-कभी मौसम के गीत और कभी-कभी अश्लील गीत भी गाते थे। रात दो-तीन बजे तक। एकरस ग्रामीण जीवन की आध्यात्मिक-सांस्कृतिक प्यास तो इससे बुझती ही थी, मनोरंजन भी होता था, साथ ही कीर्तन-कला की दीक्षा भी नयी पीढ़ी को मिलती थी। बहरहाल, मैंने बाद में जाना कि यह वन्दना तुलसीदास की है और यह 'विनयपत्रिका' का पहला पद है। बाद में मैंने यह भी जाना कि उस कीर्तन में 'मानस' भी गाया जाता था और अन्य भक्त कवियों के पद भी। जाहिर है, उन अनपढ़ या मात्र साक्षर-भर लोगों ने वह सब कुछ सुनकर याद किया था, इसलिए उसमें भोजपुरी के स्पर्श के साथ थोड़ा-बहुत परिवर्तन भी होता था। इसका पता उन गायकों को नहीं था। वे तो समझते थे कि वे मूल ही गा रहे हैं। हमें भले पता न हो कि वे सब तुलसी और अन्य भक्त कवियों को गाते-बजाते हैं, किन्तु उन्हें पता था। वे जब-तब प्रसंग के अनुरूप जैसे-तैसे तुलसीदास को उद्धृत करते थे। बचपन की घटना याद आ रही है। कलियुग के बुरे चरित्र की चर्चा हो रही थी। एक निरक्षर व्यक्ति ने बड़े आत्मविश्वास के साथ तुलसीदास को उद्धृत किया। उसने कहा, "बाबा तुलसीदास कह गये हैं—'कलजुग में अकाल परी। अन्न बिना लोग मरी'।" जाहिर है यह "कलि बारहि बार अकाल परै" का भ्रष्ट भोजपुरी तर्जुमा था। लेकिन कोई बात नहीं, इससे लोक-जीवन में एक कवि की व्याप्ति का पता तो चलता ही है! आखिर एक कवि की पहुँच क्यों और कैसे विश्वविद्यालय के पंडितों से लेकर गाँव की अनपढ़ जनता तक हुई?

कहा जाता है कि 'मानस' की बहुत-सी पंक्तियाँ शास्त्रों में लिखे हुए का अनुवाद हैं। कुछ लोगों का दावा है कि 'मानस' में जो कुछ अच्छा है, वह शास्त्र से

उधार लिया हुआ है। रामनरेश त्रिपाठी, जानकीवल्लभ शास्त्री आदि ने अपने वैदुष्य का परिचय देते हुए 'मानस' की पंक्तियों के समानान्तर शास्त्र-कथन को रखकर इस तरह के मत को प्रामाणिकता प्रदान की है। लेकिन इसके बावजूद तुलसीदास की कविता और भक्ति की अद्वितीयता में किसी को सन्देह नहीं। जो लोग 'मानस' के समानान्तर शास्त्र को रखकर देख चुके हैं, वे भी मानते हैं कि कुछ अपूर्व और विलक्षण तो है ही इस कवि में; जो सारे 'किन्तु-परन्तु' के परे है। यह अपूर्वता और विलक्षणता शास्त्र और लोक का द्वन्द्व भी है और मेल भी, जिससे कविता और भक्ति की पावन एवं लोकव्यापी धारा फूटती है। यह तो सही है कि तुलसीदास शास्त्रों के पंडित हैं और 'मानस' की पंक्तियों पर जहाँ-तहाँ उसका असर भी है, लेकिन लोक-जीवन के कितने मुहावरे और कहावतें मानस की पंक्तियों में सहज रूप में रच-बस गयी हैं, इसका पता हमें नहीं है। 'का बरखा जब कृषी सुखाने' या 'कोउ नृप होई हमें का हानी' जैसी पंक्तियाँ मानस में भी हैं और लोक-जीवन में कहावत के रूप में भी। आज यह कहना मुश्किल है कि ये पंक्तियाँ लोक-जीवन से 'मानस' में आयी हैं या 'मानस' से लोक-जीवन में गयी हैं। कविता और लोक-जीवन में प्रचलित कहावतों-मुहावरों की एक-दूसरे के यहाँ आवाजाही का ऐसा अनोखा दृष्टान्त अन्यत्र शायद ही मिले। राममनोहर लोहिया ने तो इसके आगे की बात कह दी है कि "तुलसी की कविता से निकली हैं अनगिनत रोज की उक्तियाँ और कहावतें, जो आदमी को टिकाती हैं और सीधे रखती हैं।"

तुलसीदास बुनियादी रूप से भक्त थे। कविता उनकी भक्ति के प्रचार का माध्यम थी। अपने कवि होने की बात वे हमेशा 'अंडरटोन' में करते हैं। लेकिन भक्त होने की घोषणा जोर-शोर से करते हैं। कविताई उनका उद्देश्य नहीं है। उद्देश्य है राम की भक्ति। इसलिए कविता में वे 'मति अनुरूप राम गुन' ही गाते हैं। 'राम-गुन' और 'राम-नाम' के प्रचार के लिए वे घूम-घूमकर रामकथा भी सुनाते थे। कविता और कथा-वाचन राम के प्रति उनकी भक्ति के प्रचार के माध्यम थे। उनके कथा-वाचन पर कविता का कितना प्रभाव था, यह कहना आज मुश्किल है, किन्तु उनकी कविता पर कथा-वाचन शैली का घनघोर प्रभाव है। 'रामचरितमानस' के पूरे 'स्ट्रक्चर' पर कथा-वाचन शैली का प्रभाव शुरू से आखिर तक है। कथा-वाचन में निपुण होना आसान नहीं। गीत-संगीत, कथा-कहानी, शास्त्र-लोक आदि के जरिए कथा-वाचक एक अद्‌भुत कथा-लोक की रचना करता है और विशाल श्रोता समुदाय को मन्त्रमुग्ध करता है। जो गीत-संगीत, कथा-कहानी और शास्त्र-लोक के ज्ञान में ठीक-ठीक तालमेल नहीं बिठा पाता, वह असफल कथा-वाचक होता है। जिसका तालमेल जितना प्रतिशत सही होता है, उसकी सफलता भी उतने प्रतिशत की होती है। तुलसीदास का कथा-वाचन इन सबके शत-प्रतिशत तालमेल का श्रेष्ठ उदाहरण अवश्य रहा होगा, यह अनुमान का विषय है, किन्तु 'मानस' को इसका सर्वश्रेष्ठ

उदाहरण कहे जाने पर शायद ही किसी को आपत्ति हो। तुलसी के और 'मानस' के लोकप्रिय होने में इस कथा-वाचन शैली की जबरदस्त भूमिका है। 'वर्णानामर्थसंघानां रसानां छंदसामपि' से शुरू कीजिए और अन्त में 'पुण्यं पापहरं सदा शिवकरं विज्ञान भक्ति प्रदं' तक आइए, संस्कृत और लोक-भाषा, लोक-शैली और पौराणिक शैली तथा शास्त्र-ज्ञान और लोक-ज्ञान के मेल से निर्मित रसायन के जरिए तुलसीदास ऐसी कथा कहते हैं, जो 'कलिमल हरनी' है। तुलसी की रामकथा की बेजोड़ लोकप्रियता में इस कथा-वाचन शैली की बेजोड़ भूमिका है।

'मानस' की रचना के पूर्व भी तुलसीदास रामकथा कहते थे, यह कहना कठिन है, लेकिन 'कथा-वाचन' के ढंग और उसके प्रभाव से अनभिज्ञ तो हरगिज न थे। इसलिए उसका प्रत्यक्ष या परोक्ष प्रभाव 'मानस' के रचना-विधान पर पड़ना ही था। 'मानस' की रचना के बाद रामकथा का वाचन उन्होंने जगह-जगह किया, ऐसी जनश्रुति है। इसके जरिए उन्होंने राम की भक्ति का प्रचार भी किया और 'मानस' के पाठक भी तैयार किये। राम की कथा और भक्ति के साथ तुलसी की कविता भी जनसामान्य तक पहुँची। कहा जाता है कि उत्तर भारत में रामलीला का प्रदर्शन तुलसीदास की देन है। कई रामलीला पार्टियाँ खेल के साथ 'मानस' गायन भी करती थीं, यह मैंने स्वयं कई बार देखा है। रामलीलाओं के जरिए प्रदर्शित होने वाली रामकथा तुलसी रचित रामकथा का आज भी पर्याय है। यह जाने-अनजाने लोकचेतना में 'मानस' की व्याप्ति का प्रमाण है। यहाँ भक्ति, कविता, नाटक, संगीत सब एक हो जाते हैं। श्रोता या दर्शक के लिए इनका फर्क समाप्त हो जाता है, वह 'सत्संग' की भूमि पर होता है, जहाँ निर्मल मनुष्यता जन्म लेती है। उसे यहाँ पारिवारिकता, सामाजिकता और आध्यात्मिकता की ऐसी त्रिवेणी में अवगाहन का अवसर मिलता है, जैसा अन्य कवियों के यहाँ सम्भव नहीं।

रामविलास शर्मा तुलसीदास को किसान चेतना का कवि मानते हैं और इस कारण महत्त्वपूर्ण भी। यद्यपि किसान-जीवन और किसानी से जुड़ी पंक्तियाँ 'मानस' में नाममात्र की हैं, जैसे—'कृषि निरावहिं चतुर किसाना'। फिर भी डॉ. शर्मा की यह स्थापना अति महत्त्वपूर्ण है। हालाँकि मैनेजर पांडेय जैसे आलोचक को तुलसीदास में किसान चेतना कहीं नजर नहीं आती और वे ऊपरी तथ्यों के आधार पर डॉ. शर्मा की इस स्थापना को खारिज कर देते हैं और किसान चेतना की वास्तविक भूमि की तलाश वे सूर के काव्य में करते हैं। यहाँ विवाद सूर बनाम तुलसी का हो जाता है। डॉ. शर्मा ने सूरदास को चरवाहा संस्कृति का कवि कहा था और तुलसी को किसान संस्कृति का। किसान संस्कृति की तुलना में चरवाहा संस्कृति पिछड़ी होती है। सूरदास के काव्य में चरवाहा जीवन के प्रसंग आते हैं, इसलिए डॉ. शर्मा ने एक सरल निष्कर्ष निकाला कि सूरदास चरवाहा संस्कृति के कवि हैं। इसके उत्तर में मैनेजर पांडेय ने एक महत्त्वपूर्ण काम यह किया कि 'सूरसागर' के मूल पदों के

आधार पर अलक्षित सूर का सन्धान किया। यह सूर साहित्य के अध्ययन का नया पड़ाव है और सूर सम्बन्धी आलोचना का सही अर्थों में विकास भी। लेकिन इसी के साथ डॉ. पांडेय रामविलास शर्मा की किसान चेतना वाली स्थापना को 'रिड्यूस' कर देते हैं। वे किसान जीवन से सम्बन्धित पंक्तियाँ तुलसीदास के साहित्य में खोजते हैं और नाममात्र की संख्या देखकर मान लेते हैं कि तुलसीदास में किसान चेतना नहीं है और इस तरह डॉ. शर्मा की स्थापना आधारहीन है। कहने की जरूरत नहीं कि जैसा सरलीकरण सूर को चरवाहा संस्कृति का कवि कहने में है, वैसा ही सरलीकरण तुलसी के प्रसंग में किसान चेतना वाली स्थापना को निरस्त करने में है। असल में तुलसी की लोकप्रियता की वास्तविक जमीन यह किसान चेतना ही है जो उनके सम्पूर्ण काव्य में शुरू से अन्त तक व्याप्त है। यह किसान चेतना तुलसी काव्य के रक्त और मांस-मज्जा में है, भभूत की तरह बाह्य भाग पर सुशोभित होकर पहली नजर में ही दीखती नहीं है। संयुक्त परिवार के आदर्श, किसान जीवन के हर्ष-उल्लास, शोक-विषाद, रीति-रिवाज जितने गरिमापूर्ण ढंग से तुलसी काव्य में विन्यस्त हैं, उतने किसी अन्य के यहाँ नहीं। जैसे 'मानस' के 'स्ट्रक्चर' पर कथा-वाचन शैली का जबर्दस्त प्रभाव है, वैसे ही उसमें व्याप्त चेतना पर किसान जीवन का व्यापक असर है। किसानों की आबादी भारत में तब भी सर्वाधिक थी, अब भी है। अब जबकि नगरीकरण की प्रक्रिया तेज हो चुकी है, तब भी इससे इनकार नहीं किया जा सकता कि हमारे भीतर किसान जीवन की टिमटिमाहट शेष नहीं है। संयुक्त परिवार का बोझ उतार चुके और एकल परिवार की शहरी व्यावहारिकता में जी रहे लोगों को भी वे आदर्श, कथा-कहानियों में ही सही, कुछ सुख तो देते ही हैं। प्रेमचन्द में इस आदर्श और उसकी टूटन का दर्द है। प्रेमचन्द की लोकप्रियता का यह एक बड़ा आधार है। 'मानस' तो खैर, इस आदर्श का जीता-जागता पिटारा ही है।

समाजवादी चिन्तक और नेता राममनोहर लोहिया तुलसी की रामायण के प्रशंसक हैं। राम का एक पत्नीव्रती रूप और पत्नी के प्रति सम्मानजनक प्रेम उन्हें बहुत प्रिय है। इसे वे स्त्री-पुरुष सम्बन्धों की समानता की आधारभूमि मानते हैं। बहुपत्नीवादी राजतन्त्र में एक राजकुमार का यह एक पत्नीव्रती रूप अपवाद है और इस कारण लोक-लुभावन भी। रहे होंगे वाल्मीकि और दूसरे कवियों के राजा राम बहुपत्नीव्रती, तुलसी के राम एक पत्नीव्रती हैं। उनका यह रूप लोहिया को लुभाता है और विशाल जनसमुदाय को भी। लोहिया रामायण को शिष्टाचार की भी दुनिया में सबसे सुन्दर कहानी मानते हैं। और इसमें क्या दो राय कि यह सुन्दर कहानी है भी। यों तो शिष्टाचार की यह सुन्दरता पूरी रामकथा में है, किन्तु रणभूमि में घायल पड़े अपने शत्रु रावण से मिलने पर जिस सम्मानजनक आचरण का निर्देश राम अपने अनुज लक्ष्मण को देते हैं, उस तरह का दूसरा उदाहरण दुनिया में शायद ही मिले। मनुष्यता सुन्दर से सुन्दरतर ऐसे ही मानवीय और गरिमापूर्ण आचरण से बनती है।

रामकथा कहते हुए तुलसी की संवेदना का धरातल कितना भिन्न और उन्नत है, इसे जानने के लिए एक प्रसंग की चर्चा आवश्यक है। एक ब्राह्मण के पुत्र को सर्प काट लेता है और वह मर जाता है। साकेत के राजा राम को बताया जाता है कि शम्बूक नामक शूद्र की तपस्या करने के कारण ऐसा हुआ। राम तलवार लेकर उसे दंडित करने निकलते हैं और निर्द्वन्द्व भाव से उसका सिर काट देते हैं। ईस्वी सन् पूर्व की रचना वाल्मीकि रामायण के उत्तरकांड में ऐसा ही वर्णित है। सातवीं-आठवीं शताब्दी की रचना 'उत्तररामचरित' में भवभूति के राम के हाथ शम्बूक-वध के पूर्व काँपने लगते हैं। वह समय भारतीय इतिहास में बौद्ध-सिद्ध सन्तों का था। समय और समाज के विकास के साथ वाल्मीकि और भवभूति की संवेदना में जो फर्क पड़ा उसे यहाँ सहज ही देखा जा सकता है। सोलहवीं शताब्दी के कवि तुलसीदास इस प्रसंग से बचते हैं। इस अप्रिय प्रसंग को छोड़कर आगे निकल जाते हैं। आखिर क्यों? तुलसीदास के पूर्व कबीर, रैदास आदि शूद्र सन्त समाज में प्रतिष्ठित हो चुके थे, इस तथ्य से वे अनभिज्ञ न थे। शम्बूक-वध जैसे अप्रिय प्रसंग से बचकर तुलसीदास अपनी नयी और विकसित संवेदना का परिचय दे रहे थे। उनमें मात्र ब्राह्मणवाद खोजने वाले विद्वानों को इस दृष्टि से भी तुलसी का अध्ययन करना चाहिए कि उनकी लोकप्रियता में इस विकसित संवेदना की कोई भूमिका है या नहीं?

एक घटना की चर्चा के साथ इस प्रसंग को आगे बढ़ाना चाहूँगा। बचपन में मेरे पड़ोसी गाँव में रामलीला हो रही थी। रामलीला करने वाली पार्टी बाहर से आयी थी। उसके मालिक 'मानस' के मर्मज्ञ थे। शायद इसलिए चलने वाली रामलीला का आधार 'मानस' ही था। बीच-बीच में 'मानस' का गायन भी बड़े सुन्दर ढंग से होता था और कथा आगे बढ़ती थी। रामलीला पार्टी के मालिक, जिन्हें 'व्यासजी' कहा जाता था, अपनी पार्टी द्वारा रामलीला के मंचन को मात्र व्यापार नहीं मानते थे। वे कहते थे कि यह मेरी जीविका भी है और मेरा 'धरम काज' भी। खैर, रामलीला के मंचन का सिलसिला जारी था। देखने के लिए जनता की भीड़ उमड़ रही थी। लंका-विजय के बाद राम-भरत मिलन का भाव-विभोर कर देने वाला दृश्य। भरत ने राम को राज्य लौटा दिया। औरों पर इसका क्या असर पड़ा, नहीं मालूम, किन्तु रामधन यादव पर जो उसका प्रभाव पड़ा, वह अद्भुत था। रामधन का अपने बड़े भाई से जमीन-जायदाद को लेकर विवाद था। रामधन गाँव में खेती के साथ अपने तथा अपने बड़े भाई के परिवार की देखभाल करते थे। संयुक्त परिवार था। बड़े भाई कलकत्ता की चटकल मिल में मजदूर थे। वहाँ वे अकेले किफायत से रहते थे और कमाई का बड़ा हिस्सा गाँव भाई के पास भेजते थे, ताकि जमीन-जायदाद में वृद्धि हो। ऐसा हुआ भी। लेकिन रामधन ने थोड़ी बेईमानी की। खरीदी गयी जमीन में से कुछ तो संयुक्त रखी, कुछ चुपके से अपनी पत्नी के नाम ले ली। जब मालूम हुआ तो महाभारत मच गया। रामधन के घर में जब 'कुरुक्षेत्र' घटित हो रहा था, उसी

बीच गाँव में रामलीला का मंचन होने लगा और राम-भरत मिलन-प्रसंग भी आया। रामधन यह मिलन-प्रसंग देखकर घर लौटे तो फिर सोए नहीं, रोते रहे। पाप-बोध से ग्रस्त, उसमें आकंठ डूबे हुए। सुबह-सुबह व्यास जी के पास हाथ जोड़े हाजिर। व्यास जी ने कहा—''गहे भरत पुनि प्रभु पद पंकज।' जमीन लौटा दो और बड़े भाई से माफी माँग लो। संक्षेप में यह कि रामधन ने ऐसा ही किया और प्रायश्चितस्वरूप एक दिन रामलीला की माला भी उठाई। माला उठाने का अर्थ है, एक दिन रामलीला पार्टी को सम्मानपूर्वक भोजन कराना। यह भी 'धरम काज' ही था। व्यास जी के लिए राम-भक्ति का अर्थ था, दूसरों के काम आना—'राम भगत परहित निरत पर दुख दुखी दयाल।' सुनने में आया कि अपने धरम-काज के जरिए रामधन के हृदय परिवर्तन का श्रेय व्यास जी तुलसीदास और उनकी रामकथा को देते थे।

डॉ. लोहिया का विचार है कि 'तुलसी एक रक्षक कवि थे। जब चारों तरफ से अझेल हमले हों, तो बचाना, थामना, टेक देना, शायद ही तुलसी से बढ़कर कोई कर सकता है।' तुलसी की अपार लोकप्रियता का एक बड़ा कारण उनका यह रक्षक रूप है। दुःख-दारिद्रय से घिरी जनता के वे रक्षक हैं। उनके राम दीन-दुखियों के रक्षक हैं। वे सुख में वृद्धि करते हैं और संकट काल में भक्तों की रक्षा करते हैं। यहाँ कहने दीजिए कि अपने रक्षक का जयकार जनता करती ही है।

नये साहित्यिक विमर्श में तुलसीदास पर हमले तेज हुए हैं। हमले उनके जीवनकाल में भी हुए थे। तब ब्राह्मणवादियों ने किये थे। आरोप था कि इसने देवभाषा में रामकथा न कहकर गँवारों की भाषा में लिखी है। जिन 'गँवारों' की भाषा में उन्होंने कविता लिखी, आज उसी वर्ग से आये लेखक उनको ब्राह्मणवादी मानकर हमले कर रहे हैं। रांगेय राघव, मुक्तिबोध आदि भी इसी आरोप के साथ उन पर हमला कर चुके हैं। बावजूद इसके तुलसी, उनकी कविता और उनकी रामायण की लोकप्रियता निष्कंप शिखा-सी प्रकाशमान है।

इसकी वजह क्या है? सीता के सौन्दर्य का वर्णन करते हुए तुलसीदास ने लिखा है : 'सुन्दरता कहुं सुन्दर करई, छवि गृह दीप सिखा जनु बरई'। तुलसी की भक्ति और कविता भी 'छवि-गृह' की 'दीप-शिखा' सी सुन्दर है। अपने इसी सौन्दर्य-बोध के आधार पर, किंचित् ब्राह्मणवाद के बावजूद, जीवन के अछोर विस्तार को वे अपनी कविता में समेटते हैं। शायद इसी कारण वे हिन्दी के सर्वाधिक लोकप्रिय और सबसे बड़े कवि हैं। उनकी कविता सामाजिक भी है और साहित्यिक भी। उसमें धर्म भी है, मनुष्यता का मर्म भी। उसमें उपदेश भी है, नीति भी, समाजशास्त्र भी। लेकिन इन सबके साथ और इनके सबके बावजूद वह सुन्दर और श्रेष्ठ कविता भी है। वह गँवारों को भी हिलाती और विद्वानों को भी। वह लौकिक जगत में अलौकिकता का सुख देती है और अलौकिक संसार का सृजन लौकिक उपकरणों से करती है।

टी.एस. इलियट ने कहा है : 'प्रत्येक कवि को लगता है कि उसकी कुछ

सामाजिक उपयोगिता है। लेकिन मैं स्पष्ट कर देना चाहता हूँ कि उसे धर्मविज्ञानी, उपदेशक, अर्थशास्त्री, समाजशास्त्री या अन्य किसी रूप में हस्तक्षेप नहीं करना चाहिए। वह कुछ भी कर सकता है, किन्तु वह जब कविता लिखता है तब उसे कविता ही लिखना चाहिए—कविता, जो कविता के रूप में मान्य हो, न कि किसी अन्य रूप में।' यहाँ कहने की जरूरत नहीं है कि तुलसी इलियट की कसौटी पर, जितने श्रेष्ठ कवि ठहरते हैं, उससे बड़ा वे उसका प्रत्याख्यान भी रचते हैं। उनकी कविता यदि कविता के रूप में श्रेष्ठ है तो उसकी अन्य भूमिकाएँ भी श्रेष्ठ हैं। ये अन्य भूमिकाएँ जीवन के प्रायः सभी आयामों को समेटती हैं। हिन्दी भाषी जनता पर जितना प्रभाव कविता का है, उतना ही उसकी इन अन्य भूमिकाओं का भी। उनकी कविता का प्रभाव कमोबेश हमारे व्यक्तिगत, पारिवारिक, सामाजिक और राजनीतिक सभी क्षेत्रों पर है। वह हमारे जीवन की प्रेरक भूमि पहले भी था, आज भी है। कोई कवि दुनिया में ऐसा नहीं है जिसकी कविता अपने समाज की नैतिकता का उस हद तक प्रतिमान हो, जिस हद तक तुलसी की कविता है। उसका प्रभाव कविता-सा भी है और मन्त्र-सा भी। वह कविता के धरातल पर भी है और उससे ऊपर मन्त्र के आसन पर भी। यदि कविता का भाव और सौन्दर्य विद्वानों को प्रभावित करता है तो आम जन पर उसका प्रभाव मन्त्र-सा पड़ता है। संसार में कहीं ऐसा हुआ है क्या कि प्रभाव की दृष्टि से कविता मन्त्र हो जाए! यहाँ फिर कहने दीजिए कि हाँ, ऐसा भारत में सिर्फ भक्तिकालीन कविता के जरिए सम्भव हुआ। यों तो कमोबेश प्रायः सभी भक्त कवियों ने इसे सम्भव किया, किन्तु सबसे सुन्दर, श्रेष्ठ और व्यापक रूप में तुलसीदास ने सम्भव किया।

(2007)

भक्ति आन्दोलन और शंकर देव

हिन्दी साहित्य के इतिहास एवं आलोचना में भक्ति आन्दोलन और काव्य को देखने की दृष्टि प्रायः काशी 'सेंट्रिक' है। वह चाहे रामचन्द्र शुक्ल और हजारी प्रसाद द्विवेदी का इतिहास हो या रामविलास शर्मा की आलोचना। इस दृष्टि के निर्माण में रामानन्द और वल्लभ जैसे दिग्गज आचार्यों पर अधिक निर्भरता की बड़ी भूमिका है, जिनका कार्य-क्षेत्र मुख्य रूप से काशी-ब्रज क्षेत्र था। वैसे कहने के लिए दोनों का सम्बन्ध दक्षिण से जोड़ा जाता है और कहा जाता है कि भक्ति दक्षिण से आयी। रामानन्द को तो रामानुज की शिष्य परम्परा में माना ही जाता है और कहा जाता है कि वे दक्षिण के एक सम्पत्तिशाली मठ को छोड़कर काशी आ गये थे। हालाँकि कुछ लोग इससे सहमत नहीं हैं। उनका मानना है कि रामानन्द मथुरा के पंडा थे और काशी में रहते थे। वे दक्षिण भारत कभी गये ही नहीं।[1] वल्लभ के बारे में प्रसिद्ध है कि वे दक्षिण भारतीय तैलंग ब्राह्मण थे। बावजूद इसके हिन्दी भक्तिकाव्य से सम्बन्धित इतिहास और आलोचना में दक्षिण की भक्ति के मुख्य प्रदेय को बहुत कम देखा गया है। इसी तरह मराठी सन्त, नानकदेव, चैतन्य, शंकरदेव-माधवदेव, पंचसखा आदि की चर्चा तो इतिहास और आलोचना में होती है, किन्तु उनके सन्देश एवं काव्य के चरित्र को समझने की कोशिशें कम हुई हैं। भक्ति आन्दोलन के अखिल भारतीय चरित्र में जो वैविध्य और विस्तार है, उसका नाम-जप करने के बावजूद, कहना चाहिए कि वह हिन्दी चिन्तन का हिस्सा नहीं है। यही कारण है कि भक्ति आन्दोलन को लेकर हिन्दी में जो दृष्टि सक्रिय है, वह एकायामी एवं काशी 'सेंट्रिक' है।

काशी भक्ति आन्दोलन का एक केन्द्र है। दूसरा केन्द्र दक्षिण है। कोई चाहे तो मराठी के सन्तों के साहित्य को भी दक्षिण से जोड़कर देख सकता है। तीसरा केन्द्र पूर्वी भारत—बंगाल, उड़ीसा और असम के सन्त-भक्त और कवि हैं। चौथा केन्द्र गुरुग्रन्थ साहिब है, जो वैविध्य, विस्तार, समता, जाति-धर्म निरपेक्षता आदि दृष्टियों से अनुपम है। इसमें शामिल किये गये सन्त-कवियों और इसके सम्पादन के पीछे जो व्यापक दृष्टि है, वह भक्ति-आन्दोलन का अलग विस्तार है, जिसे गहराई से समझने की जरूरत है। भक्ति-आन्दोलन को देखने-समझने के कम-से-कम ये चार

केन्द्र हैं। सन्तुलन कायम करने की जगह हिन्दी मनीषा का झुकाव प्रायः काशी-ब्रज जैसे केन्द्र की ओर रहा है। इसका कारण क्या है? इस पर विचार होना चाहिए। और बाकी के अन्य तीन केन्द्रों में सक्रिय दृष्टि से भी भक्ति आन्दोलन और साहित्य के इतिहास का मूल्यांकन करना चाहिए। कोई चाहे तो हिन्दी क्षेत्र में सूफी या प्रेमाख्यानक साहित्य को भी एक अलग केन्द्र मानकर भक्ति आन्दोलन के विस्तार को और चौड़ा कर सकता है, क्योंकि वैष्णव भक्ति या निर्गुण भक्ति के छाते से यह अलग है और इसे निखालिस भक्तिकाव्य कहा भी नहीं जा सकता। इन सब भक्ति केन्द्रों के अध्ययन से इतिहास-आलोचना सम्बन्धी, हिन्दी-चिन्तन को विस्तार मिलता है और वास्तविक अर्थ में वह भारतीय सोच का पर्याय बनता है।

'भक्ति द्राविड़ उपजी' कहकर आमतौर से दक्षिण में भक्ति के पैदा होने और विकसित होने की बात की जाती है। 'भक्ति' कहकर दक्षिण में ही उसके जो कई रूप हैं, उनकी प्रायः उपेक्षा की जाती है। 'भक्ति' यदि दक्षिण में पैदा हुई तो वह उसका कौन-सा रूप था? सगुण या निर्गुण जिन आलवार सन्तों के साथ भक्ति के जन्म की कथा कही जाती है, उसे ही उत्तर भारत में विस्तारित एवं प्रचारित मान लिया जाता है। वह मूलरूप से भावनाप्रधान सगुण भक्ति थी। यद्यपि आलवार भक्तों में ब्राह्मणों के साथ निम्नजन्मा जन भी थे। अंडाल नाम की एक स्त्री भक्त भी इस परम्परा में काफी प्रसिद्ध है। बाद में भावना प्रधान इस भक्ति की रामानुजाचार्य और यमुनाचार्य ने दार्शनिक पीठिका तैयार की। इसी भक्ति परम्परा का सम्बन्ध मठों एवं मन्दिरों से था, जो राजाओं, सामन्तों एवं सेठों से पोषित थे। इसके समानान्तर भक्ति की जो दूसरी धारा थी, वह दूसरी सामाजिक संरचना से सम्बन्धित थी। वह मठों-मन्दिरों से अलग नये धार्मिक-सामाजिक जागरण पर बल देती थी। इसलिए दक्षिण भारतीय भक्ति के विद्वान ए.के. रामानुजन 'भक्ति' को एकवचन में पुकारे जाने की जगह उसके कई प्रकारों की बात करते हैं और उसके दो प्रकारों—शैव और वैष्णव के आधार पर कुछ दूसरे निष्कर्ष पर पहुँचते हैं।[2] कन्नड़ भक्तिकाव्य में वीरशैव नाम से जो आन्दोलन चला, उसका सम्बन्ध पौराणिक शिव से नहीं है। मुख्य रूप से वीर शैव धारा से जुड़े सन्त निर्गुणपन्थी थे जो व्यक्तिगत और भावगत दोनों धरातलों पर निराकार ब्रह्म से जुड़े थे।[3] उन्होंने मन्दिरों और मठों का विरोध किया और इस शरीर को ही मन्दिर मानने पर जोर दिया। बसवन्ना, देवरा रासीमाया, अक्कमहादेवी, अल्लमा प्रभु आदि वीर शैव धारा के प्रसिद्ध भक्त कवि हैं।

15वीं शताब्दी में उत्तर भारत में भक्ति आन्दोलन के फैलने के पूर्व 12वीं शताब्दी में जारी वीर शैव भक्तिधारा के अध्ययन से हिन्दी भक्तिकाव्य के इतिहास पर नयी रोशनी पड़ती है। मन्दिर और मूर्तिपूजा की व्यर्थता तथा शरीर को ही मन्दिर मान लेने की जो बात कबीर आदि निर्गुणपन्थी सन्तों में मिलती है, उसका सम्बन्ध वीर शैव आन्दोलन से भी हो सकता है, हिन्दी साहित्य के इतिहास और

आलोचना में इसकी प्रायः अनदेखी हुई है। इससे भी बड़ी बात यह कि उत्तर भारत के निर्गुणपन्थी सन्तों ने, वे चाहे कबीर हों या दादूदयाल, नारी की घोर भर्त्सना की। नारी निन्दा में वे सगुण भक्तों से बहुत आगे थे। जब नारी मात्र ही उनके लिए निन्दनीय थी, तब निर्गुण भक्तिधारा में किसी स्त्री के शामिल होने का सवाल ही नहीं था। इसलिए यह अकारण नहीं है कि उत्तर भारत की निर्गुण भक्तिधारा में बहुत कम भक्त कवयित्रियाँ दिखाई पड़ती हैं, जबकि अकेले कन्नड़ के वीर शैव भक्तिकाव्य धारा में ही अक्क महादेवी समेत सौ से ऊपर भक्त कवयित्रियाँ सक्रिय थीं, जिनमें से तीस से ऊपर का साहित्य अब प्रकाश में आ चुका है।[4]

मठ-मन्दिर से अलग जाति निरपेक्ष समाज के निर्माण का स्वप्न उत्तर से पहले दक्षिण की निर्गुण भक्ति में देखा जाता है। यह स्वप्न देखनेवालों में ब्राह्मण-गैर-ब्राह्मण सभी वर्णों के भक्त हैं। वसवन्ना या वसवेश्वर ने मन्दिरों-मठों का विरोध किया और शरीर को ही मन्दिर मान लेने की बात की।[5]

ऐसा इसलिए कि मन्दिर भेदभाव के गढ़ थे। मन्दिरों में सब जातियों का प्रवेश नहीं था। पुजारी ब्राह्मण जाति का ही व्यक्ति होता था। मन्दिर और मठ शोषण और धनार्जन के प्रमुख केन्द्र थे। देवदासी प्रथा के चलन से मन्दिरों में धर्म-साधना की जगह भोग-विलास की प्रमुखता बढ़ती गयी। कुल मिलाकर यह कि ईश्वर और मनुष्य के बीच मन्दिर-मठ बड़ी बाधा थे। यह पूरा-का-पूरा सिस्टम 'गैरबराबरी' और 'मानवीय गरिमा' के विरुद्ध था। वसवन्ना आदि शिवशरणों ने मठ-मन्दिर समेत किसी भी तरह के कर्मकाण्ड का विरोध किया और ईश्वर तथा मनुष्य के बीच किसी भी तरह की मध्यस्थता को अस्वीकार कर दिया। वर्ण-व्यवस्था के मूल में जो मिथ प्रचलित है कि ब्राह्मण ब्रह्मा के मुख से, क्षत्रिय भुजा से, वैश्य पेट से और शूद्र पैर से पैदा हुआ, उसका और विस्तार दक्षिण भारतीय समाज में हो गया था और जातिगत भेदभाव की बात समाज की चेतना में गहरे पैठ चुकी थी। सोड्डल-बाचरस के एक वचन से इस स्थिति पर भरपूर प्रकाश पड़ता है :

मस्तक ब्राह्मण, नयन क्षत्रिय,
नाक बनिया, अधर खेतिहर
चोटि ब्राह्मण, नेत्र क्षत्रिय
नाक बनिया, अधर किसान,
कान ग्वाल, गर्दन कुम्हार
बाँहें पंचाल, हथेली गौड़ी
नख हजाम, पेट डोंब
पीठ धोबी, त्वचा जुलाहा।[6]

संक्षेप में यह कि भक्ति आन्दोलन सम्बन्धी जो काशी सेंट्रिक दृष्टि हिन्दी में सक्रिय है, शिवशरणों के वचनों के अध्ययन से उसमें संशोधन और सुधार की जरूरत

पर बल पड़ता है। इसी तरह दक्षिण भारत की दूसरी भाषाओं के भक्तिकाव्य को भी नये सिरे से देखने की जरूरत है।

यहाँ कहा जा सकता है कि दक्षिण की भक्ति की गूँज-अनुगूँज प्रत्यक्ष न सही परोक्ष ही सही, हिन्दी क्षेत्र में सुनाई देती रही है। लेकिन जो क्षेत्र इस सन्दर्भ में सबसे उपेक्षित हैं, वह है पूर्वोत्तर का असम जहाँ के लोकनायक श्रीमन्त शंकरदेव ने भक्ति आन्दोलन और काव्य के इतिहास में नये अध्याय जोड़े। भक्ति आन्दोलन के अखिल भारतीय चरित्र पर जब बात होती है तो पूर्वोत्तर भारत में चैतन्य महाप्रभु और उनके गौड़ी सम्प्रदाय तक हमारी दृष्टि जाती है और पूरा-का-पूरा वह क्षेत्र एवं उसमें सक्रिय भक्ति-धारा हमारी दृष्टि से प्रायः ओझल रहती है। शंकरदेव का नामोल्लेख अवश्य ही कुछ इतिहासकार-आलोचक करते हैं, किन्तु शंकरदेव और उनके भक्ति-काव्य से भक्ति आन्दोलन के चरित्र को जो वैविध्य और विस्तार मिलता है, उसकी वे प्रायः अनदेखी करते हैं, अनदेखी इसलिए कि इससे सगुण-निर्गुण सम्बन्धी बँटवारे का जो सरल मार्ग हिन्दी में बन गया है, उससे कोई हटना नहीं चाहता, जबकि शंकरदेव में सगुण भक्ति अपने भीतर निर्गुण भक्ति के कुछ तत्वों को समाहित करके नया रूप ग्रहण करती है और सामाजिक परिवर्तन का नया आधार प्रस्तुत करती है।

शंकरदेव (1449-1568ई.) विलक्षण प्रतिभा सम्पन्न व्यक्ति थे। राजपरिवार में पैदा हुए इस व्यक्ति ने राज-काज का दायित्व निभाने से इनकार कर दिया और वह दायित्व अपने परिजनों को सौंप दिया। शंकरदेव ने लम्बी उम्र पाई और उम्र का बड़ा हिस्सा भ्रमण में गुजार दिया। वैसे तो भ्रमण और सत्संग भक्तों की नियमित दिनचर्या में शामिल थे और हर भक्त भ्रमण और सत्संग को महत्त्व देता था, किन्तु शंकरदेव इस अर्थ में विलक्षण व्यक्ति थे। उन्होंने जितनी यात्राएँ कीं, नानकदेव को छोड़, शायद ही किसी भक्त कवि ने की होंगी। पूरब से पश्चिम और उत्तर से दक्षिण कई-कई बार कई-कई वर्षों तक वे अपनी भक्त मंडली के साथ भ्रमण और सत्संग करते रहे। इस कारण उनके चिन्तन, साहित्य और पूरे व्यक्तित्व में विलक्षण किस्म की उदारता और विविधता मिलती है। ऐसी उदारता और विविधता जो अन्य भक्तों में शायद ही मिले।

शंकरदेव में कई परस्पर विरोधी प्रवृत्तियाँ मिलती हैं और उनके सम्यक सन्तुलन से जो नयी चीज पैदा होती है तह भक्ति आन्दोलन और साहित्य को नयी दीप्ति से भर देती है। वे राजपरिवार में पैदा हुए। उन्हें राजा का दायित्व निभाना था। किन्तु वह दायित्व निर्वहन उनकी प्रकृति के मेल में न था। इसलिए यह दायित्व उन्होंने अपने परिजनों को सौंप दिया और परिवार के ही साथ रहकर विरक्त संन्यासी-सा जीवन व्यतीत किया। राजाओं के आपसी संघर्ष और षड्यन्त्र में उन्हें अनेक बार एक जगह से दूसरी जगह उजड़ना-बसना पड़ा और कष्ट भी सहना पड़ा। उनकी दो-दो शादियाँ हुईं। पहली पत्नी के निधन के बाद परिवार वालों के दबाव में काफी

अन्तराल के बाद दूसरी शादी हुई। दोनों शादियों से उनके कई बच्चे भी हुए। यों तो शंकरदेव कृष्ण-भक्त वैष्णव थे और उन्होंने 'एक शरण नाम धर्म' की प्रतिष्ठा भी की, किन्तु उनका भक्तिमार्ग अन्य भक्ति-सम्प्रदायों की तरह साम्प्रदायिक संकीर्णता का शिकार नहीं हुआ। उनके भक्ति मार्ग में सगुण-निर्गुण की विभेदकारी सीमा समाप्त हो गयी। उन्होंने 'नामघर' के रूप में जो मन्दिर जगह-जगह स्थापित किये, उनमें किसी मूर्ति की पूजा की जगह ईश्वर का कीर्तन होता था और वह परम्परा आज भी जीवित है। उस कीर्तन में जाति-धर्म, स्त्री-पुरुष किसी का भेद नहीं है। कोई भी शामिल हो सकता है।

शंकरदेव का व्यक्तित्व बहुत विशाल था। वे एक साथ-संन्यासी, गृहस्थ, कवि, नाटककार, समाजसुधारक-कई भूमिकाएँ निभाते हुए दिखाई पड़ते हैं। एक तरह से वे असमी जाति और समाज के संगठनकर्ता हैं। आज असमी राष्ट्रीयता का जो अलग अस्तित्व है उसकी कल्पना उनके बिना नहीं की जा सकती। मिथिलांचल में जो सामाजिक-सांस्कृतिक महत्त्व विद्यापति का है और बंगाल में रवीन्द्रनाथ का, वैसा ही सामाजिक-सांस्कृतिक महत्त्व असम की संस्कृति और समाज में शंकरदेव का है। एक तरफ तो उन्होंने असम की अपनी पहचान को मजबूत किया और दूसरी तरफ उसे भारतीय चिन्ता-धारा से जोड़ा और भारतीयता को विस्तार और मजबूती प्रदान की। 'धन्य-धन्य कलिकाल, धन्य नर तनुभाल, धन्य-धन्य भारतबरिषे' के उद्घोष के जरिए असमी जाति को राष्ट्र की मुख्यधारा से जोड़ने में वे सफल हुए। आज पूर्वोत्तर क्षेत्र खासकर असम में भारत की राष्ट्रीय पहचान की जो स्वीकृति है, उसकी जमीन शंकरदेव ने तैयार की थी। उनकी इस व्यापक दृष्टि के निर्माण में उनके भ्रमण की बड़ी भूमिका थी। वे बारह वर्षों तक ब्रज-काशी समेत सम्पूर्ण भारत की यात्रा पर रहे। इस क्रम में उन्होंने न सिर्फ वैष्णव भक्ति के विविध प्रकारों को देखा-समझा बल्कि भारतीय जीवन के वैविध्य और विस्तार को भी समझा। संस्कृत, असमिया और ब्रजावली भाषाओं में उन्होंने साहित्य सृजन किया। संस्कृत उस काल में अखिल भारतीय स्तर पर बौद्धिक समाज में संवाद की भाषा थी तो ब्रजावली ब्रजभाषा के सम्पर्क से विकसित असमिया भाषा का वह रूप थी जो हिन्दी के करीब पड़ती थी। असमिया भाषा में तो उन्होंने नयी जान ही फूँकी। उनके इस अभियान में उनके शिष्य-सखा माधवदेव हमेशा उनके साथ रहे। शंकरदेव की मृत्यु के बाद माधवदेव ने ही उनकी परम्परा को और समृद्धि प्रदान की।

शंकरदेव के समय में असम आज का असम राज्य नहीं था। वह कामरूप क्षेत्र के नाम से विख्यात था। अनेक राज्यों, जातियों, जनजातियों, कबीलों और उपासना पद्धतियों में बँटे इस क्षेत्र की कोई मुकम्मल सामाजिक-सांस्कृतिक पहचान नहीं थी। शैव-शाक्त उपासना मार्ग का आधिक्य तो था ही, अनेक जनजातीय धर्म और उपासना मार्ग भी थे। दर्जन भर छोटे-छोटे राज्यों के बीच आपसी संघर्ष आये दिन

होते रहते थे। ऐसे ही एक छोटे राज परिवार में शंकरदेव का जन्म हुआ था। दूसरे राजाओं द्वारा परेशान किये जाने के कारण अनेक बार उन्हें एक जगह से दूसरी जगह बसना पड़ा। जो दर्जन भर राजा आपस में संघर्ष करते थे, उनमें से कई बर्मी और चीनी मूल के थे जिनकी धार्मिक-सांस्कृतिक छाप वहाँ की जनता पर थी। उनमें सबसे शक्तिशाली आहोम राजा थे, जिनके कारण शंकरदेव को कई बार परेशानियों का सामना करना पड़ा।

वैष्णव मत शंकरदेव के पूर्व असम में नाममात्र को पहुँचा था। सत्रहवीं सदी के असमी कवि अनिरुद्ध कायस्थ का यहाँ तक कहना है कि शंकरदेव के पूर्व कामरूप में भक्ति थी ही नहीं। शंकरदेव ने न सिर्फ वैष्णव मत का गहरा अध्ययन किया, बल्कि अपने व्यापक भ्रमण द्वारा उसके चरित्र और विस्तार को समझा भी और उसे असमी जाति के संगठन का मुख्य आधार बनाया। अन्य क्षेत्रों में वैष्णव मत की जो भी भूमिका रही हो, असमी समाज में उसकी भूमिका अति प्रगतिशील और समन्वयकारी रही। अनेक रूढ़ियों, रीति-रिवाजों और मतों में बँटे समाज को वैष्णव मत के जरिए शंकरदेव ने जो व्यापक स्वरूप दिया, उसकी तुलना के लिए भक्ति आन्दोलन में अखिल भारतीय स्तर पर कोई अन्य नाम शायद ही मिले। आश्चर्य है कि ऐसे सन्त-भक्त की युगान्तकारी भूमिका की ओर हमारा ध्यान कम जा पाया है। उनके महत्त्व पर प्रकाश डालते हुए उनके शिष्य-सखा माधवदेव ने ठीक ही कहा था : "जन-जन तारण देव नारायण, शंकर ताकेरि अंश।" यहाँ यह भी ध्यान रखने की बात है कि जहाँ वैष्णव भक्ति मार्ग पर आचार्य या भक्त रूप में ब्राह्मण वर्ण का वर्चस्व था, वहीं शंकरदेव कायस्थ कुल में उत्पन्न व्यक्ति थे, जिन्होंने पूर्वोत्तर में वैष्णव मत की नयी जमीन तैयार की और उसके अखिल भारतीय सोच का विस्तार किया। उनके उपासना मार्ग में जो उदारता और खुलापन है, उसका कारण कहीं उनका गैर ब्राह्मण होना तो नहीं? इसी के साथ यह भी उल्लेख मिलता है कि वे नियमित योगाभ्यासी थे और शरीर से सबल थे। यद्यपि बाद के दिनों में उन्होंने योगाभ्यास छोड़ दिया था। क्या कारण है कि हिन्दी के कृष्ण भक्त सूरदास, नन्ददास आदि जब योग की निन्दा कर रहे थे, तब पूर्वोत्तर के कृष्ण भक्त शंकरदेव को योगाभ्यास से परहेज नहीं था? शायद इन्हीं सबको ध्यान में रखते हुए हिन्दी में शंकरदेव के साहित्य के गम्भीर अध्येता डॉ. कृष्णनारायण 'मागध' ने लिखा है : "विभिन्न भक्ति सम्प्रदायों के परिचय, अनवरत तत्व-चिन्तन, हरिकथा के श्रवण-कीर्तन-स्मरण भारत की विशालता और उसकी अनेकता में एकता के दर्शन, अनुभव-विस्तार इत्यादि के कारण शंकरदेव का मन धीरे-धीरे ज्ञानभिश्रा भक्ति का विकास कर चला, जिसकी परिणति 'एक-शरणीया भक्ति' में हुई।"[7]

भक्तिकालीन कवियों ने प्रायः काव्य रचना की है। किन्तु शंकरदेव इस अर्थ में विशिष्ट हैं कि उन्होंने पौराणिक आख्यानों पर आधारित काव्य रचनाओं के

साथ कई विधाओं में लिखा। अनुवाद कार्य किया, नाटक लिखा और 'वरगीतों' की भी रचना की। वैसे तो 'वर' का अर्थ श्रेष्ठ होता है। किन्तु असम के वैष्णव मत के अनुसार 'वरगीत' उन गीतों को कहते हैं जिन्हें शंकरदेव और माधवदेव ने रचा था। 'वरगीत' नाम से शंकरदेव की जो पुस्तक है, वह उनके द्वारा रचे और गाये गये चौंतीस वरगीतों का संकलन है। कहा जाता है कि उन्होंने दो सौ चालीस वरगीतों की रचना की थी। कमला नामक एक गायक कंठस्थ करने के लिए वरगीतों की पुस्तक अपने घर ले गया था। लेकिन दुर्भाग्यवश उसके घर में आग लग गयी और वरगीतों की पुस्तक जलकर राख हो गयी। जो वरगीत कंठस्थ हो गये थे, उन्हें लिपिबद्ध किया गया। उसके बाद शंकरदेव ने फिर वरगीत नहीं लिखे। उनके शिष्य-सखा माधवदेव ने जरूर वरगीतों की रचना की। वरगीत राग-रागिनियों में निबद्ध हैं और उनके गायन की विशेष पद्धति है। वैसे वर्तमान समय में कई पद्धतियाँ विकसित हो गयी हैं। ''काव्य-सौन्दर्य की दृष्टि से शंकरदेव की समस्त रचनाओं में 'वरगीत' सर्वश्रेष्ठ हैं। इनमें कवि का मनोजगत काव्य, संगीत और अध्यात्म की उच्चभूमि प्राप्त कर गया है।''[8] वरगीत मुख्य रूप से कृष्ण की वन्दना, उनके सौन्दर्य और कवि के दैन्य पर आधारित हैं। एक गीत 'मन मेरि राम चरणहिं लागु' राम से सम्बन्धित गीत है, जिसकी रचना शंकरदेव ने बदरिकाश्रम में की थी। वरगीतों की एक विशेषता उनकी भाषा है जो 'ब्रजावली' अथवा पुरानी हिन्दी है। शंकरदेव के वरगीत विद्यापति पदावली की तरह लोकप्रिय हैं। जैसे पदावली विद्यापति की कीर्ति का मूलाधार है, वैसे ही शंकरदेव की कीर्ति के विस्तार में 'वरगीतों' की बड़ी भूमिका है।

शंकरदेव ने न सिर्फ आधा दर्जन के लगभग नाटकों की रचना की और उनके मंचन का अभियान चलाया, बल्कि उसमें स्वयं भाग भी लिया। उन्होंने नाटक को अपने सन्देश के प्रचार का माध्यम बनाया और जनजागरण का शंख फूँका। नाट्य प्रदर्शन में प्रयुक्त होने वाले वाद्ययन्त्रों और अन्य सामग्री का निर्माण उन्होंने अपनी देखरेख में कराया। उनके नाटक पौराणिक आख्यानों पर आधारित हैं और प्रायः एक अंक में समाप्त हो जाने वाले हैं। आज 'अंकिया नाट' जो असम की लोकनाट्य शैली के रूप में प्रसिद्ध है, उसका नामकरण और प्रचलन बाद में शंकरदेव के नाटकों एवं उनके प्रदर्शनों के आधार पर हुआ।

मध्यकालीन हिन्दी भक्तिकाव्य में प्रायः साम्प्रदायिक संकीर्णता कमोबेश सभी भक्त कवियों में देखने को मिलती है। अपने आराध्य और अपने उपासना-मार्ग के प्रति अत्यधिक निष्ठा और इसके सम्प्रदायों के प्रति निन्दा एवं उपेक्षा का भाव प्रायः आम बात है। लेकिन शंकरदेव इस अर्थ में विलक्षण हैं कि कृष्ण उपासक होने पर भी वे राम के बारे में भी लिखते हैं। इसी के साथ यह भी उल्लेखनीय है कि उनके पूरे साहित्य और कर्म में सगुण-निर्गुण की व्यर्थ की 'फौजदारी' नहीं है। हिन्दी

में विद्यापति और सूरदास के कृष्ण से सम्बन्धित काव्य को शृंगार और भक्ति दो अलग श्रेणियों में विभाजित किया गया है। लेकिन शंकरदेव की कृष्ण से सम्बन्धित रचनाओं में भक्ति और शृंगार की यह विभाजक रेखा नहीं है। भक्ति और शृंगार जैसे एक ही सिक्के के दो पहलू हों और दोनों के मेल से ही कृष्ण के व्यक्तित्व में पूर्णता आती हो! यहाँ शंकरदेव पर जयदेव और विद्यापति के गहरे प्रभाव से इनकार नहीं किया जा सकता।

शंकरदेव ने असम और पूर्वोत्तर में अकेले वह काम किया जो हिन्दी क्षेत्र में रामानन्द, वल्लभ, कबीर, सूर, तुलसी आदि के समन्वित प्रयास से सम्पन्न हुआ। उनके व्यक्तित्व की विलक्षणता और विशालता को ठीक ही अध्येताओं ने अद्वितीय कहा है। डॉ. मागध ने उनके व्यक्तित्व की चर्चा करते हुए लिखा है : ''जीवनीकारों ने शंकरदेव के भव्य सौन्दर्य, गौरवर्ण, उत्तम रूप, अक्षय स्वास्थ्य, अतुलित बल, लम्बायमान सुदर्शन शरीर इत्यादि की निरन्तर चर्चा की है। उन्होंने एक सौ उन्नीस वर्षों का असाधारण जीवन जिया। भरे-पूरे ब्रह्मपुत्र को तैर जाना, अर्धजंगली मस्त साँड़ को सींग पकड़कर एक ओर धकेल देना, हाथों में पोथियों के होते हुए भी दो-दो कछारी सैनिकों को परास्त कर निकल भागना, विरोधी और तर्क-कर्कश व्यक्तियों से भी अपनी बातें मनवाकर उन्हें शिष्य, मित्र अथवा शुभेच्छी बना लेना आदि घटनाएँ उनके शारीरिक और बौद्धिक पौरुष की परिचायक हैं।...धर्माचार्य, धर्मगुरु, धर्मोपदेशक, धर्मप्रचारक, आविष्कारक, समाजसुधारक, लोकनायक, योद्धा, कवि, नाटककार, अभिनेता, गायक, चित्रकार इत्यादि गुणों के एकत्र समाहार और सम्पुंजन का नाम था शंकरदेव–महापुरुष श्रीमन्त शंकरदेव।'' असमिया भाषा-साहित्य के विद्वान डॉ. महेश्वर नेओग ने शंकरदेव के 'एक शरण' धर्म आन्दोलन और उसके महत्त्व का आकलन करते हुए ठीक ही लिखा है–"शंकरदेव के इस महान आन्दोलन ने जीवन को नया और व्यापक दृष्टिकोण दिया और सामाजिक आचरण को स्पष्टतः स्वस्थ स्वरूप प्रदान किया। ...असम को बोध हुआ कि वह भारतवर्ष की पवित्र भूमि का आवश्यक अंग है और अपने इस ज्ञान पर उसे गर्व हुआ।"[9]

(2009)

सन्दर्भ

1. नागरी प्रचारिणी सभा, वाराणसी द्वारा प्रकाशित डॉ. कृष्णलाल की पुस्तक 'रामानन्द की हिन्दी रचनाएँ' में इस बात का उल्लेख हुआ है।
2. Manushi, edited by Madhu kishwar, women Bhakta Poets. अंक नम्बर-50-51-52, जनवरी-जून, 1989 में बातचीत पर आधारित ए.के. रामानुजन का लेख Talking to god in the mother tonque.
3. A,K, Ramanujan. Seaking of Siva, page 35

4. डॉ. काशीनाथ अम्बलगे की पुस्तक 'बारहवीं सदी की कन्नड़ कवयित्रियाँ और स्त्री विमर्श' को विस्तृत सूचना के लिए देखा जा सकता है।
5. 'अक्क महादेवी और स्त्री-विमर्श' ले.—काशीनाथ अम्बलगे, पृ. 19
6. वही, पृ. 21
7. शंकरदेव : साहित्यकार और विचारक, पृ. 9
   डॉ. कृष्णनारायण 'मागध' ने अपने इस विशाल ग्रन्थ की रचना मूल असमिया स्रोतों के गहन अध्ययन के पश्चात् की है। वे गुवाहाटी विश्वविद्यालय और मणिपुर विश्वविद्यालय में हिन्दी के आचार्य अध्यक्ष रह चुके हैं और असमिया-भाषा-साहित्य के हिन्दी में गहरे अध्येता हैं। मेरी जानकारी में शंकरदेव से सम्बन्धित हिन्दी में यह एकमात्र सम्पूर्ण ग्रन्थ है। किन्तु पंजाबी यूनिवर्सिटी, पटियाला से 1976 में प्रकाशित इस ग्रन्थ का ठीक से प्रचार-प्रसार नहीं हो पाया और आज इसकी उपलब्धता एक बड़ी समस्या है। मैंने शंकरदेव से सम्बन्धित जो सूचनाएँ दी हैं : वे कुछ छिट-पुट लेखों और असमिया मित्रों से मिली जानकारी पर आधारित हैं। लेकिन मुख्य आधार यह ग्रन्थ ही है।
8. शंकरदेव : साहित्यकार और विचारक, पृ. 56
9. वही, पृ. 462-463

भक्ति आन्दोलन और मुक्तिबोध

कवि-आलोचकों में मुक्तिबोध का विशेष महत्त्व है। वे न सिर्फ नयी कविता के शीर्ष कवि हैं बल्कि शीर्ष सिद्धान्तकार और व्याख्याकार भी हैं। नयी कविता की आधार भूमि को उनके बिना नहीं समझा जा सकता है। वे नयी कविता के सिद्धान्त और व्यवहार दोनों हैं। इस तरह वे नयी कविता आन्दोलन के सबसे प्रखर व्यक्तित्व हैं। उनकी प्रखरता में जितना योग उनकी कविता का है, उससे कम उनकी आलोचना का नहीं है। आलोचक के रूप में उन्होंने साहित्य के जिस पक्ष या रचनाकार पर लिखा, अपने वैशिष्ट्य के कारण वह सबके विचार का केन्द्र बना। इसका सबसे सुन्दर उदाहरण 'मध्यकालीन भक्ति आन्दोलन का एक पहलू' शीर्षक उनका लेख है, जो भक्ति-विषयक उनकी एकमात्र रचना है। एकमात्र होने के बावजूद इस लेख का ऐतिहासिक महत्व है। इसके जरिए जब-तब सगुण भक्ति, तुलसीदास, रामचन्द्र शुक्ल, रामविलास शर्मा आदि पर वैचारिक गोले दागे जाते रहे हैं। शुक्ल जी और रामविलास जी की भक्ति-विषयक धारणा पर प्रहार के लिए कभी कुछ प्रगतिशीलों द्वारा और बाद में दलित लेखकों द्वारा इस लेख को आधार बनाया जाता रहा है और अब भी बनाया जाता है।

1955ई. में लिखे इस लेख के निष्कर्ष के रूप में निम्न बिन्दुओं को चिह्नित किया जा सकता है :

1. कबीर तुलसीदास की तुलना में आधुनिक लगते हैं।
2. भक्ति साहित्य का 'ठीक-ठाक विश्लेषण तब तक नहीं हो सकता जब तक हम उस युग की मूल गतिमान सामाजिक शक्तियों से बनने वाले सांस्कृतिक इतिहास को ठीक-ठीक न जान लें।
3. भारत के सामाजिक-आर्थिक विकास के सुसम्बद्ध इतिहास के लिए आवश्यक सामग्री का बड़ा अभाव है।
4. निर्गुण मत के विरुद्ध सगुण मत का संघर्ष निम्न वर्गों के विरुद्ध उच्चवंशीय संस्कारशील अभिरुचि वालों का संघर्ष था।
5. दार्शनिक क्षेत्र का निर्गुण मत जब व्यावहारिक रूप से ज्ञानमार्गी भक्तिमार्ग

बना, तो उसमें पुराण-मतवाद को स्थान नहीं था। कृष्णभक्ति के द्वारा पौराणिक कथाएँ घुसीं, पुराणों ने रामभक्ति के रूप में आगे चलकर वर्णाश्रम धर्म की पुनर्विजय की घोषणा की।

6. पं. रामचन्द्र शुक्ल जो निर्गुण मत को कोसते हैं, वह यों ही नहीं। इसके पीछे उनकी सारी पुराण-मतवादी चेतना बोलती है।
7. रामभक्ति शाखा के अन्तर्गत एक भी प्रभावशाली और महत्त्वपूर्ण कवि निम्नजातीय शूद्र वर्गों से नहीं आया।
8. जो भक्ति आन्दोलन जन साधारण से शुरू हुआ और जिसमें सामाजिक कट्टरपन के विरुद्ध जन साधारण की आशा-आकांक्षाएँ बोलती थीं, उसका 'मनुष्य सत्य' बोलता था, उसी भक्ति आन्दोलन को उच्चवर्गीयों ने आगे चलकर अपनी तरह बना लिया, और उससे समझौता करके, फिर उस पर अपना प्रभाव कायम करके और अनन्तर जनता के अपने तत्वों को उनमें से निकालकर, उन्होंने उस पर पूरा प्रभुत्व स्थापित कर लिया।

यहाँ यह कहने दीजिए कि भक्ति आन्दोलन को निर्गुण और सगुण धारा में बाँटकर देखने वाली यह दृष्टि दोनों को परस्पर विरोधी धारा मानकर चलती है। इसके अनुसार निर्गुण धारा में प्रगतिशीलता और आधुनिकता के तत्व हैं तथा सगुण धारा सवर्णवादी और प्रतिगामी है। इसके पहले रामचन्द्र शुक्ल ने भी ऐसा विभाजन किया था, जिसमें सगुण धारा लोक कल्याणकारी थी और निर्गुण धारा लोक-मर्यादा की विरोधी। हजारीप्रसाद द्विवेदी निर्गुण मत और कबीर के सामाजिक पक्ष का उद्घाटन बड़े जोरदार ढंग से करते हैं पर वे भक्ति आन्दोलन की केन्द्रीय धुरी 'प्रेम' को ही मानते हैं। रामविलास शर्मा निर्गुण मत की अपेक्षा सगुण भक्ति धारा को अधिक महत्त्व देते हैं पर वे निर्गुण-सगुण विवाद को व्यर्थ मानते हैं और उनका भी जोर 'प्रेम' पर है। उनके अनुसार कबीर, सूर, तुलसी सभी प्रेममार्गी हैं।

मुक्तिबोध के सामने यह प्रश्न है कि कबीर तुलसी की तुलना में अधिक आधुनिक क्यों लगते हैं? आधुनिक होने का अर्थ यहाँ मुक्तिबोध के लिए वर्णव्यवस्था और मन्दिर-मस्जिद का विरोध है जो समतामूलक समाज की रचना में बाधक है। इसके विपरीत तुलसीदास के यहाँ वर्णव्यवस्था का समर्थन है, वेद-पुराण समर्थित धर्म का समर्थन है जो वर्ण व्यवस्था का मूल आधार है। यदि आधुनिकता को वर्णव्यवस्था विरोध तथा समर्थन तक ही सीमित माना जाए तो कबीर तुलसी की तुलना में जरूर आधुनिक हैं, लेकिन आधुनिकता का अर्थ स्त्री-पुरुष समानता भी है तो इस अर्थ में कबीर आधुनिक नहीं हैं। कुंडलिनी, इंगला, पिंगला, सुषुम्ना आदि भी कबीर की आधुनिकता की राह के रोड़े हैं, जिनकी उनके साहित्य में भरमार है। असल में आधुनिकता की आज की कसौटी पर जब आधुनिक युग-पूर्व के किसी भी कवि-लेखक को देखेंगे तो उसके अन्तर्विरोध सामने आएँगे ही। तुलसी के रामराज्य में यदि एक

ओर वर्णव्यवस्था अपने आदर्श रूप में कायम है तो दूसरी ओर ऐसा बहुत कुछ है जो समाज में समता का सूचक है। उस रामराज्य में कोई दीन-दुखी नहीं है, सभी लोग परस्पर प्रीति करते हैं, स्त्रियाँ यदि पतियों का सम्मान करती हैं तो पति भी एक पत्नीव्रती हैं, कहीं कोई भेद नहीं है—भेद है भी तो सिर्फ संगीत में—राग-रागनियों के भेद के अर्थ में—मानो वर्ग-विहीन समाज हो। इस अर्थ में तुलसी आधुनिक लगते हैं, लेकिन वर्ण-व्यवस्था के समर्थक के रूप में नहीं लगते। कबीर भी एक अर्थ में आधुनिक हैं तो दूसरे अर्थ में मध्यकालीन।

आधुनिकता की जिस तुला पर मुक्तिबोध कबीर और तुलसी को तोलते हैं और आधुनिकता के पक्ष में कबीर का पलड़ा झुकाते हैं, वह तुलसी के सन्दर्भ में आधुनिक युग के कई साक्ष्यों के मेल में नहीं है। कहा जाता है कि मॉरीशस, फ़िजी आदि देशों में जब गिरमिटिया मजदूर ले जाये गये तो वे अपने साथ 'रामचरितमानस' की प्रति भी लेकर गये थे। विपरीत परिस्थितियों में उस काव्य-ग्रन्थ ने उन्हें जीने का सम्बल दिया। वहाँ जाकर देखने पर तथा उन देशों के भारतवंशी लोगों से बात करने पर आज भी यह तथ्य सहज ढंग से सामने आता है। जो भारतवंशी वहाँ गये, उनमें ज्यादातर पिछड़ी जाति के थे। वे अपने साथ 'रामचरिमानस' की ही प्रति लेकर क्यों गये थे? इसलिए कि दुखमय जीवन को सँभालने की शक्ति उस काव्य ग्रन्थ ने उन्हें दी। राममनोहर लोहिया ने ठीक ही लिखा है : "तुलसी एक रक्षक कवि थे। जब चारों तरफ से अझेल हमले हों, तो बचाना, थामना, टेक देना, शायद ही तुलसी से बढ़कर कोई कर सकता है।"[1] जीवन संघर्ष में लाखों-करोड़ों लोगों को जीवन जीने की ताकत जो ग्रन्थ देता है, उसे गैर आधुनिक मानने का अर्थ है आधुनिकता को कुछ बिन्दुओं तक सीमित कर देना। स्त्री-पुरुष में समानता आधुनिक होने का बड़ा आधार है। लोहिया इस आधार की मजबूती पर बल देते हैं। तुलसीदास की स्त्री-दृष्टि पर बात करते हुए वे कहते हैं, "...नारी स्वतन्त्रता और समानता की जितनी जानदार कविता मैंने तुलसी की पढ़ी और सुनी उतनी और कहीं नहीं, कम से कम इससे ज्यादा जानदार कहीं नहीं। अफसोस है कि नारी-हीनता वाली कविता तो हिन्दू नर के मुँह पर चढ़ी रहती है लेकिन नारी-सम्मान वाली कविता को वह भुलाए रहता है।...यदि दृष्टि ठीक है तो राम-कथा और तुलसी-रामायण की कविता सुनने या पढ़ने से नर-नारी के सम स्नेह की ज्योति मिल सकती है।"[2] किसी कवि की आधुनिकता पर जब हम बात करें तो एक बड़ा आधार स्त्री-पुरुष समानता भी है, जिसे नजरअन्दाज नहीं किया जा सकता।

रामचरितमानस आधुनिक काल में जनता के मुक्ति-संघर्ष में किस तरह सहायक रहा है, इसका दिलचस्प उदाहरण अवध का किसान आन्दोलन है, जिसके नेता बाबा रामचन्द्र दास थे। उन्होंने शोषण-दमन के खिलाफ जनता को 'मानस' की पंक्तियाँ सुनाकर जगाया और किसान जागरण का उद्घोष किया। उस आन्दोलन की और

रामचन्द्र दास की चर्चा करते हुए जवाहरलाल नेहरू ने, जो तब अवध के गाँवों में घूम रहे थे, लिखा है : ''रामचन्द्र महाराष्ट्रीय था और कुली-प्रथा के अन्दर मजदूर बनकर फिजी चला गया था। वहाँ से लौटने पर धीरे-धीरे वह अवध के जिलों की तरफ आ गया। तुलसीदास की रामायण गाता हुआ और किसानों के कष्टों और दुखों को सुनाता हुआ वह इधर-उधर घूमने लगा। ...उसने भारी संगठन शक्ति का परिचय दिया। उसने किसानों को आपस में समय-समय पर सभा करना और अपनी तकलीफों पर चर्चा करना सिखलाया और हर तरह उनमें एके का भाव पैदा किया। कभी-कभी बड़ी भारी-भारी सभाएँ होतीं और उनसे उन्हें एक बल का अनुभव होता। यों 'सीताराम' एक पुरानी और प्रचलित धुन है, मगर उसने उसे करीब-करीब एक युद्ध-घोष का रूप दे दिया और जरूरत के वक्त लोगों को बुलाने का तथा जुदा-जुदा गाँव को आपस में बाँधने का चिह्न बना दिया। ...रामायण का गान और प्रासंगिक दोहे-चौपाइयों की मिसाल देना बाबा रामचन्द्र का एक खास तर्ज था।''[3] बाबा रामचन्द्र की चर्चा के साथ अवध के किसानों की दुर्दशा का बड़ा ही मार्मिक वर्णन नेहरू ने अपनी आत्मकथा में किया है। जिन किसानों को रामचन्द्र ने जगाया था, उनके बीच घूमते हुए नेहरू खुद इस तथ्य से परिचित हुए थे। प्रश्न है कि जब बाबा रामचन्द्र दास मानस की पंक्तियाँ सुनाकर जनता को शोषण के विरुद्ध गोलबन्द कर रहे थे, तब मानस प्रासंगिक था या नहीं?

मुक्तिबोध का यह कथन भी दूर तक उनका साथ नहीं देता कि रामभक्ति शाखा में एक भी शूद्र कवि नहीं हुआ। ऐसा कहते हुए 'भक्तमाल' के रचयिता नाभादास उनके ध्यान में क्यों नहीं आये? प्रसिद्ध है कि वे दलितों में भी अति निम्न डोम जाति के थे। नाभादास ने अपने 'भक्तमाल' में निर्गुण-सगुण, ब्राह्मण-शूद्र, हिन्दू-मुसलमान सभी भक्त कवियों पर समान आदर के साथ आलोचनात्मक टिप्पणियाँ लिखीं। तेलुगु भक्ति कविता में स्त्री भक्त मोल्ला का विशेष स्थान है, जिसका समय सोलहवीं सदी है। उनकी लिखी 'मोल्ला रामायण' तेलुगु भाषा का अत्यन्त प्रसिद्ध ग्रन्थ है। मोल्ला स्त्री तो थीं ही, वे अति पिछड़ी कुम्हार जाति की भी थीं। भारतीय भक्ति साहित्य की छानबीन करने पर और भी उदाहरण मिल जायेंगे। उक्त उदाहरणों से स्पष्ट होता है कि मुक्तिबोध निर्गुण-सगुण का जो सपाट जातीय आधार बनाते हैं, वह वैसा है नहीं। दोनों धाराओं में सभी जातियों के कवि मिल जाएँगे। और यदि मान लिया जाए कि रामभक्ति शाखा में एक भी दलित कवि नहीं हुआ तो भी इस कारण क्या इसकी कोई सकारात्मक भूमिका थी ही नहीं? मैनेजर पांडेय ने इस मुद्दे पर ठीक ही प्रश्न उठाया कि प्रगतिशील आन्दोलन में भी कोई दलित लेखक नहीं था, ज्यादातर ऊँची जातियों के लोग थे, तो क्या उनकी भूमिका समाप्त हो गयी? निर्गुण-सगुण विवाद में जाति और वंश वाले मुक्तिबोध के साथ ही नामवर सिंह के भी तर्क को मैनेजर पाण्डेय ने ठीक ही 'विचित्र' कहा है और उसे 'फूहड़ समाजशास्त्र' की कोटि

में रखा है। सूर की जाति निरपेक्षता, मीरा की विद्रोही चेतना और तुलसीदास के गहन आत्मसंघर्ष की अनदेखी करके सबको उच्चजातीय मान लेने की प्रवृत्ति की आलोचना करते हुए मैनेजर पाण्डेय ने लिखा है : '...सगुण भक्तों को उच्चवंशी और उच्चजातीय वर्गों के प्रभुत्व का पोषक कहना सूर की प्रेम-भावना, मीरा की विद्रोही चेतना और तुलसी के आत्मसंघर्ष का अपमान करना है।''[4]

मुक्तिबोध का यह लेख अन्तर्विरोधपूर्ण है। एक तरफ वे कहते हैं कि किसी भी युग के सांस्कृतिक इतिहास को जानने के लिए जरूरी है कि उस युग की मूल गतिमान सामाजिक शक्तियों का ठीक-ठीक पता हो। दूसरी तरफ वे कहते हैं कि निर्गुण मत के विरुद्ध सगुण मत का संघर्ष निम्न वर्गों के विरुद्ध उच्चवंशीय संस्कारशील अभिरुचियों का संघर्ष था। 'मूल गतिमान सामाजिक शक्तियों' के ज्ञान का अर्थ है, उस काल में हो रहे सामाजिक-आर्थिक परिवर्तनों का ज्ञान। इसके अभाव में सांस्कृतिक इतिहास को ठीक-ठीक जानना मुश्किल है। यह बात मुक्तिबोध भी जानते हैं कि 'आवश्यक सामग्री का बड़ा अभाव है।' फिर भी वे निर्णयात्मक स्थापना देते हैं और निर्गुण भक्ति धारा को पिछड़ी जाति से और सगुण भक्तिधारा से अगड़ी जाति को आत्यन्तिक रूप से जोड़कर देखते हैं। भक्ति की भावधारा का इतना सरल बँटवारा उसके वैविध्य और जटिल स्वरूप को न समझने का परिणाम है। इस तरह के विभाजन से जो निष्कर्ष निकलेंगे वे इसी तरह स्याह-सफेद रेखाओं वाले होंगे। जो 'मूल गतिमान सामाजिक शक्तियाँ' निर्गुण भक्ति के अभ्युदय में सहायक थीं, तुलसीदास के काल में क्या वे निष्क्रिय हो चुकी थीं? जिस रामानन्द को निर्गुणपन्थी कबीर, रैदास आदि का गुरु और उत्तर भारत में भक्ति आन्दोलन का सूत्रधार माना जाता है, वे क्या सगुण भक्ति के विरोधी थे? 'आरती कीजै हनुमान लला की...' जैसी कविता से उनकी सगुण भक्ति का भी प्रमाण मिलता है। भक्ति आन्दोलन की भावधारा और उसके भीतर का सच क्या परस्पर विरोधी विचारधारा की तरह संचालित है? क्या निर्गुण मत का एकमात्र लक्ष्य जाति व्यवस्था का खात्मा था? मुझे लगता है कि कई लक्ष्यों में से एक लक्ष्य यह भी था। यदि था भी तो प्रश्न है कि तब निर्गुणपन्थी सन्तों के सैकड़ों सम्प्रदाय क्यों बने? सम्प्रदायों का आधिक्य क्या निर्गुणपन्थी भक्तिधारा के भीतर सक्रिय व्यक्तिवाद का द्योतक नहीं है? यदि निर्गुणपन्थ का लक्ष्य जाति व्यवस्था की समाप्ति है तो काशी में रहते हुए कबीर और रैदास के सम्प्रदाय अलग-अलग क्यों हैं? इतिहासकारों ने सम्प्रदायों की अधिकता को उसके उद्देश्य में बाधक माना है। इतिहासकार हरबंस मुखिया ने दादू दयाल का विशेष अध्ययन करते हुए यह निष्कर्ष निकाला है कि निर्गुणपन्थी सन्तों के पास मौजूदा सामाजिक-राजनीतिक व्यवस्था का कोई विकल्प नहीं था। उन्होंने दादू के एक पद का उदाहरण दिया है। उस पद में ईश्वर के दरबार की जो झाँकी दिखाई गयी है, प्रो. मुखिया के अनुसार, वह मुगल बादशाहों के दरबार से मिलती-जुलती

है। प्रो. मुखिया का कहना है कि सामाजिक-राजनीतिक परिवर्तन का कोई विकल्प इन सन्तों के पास नहीं है, वे खराब राजा की जगह अच्छे राजा की कामना करते हैं।[6] कहा जा सकता है कि सम्प्रदायों में बँटे और निश्चित विकल्प से रहित सन्तों के पास नये सामाजिक-राजनीतिक बदलाव के लिए जरूरी संकल्प और संगठन का अभाव था। ऐसी स्थिति में मुक्तिबोध के निष्कर्ष कितने सही हैं?

सगुण भक्ति का आधार मठ-मन्दिर थे। मठों-मन्दिरों के विकल्प के रूप में निर्गुणपन्थियों ने अपने-अपने मठ मन्दिर बनाये। इससे सगुण ईश्वर पूजा के केन्द्र मठ-मन्दिरों को कोई चुनौती नहीं मिली। चुनौती मिलती भी कैसे? जितने निर्गुणपन्थी सन्त थे सबके अपने-अपने सम्प्रदाय थे। हाँ, इन सम्प्रदायों ने सगुण भक्ति के आधार केन्द्रों को कोई चुनौती तो नहीं दी, लेकिन अपने-अपने प्रभाव क्षेत्र में जनता को धार्मिक-आध्यात्मिक विकल्प जरूर दिये। इन विकल्पों का पैदा होना ही उस युग में बड़ी बात थी। उन लोगों को—जिनका कोई ईश्वर नहीं था, कोई पूजास्थल, कोई धर्म ग्रन्थ नहीं था—ईश्वर भी मिला, अपना पूजा गृह भी मिला और अपनी गुरुवाणी भी मिली। गुरुवाणी का अर्थ था—अपना धर्मग्रन्थ। निर्गुण भक्ति ने यह किया कि निम्न श्रेणी की जनता को धार्मिक-आध्यात्मिक विकल्प दिये। उस जमाने में इतना भी काफी था। सामाजिक-राजनीतिक परिवर्तन के लिए जिस संगठन और नेतृत्व की दरकार होती है, उसका एक सिरे से अभाव था। कबीर द्वारा की गयी धार्मिक-सामाजिक आलोचना से विभेदकारी समाज-व्यवस्था के प्रति उनका आक्रोश तो झलकता है, उससे काशी में ही, जो उनकी कर्मभूमि-जन्मभूमि दोनों है, जाति व्यवस्था के सामने कोई चुनौती उपस्थित हो गयी हो, इसका प्रमाण नहीं मिलता। भेदभाव से भरी समाज व्यवस्था की वे आलोचना करते हैं और अपने लिए 'स्पेस' बनाते हैं। ऐसा ही 'स्पेस' अन्य निर्गुणपन्थी सन्त अपने-अपने प्रभाव क्षेत्र में बनाते हैं। निर्गुणपन्थ के जरिये धार्मिक सत्ता के सैकड़ों केन्द्र विकसित हुए और उसके जनतान्त्रीकरण की प्रक्रिया तेज हुई। इस तरह बहु वैकल्पिक धार्मिक समाज की रचना हुई, जिसमें सभी वर्गों, जातियों, सम्प्रदायों के लिए धार्मिक अवकाश की पूर्ण स्वतन्त्रता थी। इससे कोई प्रत्यक्ष चुनौती सगुण भक्ति के केन्द्र यानी मठ-मन्दिरों को नहीं मिली। वे अपनी जगह बने रहे।

मुक्तिबोध ने रामचन्द्र शुक्ल की 'पुराण मतवादी' के रूप में आलोचना की है। क्या वे 'पुराण मतवादी चेतना' के आलोचक हैं और अपनी इस चेतना के तहत वे कबीर और निर्गुणपन्थ को कोसते हैं? पुराणवादी चेतना का कहने का अर्थ है, उन्हें ब्राह्मणवादी कहना जो आजकल फैशन में है। क्या शुक्ल जी ब्राह्मणवाद के समर्थक हैं? ब्राह्मण जाति में पैदा होना एक बात है और ब्राह्मणवादी होना दूसरी बात। आज ब्राह्मण होने मात्र से बहुतेरे लोगों को आलोचनात्मक प्रहार झेलना पड़ता है। बहरहाल, क्या रामचन्द्र शुक्ल ब्राह्मणवादी थे? ब्राह्मणवाद भारत की वर्चस्वशाली चिन्तन परम्परा

है, जिसके चार मुख्य आधार है—1. वर्ण व्यवस्था, 2. पुनर्जन्म, 3. अवतारवाद और 4. कर्मकाण्ड। जो व्यक्ति इन चार व्यवस्थाओं में कमोबेश विश्वास करता है, वह ब्राह्मणवादी कहलायेगा, चाहे वह जिस जाति में पैदा हुआ हो। रामचन्द्र शुक्ल के साहित्य से उनके ब्राह्मणवादी होने के प्रमाण नहीं मिलते। 1924 ई. के लगभग का उनका एक लेख है—'जाति व्यवस्था', जिसमें जाति-प्रथा की कड़ी आलोचना है। भारतीय रक्तवर्ण में मिलावट है, वह शुद्ध नहीं है, शुक्ल जी यह बात हजारी प्रसाद द्विवेदी से पहले कह गये हैं। जाति-प्रथा की जिन शब्दों में उन्होंने व्यर्थता बतलाई है, उसे देखिए—"जाति संस्था ने प्रजाति की शुद्धता को सुरक्षित रखने का असफल प्रयत्न किया है। इतिहास का हर छात्र जानता है कि भारतीय रक्त शक, यवन, यूची, हूण, मंगोल, आर्य तथा द्रविड़ रक्तों का मिश्रण है। जाति व्यवस्था के विरुद्ध सबसे बड़ी आपत्ति यह है कि इसने मनुष्य का स्तरों और श्रेणियों में रूढ़ विभाजन कर दिया है। ...कुलीन और ऊपर से दैवीय कहे जाने वाले ब्राह्मण अन्य सबको हेय दृष्टि से देखते हैं। क्रमशः प्रत्येक जाति अपने से नीची जाति को तुच्छ समझती है। इस तरह हम हतभाग्य अस्पृश्यों और वर्गहीन जाति बहिष्कृतों के विशाल जन समूह तक नीचे उतरते हैं। इस प्रकार जाति व्यवस्था हार्दिक सहयोग या प्रतिक्रिया, प्रेम, विश्वास, पारस्परिक प्रभाव या आचरण की स्वतन्त्रता के अवरोध का कारण बनती है।"[7] जाति व्यवस्था को भारतीय संस्कृति के मार्ग में सबसे बड़ी बाधा मानते हुए शुक्ल जी आगे लिखते हैं—"...जाति व्यवस्था ने वर्गीय भावना और वर्गीय अहम् का पोषण किया है, इसे यदि समाप्त नहीं किया गया तो भारतीय संस्कृति और शिष्टता, राष्ट्रभक्ति और देशभक्ति की मृत्यु निश्चित है।"[8] शुक्ल जी जिस शिक्षित भारतीय मध्यवर्ग के व्यक्ति थे, वह भारतीय नवजागरण और स्वतन्त्रता आन्दोलन की चेतना से संचालित मध्यवर्ग था। आधुनिक शिक्षा और ज्ञान-विज्ञान ने इसके मानस को झकझोर कर बदल दिया था। वह अपने गाँव, मुहल्ले और नगर तक सीमित कुएँ का मेंढक नहीं था। आधुनिक संचार माध्यमों के जरिए वह दुनिया की अच्छाइयों के आलोक में अपनी बुराइयों को देखने लगा था। जाति-व्यवस्था पर हमला करते हुए शुक्ल जी ने लिखा है—"जाति पूर्वी सभ्यता की देन है। विश्व में और कहीं भी इसका अस्तित्व नहीं है। मानवता का (यह) रूढ़ विभाजन स्वार्थी पंडितों द्वारा छद्म धर्म में जोड़ा गया। पृष्ठ भाग है। वे निर्धन पद दलितों की कीमत पर खुद को समृद्ध करते हैं, आनन्द लेते हैं और अज्ञानी जन समूह की सामान्य भ्रान्तियों को बढ़ाते हैं।" उस काल के आधुनिक और शिक्षित व्यक्ति के लिए जाति व्यवस्था क्या अर्थ रखती है, यह बताते हुए शुक्ल जी ने आगे लिखा है—"जाति व्यवस्था ने अब हम लोगों में से प्रबुद्ध, सुसंस्कृत या सत्यतः शिक्षित व्यक्तियों को आकर्षित करना छोड़ दिया है। ऐसे व्यक्ति अब इसकी निन्दा करते हैं—कुछ प्रकट रूप में स्पष्ट शब्दों में, कुछ संयमित भाषा में और कुछ मात्र हृदय में। रामायण काल से ही भारतीय

समाज की प्रगति में निर्दयी जाति या वर्ण (व्यवस्था) सबसे बड़ी बाधा रही है। जब तक इस अप्राकृतिक व्यवस्था का चलन है तब तक समाज अभिशप्त है और उसके साथ हम सब भी।"[9] इसके बाद भी रामचन्द्र शुक्ल को वर्ण व्यवस्थावादी कहने की कोई गुंजाइश बनती है?

जाति की ही तरह धर्म के बारे में भी रामचन्द्र शुक्ल का मत जान लेना चाहिए। संसार में जो धर्म प्रचलित हैं, उनसे शुक्ल जी सहमत नहीं लगते। वैज्ञानिक और तकनीकी विकास ने संसार को देखने और इसकी व्याख्या की दिशा बदल दी है। एक तरफ धार्मिक रूढ़िवादियों-यथास्थितिवादियों का समाज है तो दूसरी तरफ विकास की नयी रोशनी का स्वागत करने वाला नये लोगों का नया समाज। स्वाभाविक रूप से रूढ़िवादियों की आलोचना उन लोगों को सहनी पड़ती है जो नये विश्व के लिए नये धर्म का सपना देखते हैं। शुक्ल जी नये धर्म का सपना देखने वालों के साथ हैं। उस ज़माने में यथास्थितिवादियों और परिवर्तनवादियों के बीच जो संघर्ष था, उसमें शामिल होते हुए शुक्ल जी ने 1924 ई. में एक लेख लिखा, जिसका शीर्षक है : 'सभ्य संसार का भावी धर्म'। पुराने धर्म के ध्वजवाहकों और 'सभ्य संसार का भावी धर्म' के ध्वजवाहकों के बीच अन्तर करते हुए और उन पर टिप्पणी करते हुए शुक्ल जी ने अपने उस लेख में लिखा है : "...जिनका विश्वास है कि मानव-स्वभाव में मानवीय दुर्बलताओं के साथ-साथ मानवोचित उन्नतिशीलता भी मौजूद है और तमाम कठिनाइयों के होते हुए भी कभी-न-कभी मनुष्य उन पर विजय प्राप्त करेगा ही। ऐसे लोगों में इस समय इस बात की खास तलाश है कि इस वर्तमान अस्त-व्यस्त अवस्था का अन्त कैसे होगा? इन तमाम घटनाओं का रुख किस ओर है। इन्हीं लोगों का एक दल यह समझता है कि इस व्यापक विप्लव का प्रभाव संसार के धार्मिक जीवन पर भी पड़ेगा और उसमें एक गहरा परिवर्तन होगा। उनका खयाल है कि जहाँ संसार में, लोगों में विरोधी दलों के प्रति अविश्वास बढ़ता जाता है, वहाँ साथ ही संसार की वर्तमान अवस्था का एक लक्षण यह भी है कि संसार भर के सभी देशों की दलित जातियों में एक प्रकार की पारस्परिक सहानुभूति भी है। मजदूर, अराजकतावादी, स्त्रियाँ, स्काउट्स, काली जातियाँ सभी अपने संगठनों को अन्तर्जातीय रूप देना चाहती हैं, भौगोलिक हदों की अवहेलना करके पारस्परिक सहयोग करने के लिए तैयार हैं। 'संघे शक्ति कलियुगे' के सिद्धान्त को लोग चरितार्थ करके दिखा रहे हैं। रेल, तार, छापेखाने और अखबारों ने दुनिया को इतना तंग और सन्निकट कर दिया है कि एक-दूसरे के आदर्शों को अब थोड़ी-सी चेष्टा करने पर सहज ही समझ सकते हैं।"[10] नये संसार का सपना देखने वालों को शुक्ल जी आशावादी कहते हैं। वे आशावादियों का जोरदार पक्ष लेते हैं और लिखते हैं—"इन सभी बातों को वे आशावादी निरीक्षक संसार के धार्मिक जीवन के लिए शुभ लक्षण समझते हैं। यद्यपि वे इस बात से भी अपरिचित नहीं

हैं कि इन सब बातों के होते हुए भी संसार के वर्तमान संगठित धर्म के अधिकारी, चाहे वे ईसाई पादरी हों अथवा हिन्दू पंडित, मुसलमान मुल्ला या बौद्ध भिक्षु, अपने पुराने ढंग पर ही चले जाते हैं, नयी आकांक्षाओं और नये उत्साह से लाभ नहीं उठाते और उन्नतशील उदार व्यक्तियों को उच्छृंखल कहकर अपने-अपने मंडल से निकालने पर उद्यत हो जाते हैं। पुरोहितों, पुजारियों और पंडितों की इस अदूरदर्शिता पर खेद प्रकट करते हुए भी आशावादी घबराते नहीं, बल्कि इसे भी परिवर्तन का एक प्रामाणिक लक्षण ही समझते हैं। क्योंकि वे कहते हैं कि धार्मिक संस्थाओं की यह कट्टरता भी इस बात की सूचना देती है कि एक धार्मिक युग का अन्त हो रहा है और दूसरे का आरम्भ।"[11]

किंचित लम्बा उद्धरण देने का उद्देश्य यहाँ यह है कि शुक्ल जी के धर्म सम्बन्धी विचारों को उनके ही शब्दों में देखा जाए। शुक्ल जी जिस भावी धर्म की कल्पना करते हैं, वह ऐसा विश्वधर्म है, जो विज्ञान सम्मत है और भेदभाव से रहित है। शुक्लजी के सपनों का जो सभ्य संसार है उसमें मजदूरों, काली जातियों, स्त्रियों आदि की चिन्ता है। अपने भावी धर्म की रूपरेखा स्पष्ट करते हुए वे कहते हैं—"जिस तरह बौद्ध और ईसाई धर्म ने अपने समय की वंश-प्रतिष्ठा के भीषण स्वरूप का प्रबल विरोध करके सभी को धार्मिक अधिकार दिया था उसी तरह भावी धर्म रंग और राष्ट्र के अभिमान का विरोधी होगा। न केवल पड़ोसी और पीड़ित को प्यार करने की यह शिक्षा देगा बल्कि परदेशी और परतन्त्रों के प्रति अनुराग पैदा करायेगा। यह सन्देश किसी जाति अथवा देश में सन्निहित न होकर वर्तमानकालिक रेल, तार और वायुयान के सहारे-संसार व्यापी होगा। इसमें ईश्वरोपासना को एक नया स्वरूप दिया जायेगा जिसके अनुसार ईश्वरभक्त लोग मानवजाति के ही रूप में भगवान को प्यार करना सीखेंगे। सेवा-धर्म की महिमा बढ़ेगी और बच्चों की शिक्षा और पालन पर अधिक जोर दिया जायेगा। राजभक्ति एक नया रूप धारण करेगी जिसके अनुसार लोग 'राजा' की भक्ति से 'राज्य' की भक्ति को अधिक महत्त्व देंगे। भिन्न-भिन्न प्रचलित धर्म नष्ट न होकर अधिक उदार हो जायेगा और इन धर्मों के नाम और रूप की रक्षा करते हुए भी लोग इस नये विश्व प्रेमी धर्म की दीक्षा लेंगे।"[12] इसके बाद भी शुक्ल जी को यदि कोई साम्प्रदायिक और ब्राह्मणवादी कहता है तो उसकी मंशा सन्देह से परे नहीं मानी जायेगी। शुक्ल जी न तो कम्युनिस्ट हैं और न आत्यन्तिक रूप से नास्तिक, इसके बावजूद वे विश्व के लिए जिस भावी धर्म का सपना देखते हैं वह विज्ञान सम्मत समतामूलक मानवीय गरिमा से पूर्ण विश्व का है। ऐसे व्यक्ति की चेतना को हिन्दू 'पुराण मतवाद' तक सीमित करने वाली एक संकीर्ण परिपाटी प्रगतिशील आन्दोलन में रही है, जिसके उदाहरण रांगेय राघव के भक्ति साहित्य विषयक लेखन में तो है ही, मुक्तिबोध के इस लेख में भी है।

मुक्तिबोध जब उच्चवंशीय जातियाँ कहते हैं तो उनका आशय शायद सवर्ण

जातियों से है, जिसमें ब्राह्मण, क्षत्रिय, वैश्य आदि जातियाँ आती हैं लेकिन जब वे उच्चवंशीय के अतिरिक्त सबको शूद्र जाति में रखते हैं, तब वे तथ्य को उलझा देते हैं। शूद्र से उनका आशय क्या है? 'शूद्र' एक पुराना शब्द है, जिसके अन्तर्गत आज की कौन-सी जाति है और कौन-सी जाति नहीं, कहना मुश्किल है। सवर्ण जातियों के अतिरिक्त पिछड़ा वर्ग और दलित वर्ग की सैकड़ों जातियाँ हैं, जिनके अपने अन्तर्विरोध हैं। पिछड़े और दलित एक नहीं हैं। दलितों की दुर्दशा में जितनी भूमिका सवर्ण जातियों की है, उससे कम पिछड़ी जातियों–जिसे अब अन्य पिछड़ा वर्ग कहा जाता है–की नहीं है। सवर्ण जातियों द्वारा श्रेणीक्रम में नीचे माने जाने की पिछड़ों को शिकायत रही है, जो वाजिब है, लेकिन यही पिछड़ी जातियाँ दलितों के साथ वही व्यवहार करती रही हैं। कौन नहीं जानता की शक्ति पाते ही इन पिछड़ी जातियों ने भी दलितों पर अत्याचार की सारी हदें तोड़ दी हैं। 1977 में बिहार में घटित 'बेलछी काण्ड' अभी पुराना नहीं पड़ा। बिहार में दलित दहन की यह पहली घटना थी, जिसे अंजाम देने का आरोप एक समृद्ध दबंग पिछड़ी जाति पर लगा था। तब बिहार के मुख्यमंत्री पिछड़ी जाति के समाजवादी नेता कर्पूरी ठाकुर थे। पिछड़ों को आरक्षण की वकालत करने वाले राममनोहर लोहिया को इसकी आशंका थी कि राजशक्ति पाते ही पिछड़ों में जो दबंग जातियाँ हैं उनका व्यवहार बदल जायेगा। लोहिया ने लिखा, "नीची जातिवाला जब उठता है तो वह ऊँची जातिवाले की नकल करके उन्हीं के जैसा बनना चाहता है।"[13] इसलिए लोहिया उस मन को बदलना चाहते थे जिसमें ऊँच-नीच का भेद भरा है। मुक्तिबोध शूद्र के भीतर आनेवाली सैकड़ों जातियों के भीतर के अन्तर्विरोधों की अनदेखी करते हैं और सवर्ण और शूद्र का सपाट बँटवारा करते हैं। जिस शिवाजी में वे गैर सवर्ण चेतना देखते हैं, उसी शिवाजी का इस्तेमाल शिवसेना और भाजपा जैसी पार्टियाँ मजे में कर रही हैं। भारतीय जाति व्यवस्था की जटिलता और भक्ति आन्दोलन के वैविध्य-विस्तार को पूरी समग्रता में न देखे जाने पर जैसे इकहरे निष्कर्ष सामने आयेंगे, मुक्तिबोध का यह लेख उसका श्रेष्ठ उदाहरण है।

सगुण भक्ति और तुलसीदास का समर्थन रामचन्द्र शुक्ल क्यों करते हैं? इसलिए कि निर्गुणपन्थ और कबीर में उन्हें रहस्यवाद और योग आदि की उपस्थिति दिखती है। रहस्यवाद उनकी दृष्टि में लोकमंगलकारी नहीं है, विज्ञान सम्मत भी नहीं है। उन्हें लोकमंगलकारी लगती है सगुण भक्ति, उसमें भी तुलसी की भक्ति। लेकिन तुलसी में जहाँ नारी निन्दा है, वर्ण व्यवस्था का समर्थन है, वह उनके आधुनिक मन के अनुकूल नहीं है। ऐसी स्थिति में वे मासूम-सा तर्क देते हैं कि तुलसीदास साधु-महात्मा थे और साधु-महात्माओं की बात का बुरा नहीं मानना चाहिए। रामविलास शर्मा तुलसी के साहित्य को सामन्त विरोधी मूल्य और किसान चेतना की कसौटी पर खरा पाते हैं, पर वर्ण व्यवस्था और स्त्री प्रसंग उन्हें क्षेपक और तुलसी विरोधियों की करतूत

प्रतीत होते हैं। इन दोनों समर्थ आलोचकों की ऐसी दलीलों से तुलसीदास की रक्षा सम्भव नहीं है। वे बड़े कवि हैं तो इन सबके बावजूद हैं। इसी तरह कबीर भी महान हैं तो इंगला-पिंगला और नारी-निन्दा के बावजूद महान हैं। इन सबसे आँख मूँदकर कबीर को आधुनिक घोषित करने का मुक्तिबोध का प्रयास स्वस्थ और सन्तुलित आलोचना का लक्षण नहीं है। मुक्तिबोध निर्गुण भक्ति को जनवादी और सगुण भक्ति को गैर जनवादी की कोटि में जिस सरलता से रखते हैं, वैसा है नहीं। भक्ति आन्दोलन और साहित्य का अखिल भारतीय विस्तार-वैविध्य इसकी छूट भी नहीं देता। असम के शंकरदेव तो कृष्णभक्त हैं, पर उनके यहाँ योग आदि निर्गुण भक्ति साधना की बहुत-सी बातें मिलती हैं। शुक्लजी का विश्वास किसी धार्मिक कर्मकाण्ड में नहीं है, न वे किसी धार्मिक पाखंड के समर्थक हैं। वे राम के चरित्र को अवतार के कारण नहीं महत्त्व देते। वे राम में कर्म का सौन्दर्य देखते हैं। तब वे किस अर्थ में ब्राह्मणवादी हैं? इसका कोई माकूल जवाब न तो मुक्तिबोध के उक्त लेख में मिलता है और न शुक्ल जी को ब्राह्मणवादी कहने वाले अन्य लेखकों के लेखन में।

भक्ति साहित्य को लेकर प्रगतिशील आन्दोलन के प्रारम्भ में एक सिरे से नकार का भाव था। प्रगतिशील आन्दोलन के अनुसार वह जीवन की वास्तविकताओं से पलायन का साहित्य था। बाद में प्रगतिशीलों के बीच दो तरह के लेखक आये। रामविलास शर्मा ने सगुण भक्ति और तुलसीदास पर अधिक जोर दिया और सामन्त विरोधी चेतना का नया पक्ष तैयार किया, जिसमें आधुनिकता के तत्व भरे पड़े हैं। शुक्ल जी की तरह रामविलास जी ने निर्गुणपन्थ और निर्गुणियों की निन्दा तो नहीं की, पर अधिक जोर उनका सगुण भक्ति पर अन्त-अन्त तक बना रहा। दूसरी तरफ प्रगतिशील चेतना वाले रांगेय राघव और मुक्तिबोध थे। इनके लिए सगुण भक्ति और तुलसीदास ब्राह्मणवाद के कट्टर पोषक थे। वे निर्गुण भक्ति को प्रगतिशील और आधुनिक मानते रहे। निर्गुण भक्ति को प्रगतिशील और आधुनिक मानने के इस अभियान को दलितों-पिछड़ों ने जोर-शोर से आगे बढ़ाया। आज दलित विमर्श के भीतर कबीर समर्थन और तुलसी विरोध की जो अतिरेकी गर्जना है उसका उत्स मुक्तिबोध का यह लेख है।

निश्चित रूप से कबीर ने जाति-पाँति, मन्दिर-मस्जिद, वेद-कुरान, पंडित-मौलवी और धार्मिक कर्मकाण्ड की आलोचना की है। निश्चित रूप से तुलसी ने निर्गुण भक्ति की तीखी भर्त्सना की है। लेकिन यह इनके काव्य संसार का एक पक्ष है। यह केन्द्रीय भाव नहीं है। केन्द्रीय भाव वहाँ है, जहाँ इनका मन रमता है। इनके काव्य का केन्द्रीय भाव है—मानव पीड़ा का संज्ञान जो सर्वोपरि है। कबीर कहते हैं : 'कबीरा सोई पीर है जो जाने पर पीर'। तुलसी कहते हैं : 'परहित सरिस धरम नहीं भाई, पर पीड़ा सम नहीं अधमाई।' न सिर्फ कबीर-तुलसी के काव्य में, बल्कि समूचे भक्ति साहित्य में यही 'पीर' केन्द्रीय भाव है। भक्तिकाव्य यदि महान है तो इस कारण

कि वह मानव जाति की अथाह पीड़ा का आत्मीय इतिहास है। वह निर्गुण-सगुण विवाद के कारण महान नहीं है। जिनकी आँखें इस विवाद को ही देखने में थक जाती हैं, वे पीड़ा के अथाह सागर में नहीं उतर पाते। इस निर्गुण-सगुण विवाद के बावजूद भक्त कवियों के कुछ सामान्य विश्वास हैं, जिनकी चर्चा हजारीप्रसाद द्विवेदी ने की है।[14] उनमें अलगाव के जितने सूत्र हैं, उससे कई गुना मानव जाति की एकता के सूत्र हैं। हिन्दी आलोचना का दुर्भाग्य यह है कि वह एकता के सूत्र पर कम, अलगाव पर ज्यादा ध्यान देती रही है, जिसका एक मुख्य आधार मुक्तिबोध का भक्तिकाव्य विषयक उक्त लेख भी है।

हिन्दी में निर्गुण-सगुण विवाद पर जरूरत से अधिक जोर दिया गया। तिल को ताड़ बनाना इसी को कहते हैं। निर्गुण-सगुण विवाद के बावजूद भक्ति की भावधारा की दिशा एक है। वह दिशा है ऐसी सामाजिक-धार्मिक व्यवस्था की, जिसमें सबकी समाही है। निर्गुन-सगुण अलग हैं, लेकिन उनमें एकता के सूत्र भी हैं, जो ज्यादा महत्व के हैं। लोहिया ने निर्गुण-सगुण के द्वन्द्व पर विचार किया और लिखा है– "...निर्गुण सम्पूर्ण आदर्श है, एक हवा, एक भीनी किन्तु सर्वव्यापी महक, एक सपना जो बहुत जल्दी टूट भी सकता है, लेकिन जिसमें यह भी ताकत है कि दुनिया को पलट दे और सगुण है एक ठोस तथा पकड़ में आने वाली चीज, एक इन्तजाम, घटना या रस उभाड़ने वाली प्रक्रिया, खून में प्रेम या गुस्से की गर्मी लाने वाला किस्सा, लेकिन ऐसा भी जो आदमी को तेली के बैल की तरह एक बँधी हुई लीक पर चला दे। निर्गुण है आदर्श या सपना, सगुण है उसके अनुरूप मनुष्य या घटना। दोनों अलग हैं। दोनों को अलग रहना चाहिए। किन्तु दोनों एक-दूसरे पर आश्रित हैं और एक-दूसरे के साथ सब कोर जुड़े हुए हैं। दिमाग में दोनों के खाने अलग-अलग रहना चाहिए, लेकिन दोनों में निरन्तर आवागमन होना चाहिए। किसी भी सिद्धान्त को गेंद की तरह सगुण और निर्गुण दोनों दिमागी कीतों में लगातार फेंकते रहने से ही एक सजीव आदर्श गढ़ा जाता है। पूरा अलगाव करने से पाखण्ड और असभ्यता की सृष्टि होती है। पूरा एकत्व कर देने से क्रूरता या बेमतलब दौड़ की सृष्टि होती है। सिर्फ सगुण में ही फँस जाने से आदमी दकियानूसी हो जाता है। सगुण को पूरी तरह निर्गुण ही मान लेने से आदमी के क्रूर होने की सम्भावना है।"[15]

(2016)

सन्दर्भ

1. राममनोहर लोहिया रचनावली, भाग-8 (सं. मस्तराम कपूर) में संकलित 'रामायण मेला' शीर्षक टिप्पणी से उद्धृत, पृ. 88, प्रकाशक-अनामिका पब्लिशर्स एंड डिस्ट्रीब्यूटर्स (प्रा.) लिमिटेड, नयी दिल्ली-2, संस्करण-2013
2. वही, पृ. 95

3. मेरी कहानी, पृ. 76, संस्करण 201, सस्ता साहित्य मंडल, नयी दिल्ली-11
4. संकलित निबन्ध, पृ. 29, प्र. नेशनल बुक ट्रस्ट, नयी दिल्ली-70, पहला संस्करण 2008
5. वही।
6. हरबंस मुखिया की पुस्तक 'मध्यकालीन भारत : नये आयाम' (राजकमल प्रकाशन, नयी दिल्ली-2) में 'भक्ति आन्दोलन की विचारधारा : दादू दयाल का दृष्टान्त' शीर्षक लेख को इस क्रम में देखा जा सकता है।
7. आ.रा.शु. ग्रन्थावली, खण्ड-4, सं. ओमप्रकाश सिंह, प्रकाशन संस्थान, नयी दिल्ली-2, प्रथम संस्करण, पृ. 203
8. वही, पृ. 203
9. वही, पृ. 204
10. वही, पृ. 193
11. वही, पृ. 194
12. वही, पृ. 196
13. राममनोहर लोहिया रचनावली, खण्ड-2, पृ. 210
14. 'हिन्दी साहित्य की भूमिका' नामक पुस्तक में 'मध्ययुग में सन्तों का सामान्य विश्वास' नामक अध्याय में निर्गुण और सगुण भक्त कवियों के कुछ सामान्य विश्वास की चर्चा की गयी है। इन सामान्य विश्वासों को द्विवेदीजी ने इस क्रम में रखा है—1. मोध नहीं प्रेम सबसे बड़ा पुरुषार्थ है।, 2. भगवान के प्रति प्रेम ही सब कुछ है।, 3. भक्त भगवान से बड़ा है, 4. शास्त्रज्ञान और पांडित्य भक्ति के अभाव में व्यर्थ हैं। और 5. भगवान के रूप से उसके नाम का महात्म्य अधिक है।
15. राममनोहर लोहिया रचनावली, खंड-3, पृ. 25

मध्यकालीन कविता के अध्ययन-अध्यापन की समस्याएँ

...दुनिया के तमाम बड़े-बड़े विषयों पर, इतिहास पर, भूगोल पर, पुराण पर हम गोष्ठी करते रहते हैं लेकिन पाठ्यक्रम का चरित्र क्या हो और पाठ्यक्रम से हमारी अपेक्षाएँ क्या हों और वो हमारे समय की चुनौती को किस तरह से वहन कर सके, इसकी चिन्ता हमें कम होती है। हम अपने-अपने विश्वविद्यालयों में अपने-अपने ढंग से पाठ्यक्रम बना लेते हैं।...

1922-25 के आसपास हिन्दी विभाग खुलने शुरू हुए थे, बी.एच.यू. और इलाहाबाद में। अभी सौ वर्ष भी इसके पूरे नहीं हुए हैं, लेकिन ये लगने लगा है कि यह एक डाइंग डिसिप्लिन है। जिस विभाग का महत्त्व विश्वविद्यालय में सबसे नीचे पायदान पर हो, जिस विषय को पढ़ने वाले ज्यादातर छात्र वे होते हैं जिन्हें दूसरी जगह नौकरी नहीं मिलती है, एडमिशन नहीं होता है, जिनका मार्केट में कोई मूल्य नहीं है। जो छात्र हिन्दी विभागों से निकल रहे हैं, उन्हें ले-देकर मास्टर ही बनना है। वे विश्वविद्यालय के मास्टर बनें या प्राइमरी स्कूल के मास्टर। अपवाद स्वरूप कोई-कोई प्रतियोगी परीक्षाओं में चले जाएँ तो चले जाएँ। ऐसे छात्र अपवाद स्वरूप होते हैं, लेकिन अपवाद तो नियम नहीं होते। तो, आज हिन्दी एक डाइंग डिसिप्लिन के रूप में हमारे सामने है, इस विषय का और इस विषय के ज्ञान का मार्केट में कोई मूल्य नहीं है और यह सरकारी संरक्षण में चलने वाला विषय है। ये सरकारी विश्वविद्यालय अगर नहीं रहेंगे तो कोई प्राइवेट विश्वविद्यालय शायद ही हिन्दी विभाग खोले। तब हिन्दी के सारे तथाकथित विद्वान प्राध्यापक लोग बेरोजगार हो जाएँगे। लेकिन यहीं आप यह भी जानते हैं कि दूसरे विषयों के जो प्रोफेसर हैं वे रिटायरमेंट के बाद प्राइवेट विश्वविद्यालयों में आदरपूर्वक बुलाये जा रहे हैं, और यहाँ जितना पा रहे हैं उससे अधिक वहाँ पा रहे हैं। यह है हिन्दी की वास्तविक स्थिति! इससे हम अध्यापकों और छात्रों को इस विषय का महत्त्व समझ लेना चाहिए। ऐसे समय में हिन्दी के पाठ्यक्रम पर पुनर्विचार की जरूरत क्यों न हो?...

आज सबसे पहले हमें यह विचार करना चाहिए कि क्या हम अपने जमाने से दो-दो हाथ करने के काबिल हैं? बाजार में खड़े हो सकने की कूवत है हम में? हम

में यानी हिन्दी और हिन्दी विभाग से जुड़े हुए लोगों में? कब तक सरकारी अनुदान पर ये हिन्दी विभाग चलते रहेंगे? अनुदान बन्द हुए और विश्वविद्यालय प्राइवेट हो गये तो?...

...आदिकालीन साहित्य और मध्यकालीन साहित्य का जो टेक्स्ट है, पाठ है, वह आज के शिक्षकों और छात्रों के लिए एक अनजाना क्षेत्र है। भाषा की दृष्टि से, हम पहले बहुभाषी हुआ करते थे, अब एकभाषी होते जा रहे हैं। अब हिन्दी के छात्र और शिक्षक ये भूलते जा रहे हैं कि ब्रजभाषा और अवधी में फर्क क्या है! अवधी की कविता ब्रजभाषा के नाम पर पढ़ा दें या ब्रजभाषा की कविता अवधी के नाम पर पढ़ा दें तो काम चल जाएगा। कोई नहीं कहेगा कि आप गलत पढ़ा रहे हैं। एक समस्या तो यह हुई है कि हिन्दी साहित्य, जिसका आधार आदिकालीन, भक्तिकालीन और रीतिकालीन साहित्य पर टिका हुआ है, के मूल टेक्स्ट को समझने वाले लोग कम होते जा रहे हैं। गनीमत है कि हमारे पूर्वजों ने सारे पुराने साहित्य को न सिर्फ घूम-घूमकर ढूँढ़ा, बल्कि उसकी टीकाएँ भी लिखीं। अब टीकाएँ पढ़कर कम से कम हम उसका अर्थ लगा लेते हैं। अब सोचिए कि कबीर की पदावली को, मीरा की पदावली को ढूँढ़ने में कितना समय लगा होगा! सोचिए कि पद्मावत की संजीवनी टीका लिखने में वासुदेवशरण अग्रवाल को कितना वक्त लगा! हिन्दी वालों को इसके लिए ऋणी होना चाहिए उन सब लोगों का, जिन्होंने हिन्दी के पुराने साहित्य का पाठ तैयार करने में अपनी हड्डी गला दी।...

हिन्दी के पाठ्यक्रम के साथ पहली दिक्कत है कि हमारा सम्बन्ध हिन्दी क्षेत्र की जो बोलियाँ हैं उनसे कम होता जा रहा है। उन बोलियों से जब हमारा परिचय कम होगा, तब उन बोलियों का जो साहित्य है, मतलब ब्रजभाषा, अवधी, राजस्थानी, बुन्देलखण्डी, भोजपुरी आदि बोलियों में रचा गया जो साहित्य है, उसका न तो हम ठीक-ठीक पाठ कर सकते हैं, न ठीक-ठीक उच्चारण। फल यह है कि शिक्षकों से लेकर छात्रों तक, हम लोगों को मध्यकालीन कवियों की बहुत कम कविताएँ याद हैं। शायद ही हम कभी उद्धृत करते हों पुराने कवियों को अपनी बातचीत में, अपने व्याख्यान में। मध्यकालीन कविता से हमारा एक अपरिचय-सा होता जा रहा है। इसीलिए मेरे लिए तो मध्यकालीन साहित्य के पाठ्यक्रम पर पुनर्विचार करते हुए सबसे बडी समस्या यह है कि उसके पाठ से शिक्षकों और छात्रों का रागात्मक सम्बन्ध कैसे बने? मध्यकालीन साहित्य के पाठ की एक विधि है। सोरठा, सवैया, चौपाई, दोहा, कवित्त, कुंडलिया आदि को पढ़ने का एक ढंग है। जो उसका ढंग है, उसमें पढ़ कर देखें। उस पाठ के साथ ही हमारे भीतर उस कविता के प्रति एक रागात्मक भाव पैदा होगा। 'भये प्रगट कृपाला दीन दयाला कौसल्या हितकारी। हर्षित महतारी मुनि मन हारी अद्भुत रूप निहारी।' इसके पाठ का जो ढंग है, बिहारी के दोहों, सूरदास और कबीरदास के पदों के पाठ का जो ढंग है उस पाठ की विधि को हम

नहीं जानते हैं। हम क्लास में जाएँ और किसी तरह टीका देखकर अन्यमनस्क ढंग से कबीर का, पद्मावत का, नानक का या दूसरे किसी भी कवि का अर्थ बता दें, तो उससे बात नहीं बनेगी। जब हमारी ही रुचि नहीं है पाठ में और हमारी ही आत्मा में वह कविता नहीं बसती है तो वह छात्र तक कैसे जाएगी! जाहिर है कि जब वह छात्र तक नहीं जाएगी तो उस साहित्य का और उस काल का भगवान ही मालिक है।

तब प्रश्न है कि अध्यापक की पैठ कैसे हो मध्यकालीन साहित्य में? यह आधुनिक संयन्त्रों का समय है। ये सारे पर्दे, प्रोजेक्टर, लैपटॉप, टैब, एल.सी.डी. आदि जो नयी तकनीक है जिनका प्रयोग दूसरे अनुशासनों में हो रहा है, लेकिन हिन्दी का शिक्षक और छात्र इनका उपयोग अध्ययन-अध्यापन में कम करता है। ...केन्द्रीय विश्वविद्यालयों को पैसे और संसाधनों की कमी नहीं है। हम कबीर, नानक, रैदास, तुलसी आदि पढ़ाने से पहले सी.डी., प्रोजेक्टर आदि के माध्यम से इन कवियों के पाठ को कुशल वाचक द्वारा सुना सकते हैं। क्या हम किसी व्यक्ति को ऐसा नहीं दिखा सकते जो कबीर को गा रहा हो, जो तुलसीदास की कविताओं का पाठ कर रहा हो! ऐसा व्यक्ति जो कायदे से कर रहा हो। आप जरा एक बार पाठ कराइए और तब देखिए की छात्रों का मध्यकालीन कविता से कैसे जुड़ाव होता है। मेरा सुझाव है कि पाठ्यक्रम पर पुनर्विचार करते हुए हम इस बात को ध्यान में रखें। आदिकालीन और मध्यकालीन साहित्य का अध्ययन-अध्यापन करते हुए हमारी रुचि तभी जगेगी जब हम आधुनिक संयन्त्रों से उसे जोड़ेंगे। हम अध्यापक यदि इतने सक्षम नहीं हैं कि ठीक-ठीक उन कविताओं का पाठ करें और अपने छात्रों में वो रागात्मक बोध उन कविताओं के प्रति जाग्रत करें तो हम आधुनिक तकनीक का सहारा लें। आधुनिक तकनीक का सहारा लिया जाना चाहिए। पाठ्यक्रम में यह जोड़ा जाना चाहिए, शामिल किया जाना चाहिए। विश्वविद्यालयों से माँग की जानी चाहिए कि हिन्दी के क्लासरूम में भी यह व्यवस्था हो।

दूसरी बात जो मैं कहना चाहता हूँ वह दृष्टि से सम्बन्धित है। दो-तीन साल पहले 'आलोचना' पत्रिका में मेरा एक लेख छपा था—श्रीमन्त शंकरदेव पर। असमिया जाति के निर्माण में उनकी बड़ी भूमिका है। भक्त कवि थे। उस लेख में मैंने एक बात कही थी कि भक्ति को देखने की हिन्दी साहित्य के इतिहास में और हिन्दी आलोचना में जो दृष्टि है, वह काशीसेंट्रिक है। वह चाहे रामचन्द्र शुक्ल की हो या हजारीप्रसाद द्विवेदी की या फिर रामविलास शर्मा की। अब तक हम काशीसेंट्रिक दृष्टि से भक्ति को देखते रहे हैं। हम बात तो करते हैं भक्ति के अखिल भारतीय परिप्रेक्ष्य की, लेकिन हमारी दृष्टि काशी की पीठ पर बैठकर जो बन सकती है, वही होती है। हमारी दृष्टि में वह व्यापकता और वह बहुलता नहीं आ पाती है जिसकी अपेक्षा भक्ति साहित्य का अध्ययन और अध्यापन करते हुए होनी चाहिए। मैं अपना वह लेख तैयार कर रहा था, उसी बीच मुझे 'मानुषी' पत्रिका में ए.के. रामानुजन का

एक इंटरव्यू पढ़ने को मिला।. ए.के. रामानुजन अंग्रेजी के प्रोफेसर थे और उन्होंने कैम्ब्रिज से रामायण के तरह-तरह के पाठ पर पीएच.डी. की थी। दक्षिण भारत में भक्ति साहित्य के प्रचार-प्रसार में उनकी बड़ी भूमिका है। दक्षिण भारतीय भक्ति साहित्य का अंग्रेजी में उन्होंने अनुवाद करके विदेशों तक उसे पहुँचाया है। दक्षिण भारत के भक्ति साहित्य को थोड़ा बहुत मैं ए.के. रामानुजन के अनुवाद के जरिए ही जानता हूँ। 'मानुषी' पत्रिका के उस इंटरव्यू में ए.के. रामानुजन ने कहा था कि भक्ति को देखने की हमारी आदत 'सिंगुलर' में है। भक्ति को हमें 'प्ल्यूरल' में देखने की आदत डालनी चाहिए। यानी भक्ति को हमारी देखने की दृष्टि में जो एकवचनता है, उमसें बहुवचनता आनी चाहिए। जैसे ही उसमें बहुवचनता आएगी, उसका अखिल भारतीय परिप्रेक्ष्य सही अर्थों में उद्घाटित होगा। तब काशी सेंट्रिक दृष्टि से भक्ति को देखने की जड़ता टूटेगी और एक नयी दृष्टि हमारे सामने आयेगी, भक्ति का एक नया संसार भी हमारे सामने आयेगा। तब आप देखेंगे कि शंकरदेव भक्त होते हुए कैसे कुछ नया करते हैं जो कबीर, सूरदास या तुलसीदास नहीं करते। इसी तरह दूसरे प्रदेशों में वहाँ के भक्ति साहित्य की अपनी कुछ खूबियाँ हैं, कुछ अपना वैशिष्ट्य है और उसके सहारे वह अपनी पहचान रखता है और वहाँ की क्षेत्रीय जातीयता के निर्माण में अपनी भूमिका अदा करता है। इस तरह से मुझे लगता है कि भक्ति साहित्य को देखने की जो दृष्टि बन गयी है हमारे विश्वविद्यालयों में, यानी शुक्लजी, हजारीप्रसाद द्विवेदी और रामविलास शर्मा की जो दृष्टि है, भक्ति को देखने की, उससे मुक्त होकर, जैसी अपेक्षा रामानुजन करते हैं, भक्ति को प्ल्यूरल में देखना चाहिए।

भक्ति के कई रूप हैं और कई धाराएँ हैं। उसके विस्तार में और उसके बड़े आयाम में ही उसे देखा जाना चाहिए। ...टेक्स्ट का, पाठ्यक्रम का निर्माण एक पॉलिटिकल ऐक्ट है। अध्यापक होने के कारण देश के विभिन्न विश्वविद्यालयों में पाठ्यक्रम निर्माण कार्य में सहयोग देने के लिए मुझे भी जाना पड़ता है। हम अपनी पसन्द से जिसे श्रेष्ठ समझते हैं वह निर्धारित करते हैं। लेकिन हमसे विपरीत रुचि और विचारधारा के लोगों को वह श्रेष्ठ नहीं लगता। पाठ्यक्रम निर्माण पॉलिटिकल ऐक्ट तो है ही, यह एक तरह से छीना-झपटी का भी मामला है कि पाठ्यक्रम पर कौन कब्जा जमाता है।

प्रो. तुलसीराम ने विद्वतापूर्ण व्याख्यान दिया। उन्होंने एक बहुत महत्त्वपूर्ण बात कही कि इतिहास जैसा होता है, साहित्य वैसा होता है और इतिहास को हमने लिजेन्ड्री बना दिया है, रेशनलिटी से उसका सम्बन्ध कम किया है तथा इतिहास और मिथक में हम भेद करना भूल गये हैं। यह अच्छी बात है। हम रेशनल नहीं होंगे तो आधुनिक भी नहीं होंगे, लेकिन मेरे सामने एक प्रश्न है कि जो रेशनलिटी, जो ऑब्जेक्टिविटी, जो तर्कशीलता इतिहास-लेखन में कारगर सिद्ध होती है, क्या साहित्य लेखन में हम उसे ही एप्लाई कर सकते हैं? यहाँ मुझे एक कहानी याद आ

रही है—मुक्तिबोध की कहानी है 'ब्रह्मराक्षस का शिष्य'। अब मुक्तिबोध क्या थे, यह बताने की जरूरत नहीं है। किसी अलौकिक चीज में उनका विश्वास नहीं था। नास्तिक थे। द्वन्द्वात्मक भौतिकवाद में विश्वास करते थे। सगुण भक्तों की उन्होंने मरम्मत की और निर्गुणपन्थियों के पक्ष में खड़े हुए। क्या है उनकी इस कहानी में? दक्षिण का एक विद्यार्थी ज्ञान प्राप्त करने काशी आता है। ज्ञान का भूखा है। कोई गुरु उसे पढ़ाने के लिए तैयार नहीं होता, क्यों कि दक्षिणा नहीं है। निराश होकर वह लौट रहा है। काशी के बाहर शाम के झुटपुटे में उसे एक खण्डहर मिलता है, उसमें एक बूढ़ा आदमी मिलता है। वह उस विद्यार्थी की व्यथा सुनता है और कहता है कि मैं तुझे पढ़ाऊँगा। तू मेरे पास रह। वह रह जाता है, क्योंकि वह ज्ञान का बहुत भूखा था। पढ़ाई चलने लगती है। वह उस बूढ़े की सेवा करने लगता है। बारह वर्ष बीत जाते हैं। जब वह बूढ़ा सारा ज्ञान दे देता है, तब वह कहता है कि मेरे पास जो कुछ था, वह मैंने तुझे दिया। अब तू जा और इस ज्ञान का प्रचार कर दुनिया में और इससे दुनिया का कल्याण कर। वह अन्तिम दिन है, जब शिष्य विदा होने वाला है। कुछ स्पेशल भोजन दोनों ने बनाया है। साथ बैठकर खा रहे हैं। यहाँ तक तो कहानी बहुत मजे से चलती है। अचानक गुरु की थाली में दाल घट जाती है। शिष्य कहता है कि मैं हाथ धोकर दाल लाता हूँ गुरुजी। गुरु कहता है तू बैठ यहीं, मैं ले लेता हूँ। गुरु अचानक अपना एक हाथ बढ़ाता है। उसका हाथ रसोई घर तक चला जाता है। और जो भी कढ़ाई या बटली हो उमसें से वह कलछुल से दाल निकालता है, फिर हाथ छोटा हो जाता है और वह दाल थाली में रख लेता है। शिष्य देखता है और उसकी घिग्धी बँध जाती है। उसे लगता है, अरे! मैं बारह वर्षों से प्रेत के साथ रह रहा हूँ। तो गुरु उसे बताता है कि तुझे डरने की जरूरत नहीं। मैं ब्रह्मराक्षस हूँ। मेरी अकाल मृत्यु हो गयी थी। मेरी आत्मा भटक रही थी। मैंने जो ज्ञान प्राप्त किया था उसे मैं दुनिया को देना चाहता था। कोई योग्य शिष्य नहीं मिल रहा था। अब तू मिल गया। तुझे मैंने अपना ज्ञान दे दिया और मैं दुनिया के ऋण से मुक्त हुआ। मुझे लगता है तुलसीरामजी, कि साहित्य का काम बगैर फैंटेसी, बगैर मिथक का उपयोग किये चल नहीं सकता! अब सवाल यह है कि हम उस मिथक का उपयोग किस दृष्टि से कर रहे हैं? एक मिथक का उपयोग तो भगवान सिंह ने 'अपने-अपने राम' में किया है। शम्बूक वध की जो कथा है...वाल्मीकि रामायण में है कि राम ने तपस्यारत शम्बूक का सिर काट दिया था। वह प्रसंग 'अपने-अपने राम' में भी आता है। 'अपने-अपने राम' के जो नायक हैं, यानी भगवान सिंह के जो राम हैं वे उस ब्राह्मण की चिल्लाहट सुनते हैं जिसके पुत्र को सर्प ने काटा है। राम भीतर जाते हैं, वैद्य भेजते हैं, और जिस बच्चे को साँप ने काट खाया था, उसका इलाज करता है वैद्य और बच्चा जीवित हो जाता है। सवाल यह है, हमें रेशनल दृष्टि चहिए किसलिए? रेशनलिटी जरूरी है। तर्कशीलता

जरूरी है। हम अपने मिथक का—क्योंकि मिथक का अपना एक सौन्दर्य होता है—मिथक के दायरे में कैसे आधुनिक उपयोग करते हैं। साहित्य में अन्धविश्वास का विरोध जरूरी है। ये जो मनगढ़ंत कथाएँ कि रैदास की छाती के नीचे जनेऊ था, ऐसी कथाओं से मुक्त होने की जरूरत है, लेकिन इसी के साथ-साथ जो हमारी माइथोलॉजिकल परम्परा है उसे हम उठाकर फेंक नहीं सकते हैं। किसी भी देश का साहित्य माइथोलॉजी से मुक्त नहीं है। इतिहास को तो हम मुक्त कर लेंगे। हमारा संघर्ष वहाँ है जहाँ पुराण को इतिहास मानने का दबाव है, जहाँ स्मृति को इतिहास मानने का दबाव है और इतिहास मान लेने की राजनीति है। हमार विरोध है और संघर्ष है, लेकिन हम मिथक का साहित्य में बहुत ही सुन्दर विनियोग करते रहे हैं और आगे भी होगा। असुन्दर विनियोग भी हुआ है। इसमें कोई दो राय नहीं है। लेकिन हिन्दी में जहाँ तक मुझे जानकारी है, मिथक का बहुत ही शानदार उपयोग हमारे लेखकों और कवियों ने किया है और आधुनिकता के सन्दर्भ में किया है।

...जिसे हम आदिकाल कहते हैं, मध्यकाल कहते हैं, वह भारतीय भाषाओं की दृष्टि से, उनके अभ्युदय का काल है। हमारा आधुनिक भारतीय भाषाओं का साहित्य इन्हीं भाषाओं में लिखा गया है। यह द्वन्द्व है कि इतिहास को हम कैसे देखें। हजारीप्रसाद द्विवेदी के अनुसार मध्यकाल जबदी हुई मानसिकता का काल है। जबदना यानी बैठ जाना। जैसे सर्दी जुकाम होने पर हमारा दिमाग बैठ जाता है। क्या मध्यकाल सचमुच जबदी हुई मानसिकता का काल है? इतिहासकार बताते हैं कि व्यापार में कितनी प्रगति थी। उद्योगधन्धों में कितनी प्रगति थी। हमारा पर कैपिटा इनकम अकबर के टाइम में कितना बढ़ा हुआ था। आगरा बाजार दुनिया के बाजारों से कितना समृद्ध था। भारत का महान साहित्य सभी भारतीय भाषाओं में इसी काल में लिखा गया और हमारी बोलियों के प्रति सम्मान का भाव, अभिमान का भाव आया। हमारे बड़े-बड़े सन्तों ने अपनी बोलियों में रचना की। क्या इस पर पुनर्विचार की जरूरत नहीं है? आधुनिकताबोध पर भी पुनर्विचार की जरूरत है और इस जबदी हुई मानसिकता वाला जो कथन है, इस पर भी पुनर्विचार की जरूरत है। इतिहासकार बताते हैं कि मध्यकाल महान परिवर्तनों का दौर था। अब एक तरफ तो आर्थिक क्षेत्र में, सामाजिक क्षेत्र में, साहित्य में, संस्कृति में, महान परिवर्तन हो रहा था, फिर हमारी मानसिकता जबदी हुई कहाँ थी? मुझे लगता है कि हिन्दी साहित्य के पाठ्यक्रम में इन विचारों को रखना चाहिए पृष्ठभूमि के तौर पर। हमने लगभग साठ-सत्तर साल पढ़ा लिए—शुक्लजी की दृष्टि से इतिहास, द्विवेदीजी की दृष्टि से इतिहास। अब जरा देखें कि इतिहास की नयी खिड़कियाँ कौन-सी खुल रही हैं। हम देखें कि इस बीच इतिहासकारों ने क्या नया काम किया है। एक इतिहासकार तो इसी ज.ने.वि. के रहे हैं सतीश चन्द्र, उन्होंने कहा है कि भक्ति आन्दोलन के उद्‌भव का कारण चाहे जो भी रहा हो, इसका श्रेय रामानन्द को नहीं दिया जा

सकता। इसका श्रेय वे दूसरी चीजों को देते हैं। क्षत्रिय राजतन्त्र जब कमजोर पड़ा और उसकी जगह पर तुर्क-अफगान आये और ब्राह्मण-क्षत्रिय समझौता जब कमजोर हुआ, एक ट्रांजिशन पीरियड जब आया, उस ट्रांजिशन पीरियड में दबी-कुचली जो जातियाँ थीं, वे उभर आती हैं, ऊपर आती हैं। इरफान हबीब ने कहा कि शिल्पी जातियों का विकास होता है। शिल्पों और उद्योग धन्धों का विकास होता है और उसकी वजह से शिल्पी जातियों की आर्थिक स्थिति सुधरती है और आर्थिक स्थिति सुधरने से उनके भीतर सांस्कृतिक भूख जगती है। क्योंकि जब आदमी के पास पैसे होते हैं, पेट जब भरता है तभी वह संस्कृति की चिन्ता करता है। जब हम अघाए रहते हैं तभी हम सोचते हैं कि कपड़ा ठीक-ठाक होना चाहिए। जब हमारे पास घर होता है तभी हम सोचते हैं कि घर की दीवारों पर एक पेंटिंग भी होनी चाहिए। भूखा आदमी पेंटिंग की चिन्ता नहीं करता है। वह साहित्य की चिन्ता भी नहीं करता है। यह तो भक्त कवि ही कह गये हैं कि 'भूखे भजन न होंहि गोपाला। ले लो अपनी कंठी माला।' इरफान हबीब ने कहा कि ये जो दस्तकार जातियाँ ऊपर आयीं, ये जो दर्जी थे, जुलाहे थे, धुनिये थे, उन्होंने भक्ति आन्दोलन का एक नया परिदृश्य तैयार किया। अपनी सामाजिक और आर्थिक परिस्थिति थी उत्तर भारत की। ये नहीं कि रामानन्द गये थे दक्षिण और झोले में भरकर लाये और काशी में खोल दिया। काशी नागरी प्रचारिणी सभा से एक पुस्तक प्रकाशित हुई है 'रामानन्द की हिन्दी रचनाएँ'। उसमें बताया गया है कि रामानन्द दक्षिण गये ही नहीं थे। वे मथुरा के पंडा थे और काशी में रहते थे। अब अगर सच यही है कि वो मथुरा के थे और काशी में रहते थे, तो ये जो सारा श्रेय हम देते हैं कि 'भक्ति द्राविड़ उपजी, लाए रामानन्द।...', आप जानते हैं कि कहीं से विचार कोई लेकर आ तो जाएगा लेकिन वे विचार तभी जमीन पकड़ते हैं जब वहाँ की आब-ओ-हवा उसके अनुकूल हो। सिर्फ कानून बना देने से इतनी लड़कियाँ पढ़ने नहीं चली आयी हैं ज.ने.वि. में। उन लड़कियों के माता-पिता की जेब में इतने पैसे थे और वो मानसिक रूप से तैयार थे कि बिहार, असम और बुन्देलखण्ड से अपने बच्चों को दिल्ली में भेज सकें। कोई भी घटना अगर घटित होती है तो उसके पीछे आर्थिक और सामाजिक कारण होते हैं। भक्ति आन्दोलन के पैदा होने के और कबीर, सूर, तुलसी के पैदा होने के भी सामाजिक आर्थिक कारण थे। उनकी अवहेलना करके, उनको नजरअन्दाज करके, हम मध्यकाल के पाठ्यक्रम को ठीक-ठीक नहीं समझ सकते हैं। इसलिए मेरा निवेदन है कि शुक्लजी और द्विवेदीजी के सहारे बहुत खण्डन-मंडन हम लोगों ने कर लिया। मुसलमान आये तो ये हो गया। दक्षिण से भक्ति आ गयी। नाथ और सिद्ध हुए थे इसीलिए कबीर, दादू और नानक पैदा हुए। ...धारा तभी हरी-भरी होती है, प्रवहमान होती है जब उस धारा को प्रवाहित करने वाली जो गतिमान शक्तियाँ हैं वो उस समय में मौजूद होती हैं। कबीर सिर्फ इसलिए पैदा नहीं हुए थे कि उनके पहले

सिद्ध और नाथ हुए थे। ठीक है वह परम्परा थी। बारहवीं शताब्दी है गोरखनाथ का समय। पन्द्रहवीं शताब्दी में कबीर पैदा होते हैं। ये तीन सौ वर्षों का गैप क्यों हैं नाथपन्थ में और सन्त साहित्य में? कबीर, नानक, दादू या रैदास के पैदा होने की...पन्द्रहवीं शताब्दी में उत्तर भारत में वो सामाजिक परिस्थितियाँ थीं जो इनको जन्म दे रही थीं और इन्हें गतिशील कर रही थीं।

मित्रों, इसलिए मध्यकाल के इतिहास को हम जरा नये परिप्रेक्ष्य में देखें। इतिहास को इतिहास की तरह, उसको फालतू की किंवदन्तियों से हटाकर। अन्धविश्वास वाली किंवदन्तियों को हटाकर इतिहास के परिप्रेक्ष्य में देखें। ऐतिहासिक दृष्टि से देखें। तब हमें मध्यकाल का इतिहास एक नये परिप्रेक्ष्य में उभरता हुआ दिखाई देगा और हम हिन्दी के अध्यापक, छात्र जो शुक्लजी और द्विवेदीजी के दो किनारों पर दौड़ते हुए अपनी वैतरणी पार कर रहे हैं, उससे मुक्ति मिलेगी और भक्ति साहित्य को देखने की नयी दृष्टि मिलेगी।

अब मैं फिर एक फैंटेसी का सहारा लेकर एक कहानी सुनाऊँगा और अपनी बात समाप्त करूँगा। यह कहानी बचपन में हम लोगों ने पढ़ी थी। हमारी प्राइमरी की जो किताब थी उसमें थी। गुरु नानक टहलते-घूमते हुए एक गाँव में पहुँचे। पहले शाम के समय जो गाँव पड़ जाता था, जो घर पड़ता जाता था उसी के यहाँ यात्री रुक जाते थे, ठहर जाते थे। यातायात के साधन नहीं थे। उस जमाने के सन्त बाबा रामदेव या आसाराम की तरह पंच सितारा सन्त भी नहीं हुए थे, पैदल घूमते थे। वो गाँव के किनारे पहुँचे तो एक बढ़ई का घर था। उन्होंने कहा कि बच्चा आज रात मैं तुम्हारे यहाँ गुजारूँगा। वह बहुत खुश हुआ। उसने खाट-वाट बिछाई और उनकी सेवा में लग गया। भोजन पानी की व्यवस्था में लग गया। इसी बीच गाँव के जमींदार को मालूम हुआ कि गुरु नानक आये हैं और बढ़ई के घर रुके हुए हैं। उसे लगा कि मैं गाँव का जमींदार, और जब नानक आये हैं तो उन्हें हमारे घर होना चाहिए। इस गरीब बढ़ई के घर क्यों ठहर गये! अपना आदमी भेजा उसने। आदमी ने जाकर कहा कि 'महाराज आप चलें वहाँ, आपके स्वागत सत्कार में कोई कमी नहीं रखी जाएगी। ये गरीब बढ़ई आपका क्या स्वागत करेगा। आप चलिए जमींदार साहब ने बुलाया है।' नानक ने कहा कि 'अब सन्त का चिमटा जहाँ गड़ गया, गड़ गया। मैं तो अब यहीं रात गुजारूँगा। तुम जाओ जमींदार साहब से कह दो कि वो जो भी मुझे खिलाना-पिलाना चाहते हैं, वह यहीं भेज दें।' बढ़ई भी अपने घर खाना बना रहा था। बढ़ई जब अपना खाना लेकर आया, थाली में सूखी रोटी, उसी बीच जमींदार का नौकर भी चाँदी के बर्तन में मालपुए वगैरह लेकर आया। नानक के सामाने दोनों थालियाँ रख दी गयीं। एक थाली से नानक ने रोटी उठायी और दूसरे से मालपुआ उठाया और दबाया। रोटी से दूध की और मालपुआ से खून की धारा निकली। नानक कहते हैं जमींदार के नौकर से, बढ़ई से और वहाँ इकट्ठे

गाँव के लोगों से कि ये मेहनत की रोटी है। मेहनत की रोटी में दूध होता है और ये दूसरों के शोषण का मालपुआ है, इसमें दूसरों का खून होता है। क्या सचमुच ऐसा हुआ होगा नानक के जीवन में? मेरा तर्कशील मन कहता है कि हर्गिज नहीं हुआ होगा। लेकिन साहित्य में जब हम इस कहानी को पढ़ते हैं, मैं बताऊँ कि पाँचवीं कक्षा का छात्र मैं, मुझे भक्तिकाव्य को पढ़ने की, समझने की, पहली दृष्टि, सही दृष्टि वहीं मिली। कौन कहानीकार था आज मुझे मालूम भी नहीं है। लेकिन एक बोधात्मक कहानी कैसे एक बालक के मन में नयी दृष्टि का वपन कर जाती है, उस कहानीकार को पता भी नहीं होगा! फैंटेसियों का कैसे हम उपयोग करते हैं साहित्य में, मिथकों का कैसे उपयोग करते हैं, यह लेखक की दृष्टि पर निर्भर करता है कि उसकी दृष्टि आगे ले जाने वाली है कि पीछे ले जाने वाली। उसकी दृष्टि यथास्थितिवाद को बनाये रखने वाली है कि उसकी दृष्टि गतिशीलता को पसन्द करती है। उस दृष्टि में मानव धर्म श्रेष्ठ है कि विभेदकारी धर्म। यह साहित्यकार की अपनी व्याख्या होगी और अपनी दृष्टि...

दोष न तो फेंटेसी का होगा, न मिथक का, उपयोग करने वाले का होगा। मित्रो, भक्तिकाव्य को पढ़ते हुए हम यह तो पढ़ते हैं कि सगुण और निर्गुण का झगड़ा था। फिर निर्गुण में भी अलग-अलग नानक पन्थ, दादू पन्थ, कबीर पन्थ और रैदासी पन्थ। और सगुणपन्थियों में भी। लेकिन एक चीज जिसकी जरूरत है। और दिखाए जाने की जरूरत है, हमारा जोर भक्तिकाव्य के भीतर और भक्ति आन्दोलन के भीतर जो अन्तर्विरोध हैं उन पर तो खूब है, लेकिन मानव जाति को जोड़ने वाले जो एकता के सूत्र हैं, सम्पूर्ण भारत को जो एकता के सूत्र में, असम से लेकर केरल तक, जो एकता के सूत्र हैं, उस पर कम है। हम असम के शंकरदेव को पढ़ें, हम कर्नाटक के अलम्मा प्रभु, बसवन्ना और अक्क महादेवी को पढ़ें, हम तेलुगु के त्यागराजु को पढ़ें और हिन्दी के कबीर, तुलसी और सूरदास को पढ़ें, जो एसेंस है इनके साहित्य का, अपने-अपने निजी विश्वासों के बावजूद...। आप कमियाँ ढूँढ़ने चलेंगे तो मध्यकाल के कवि हैं ये, उस काल की सीमाएँ इनके साथ हैं। कबीर के साथ हैं इंगल-पिंगला। कबीर ने सबसे अधिक स्त्रियों के बारे में चुनिन्दा शब्दों का प्रयोग किया है, तुलसी ने वर्ण व्यवस्था का समर्थन किया है। हम ढूँढ़े कि इनमें एकता के सूत्र क्या हैं जो मानव धर्म को जोड़ने वाले हैं। कबीरा सोई पीर है जो जाने पर पीर—वो सन्त हैं जो मानव धर्म को जोड़ने वाले हैं। जब गुजराती के नरसी मेहता कहते हैं कि वैष्णव जन तो तैने कहिए, पीर पराई जाने रे, यानी वही वैष्णव है जो दूसरे के दुख जानता है। तुलसीदास जब कहते हैं कि परहित सरिस धरम नहीं भाई, पर पीरा सम नहिं अधमाई, यानी दूसरे को दुख देने के समान कोई पाप नहीं है और दूसरे को सुख पहुँचाने के समान कोई पुण्य नहीं है। ये मध्यकालीन सन्त कवि धर्म की एक नयी व्याख्या कर रहे हैं। एक नये मानव धर्म की प्रस्तावना लिख

रहे हैं जिसमें दुखी जन की पीड़ा को जानना मुख्य काम है। यह केन्द्रीय दृष्टि होना चाहिए सम्पूर्ण भक्ति साहित्य को देखने के क्रम में। वो चाहे असम के शंकरदेव को देख रहे हों या नरसी मेहता को या अक्क महादेवी को।

इधर हमारी दृष्टि विभेदों पर ज्यादा केन्द्रित है। जो मानव की एकता के सूत्र हैं उस पर कम केन्द्रित है। मैं चाहता हूँ कि नये पाठ्यक्रम में एकता के सूत्रों पर जोर हो। मैं यह भी चाहता हूँ कि ये सारे जो भक्त कवि हैं, ये दुनिया के पहले कवि हैं, दुनिया के इतिहास में कभी ऐसा नहीं हुआ है कि कविता को धर्म ग्रन्थ के बराबर दर्जा मिल गया हो; कालिदास बड़े कवि हैं, शेक्सपीयर बड़े कवि या नाटककार हैं, टॉलस्टॉय बड़े उपन्यासकार हैं, लेकिन इनकी वाणी को भगवान की वाणी मानने वाली जनता नहीं है। लोग कहते हैं कि वे बड़े महान साहित्यकार हैं। हमारे ही यहाँ कालिदास की कविता को कविता ही मानते हैं, लेकिन कबीर, नानक, शंकरदेव, तुलसी, सूर की वाणी को हमारा देश मन्त्र मानता है। मन्त्र यानी अगर हम उसको कह दें तो सामने वाला बदल जाएगा। ...आखिर ये कौन-सी कविता है जिसका जबर्दस्त प्रभाव है हमारे जीवन पर। वो इसलिए है कि वह कविता जीवन की घनघोर आस्था से निकली हुई कविता है और वह हृदय के धरातल से निकली हुई है। वह जो आचरण में है उसी से निकली हुई। यह नहीं है कि हम स्त्री विमर्श पर बड़े अच्छे-अच्छे लेख लिख रहे हैं और घर में कुछ दूसरा स्त्री विमर्श कर रहे हैं। 'हंस' में स्त्री विमर्श एक ढंग का चला रहे हैं और निजी जीवन में दूसरे ढंग का। इसलिए हमारे लिखने का, हमारी कहानियों, कविताओं, लेखों और व्याख्यानों का असर भी नहीं होता है पाठक-श्रोताओं पर, लेकिन ये भक्त कवि जब उनको हम पढ़ते हैं, हमें बदलने लगते हैं। उन कविताओं में हृदय की अतल गहराइयों से निकले हुए शब्द हैं। जो महसूस किया, जीवन में वो काम किया...। वर्ण व्यवस्था में विश्वास है तो तुलसीदास ने कहा कि वर्ण व्यवस्था सही है। अरे क्या लगता था कि कह देते कि वर्ण व्यवस्था ठीक नहीं है! कबीर को लगा कि नारी माया है तो कहा कि नारी की झाईं परत...। हमें कोई द्वैत नहीं दिखाई देता है उन कवियों के जीवन और कथन में। यह जीवन और कथन के अद्वैत का साहित्य है जो सिर्फ भारतवर्ष ने दुनिया को दिया है। किसी भाषा ने ऐसा साहित्य नहीं लिखा है। ऐसे साहित्य से हमारे हिन्दी साहित्य का सम्बन्ध है, परन्तु दुर्भाग्य यह है कि हम शिक्षक ही ऐसे साहित्य को भूल रहे हैं और छात्र तो भूल ही गये हैं। ...मुझमें वो चीज नहीं होगी तो मैं अपने छात्रों को कैसे प्रभावित करूँगा! यही कारण है कि आधुनिक भारत का जो सबसे बड़ा या कह लें कि आधुनिक दुनिया का जो सबसे बड़ा संग्राम गाँधी ने लड़ा, साम्राज्यवाद के खिलाफ; उनका पाथेय भक्त कवि थे। नरसी मेहता का भजन तो वे सुबह शाम गाते ही थे। कबीर का चरखा, उत्पादन का औजार था उनके पास। वह चरखा सिर्फ चरखा नहीं था। कबीर मानते थे कि मैं जुलाहा हूँ और ब्रह्म

सबसे बड़ा जुलाहा है। मैं ये लकड़ी का चरखा चला रहा हूँ और कपड़े बना रहा हूँ, वो ब्रह्म दुनिया का चरखा चला रहा है। गाँधी ने श्रम का प्रतीक लिया चरखे से। उन्होंने तुलसी से, उन्होंने नरसी मेहता से, वही परिभाषा ली, जिस परिभाषा को मैं कह रहा था कि भक्ति साहित्य को पढ़ते वक्त हमें केन्द्र में रखना चाहिए। वह है मानव धर्म को जोड़ने वाला एकता का सूत्र।...

(6-7 मार्च 2014 को जवाहरलाल नेहरू विश्वविद्यालय, नयी दिल्ली द्वारा आयोजित हिन्दी के विश्वविद्यालयी पाठ्यक्रम पर केन्द्रित संगोष्ठी में 'मध्यकालीन साहित्य के अध्ययन-अध्ययापन की समस्याएँ' विषय पर दिये गये अध्यक्षीय वक्तव्य का लिखित सम्पादित रूप)

प्रस्तुति : शीतांशु

□□